EIN REISEBUCH

MANHATTAN

HERAUSGEGEBEN
VON VOLKER BARTSCH

ELLERT & RICHTER
VERLAG

Inhalt

Volker Bartsch: Insel der Hügel

Es gab eine Zeit, da konnte sich jeder Manhattan leisten – insgesamt. Die zweiundzwanzig Kilometer lange und etwa vier Kilometer breite Insel der Hügel – nichts anderes bedeutet das indianische Wort Mana-hatin – kostete 1626 nur sechzig holländische Gulden. Vor hundert Jahren rechnete ein späterer amerikanischer Präsident den Preis in Dollar um: vierundzwanzig. Dafür gibt es heute ein akzeptables Abendessen. Der Dollar ist übrigens erst seit 1792 gesetzliches Zahlungsmittel und leitet seinen Namen vom deutschen Thaler her.

Gulden, Dollar, Thaler, Manhattan? Anhand der Ausdrucksmittel von Armut und Reichtum ließe sich gewiß eine Geschichte Manhattans schreiben. Der Beinahe-Bankrott New Yorks im Jahre 1975 und gewisse Unregelmäßigkeiten an der Wall Street, die kürzlich die Finanzwelt erschütterten und zur Verhaftung Dutzender Börsenmakler führten, wären die vorerst letzten, spektakulären Kapitel.

Manhattan ist New York, wenn auch mit nur siebenundfünfzig Quadratkilometern der kleinste Distrikt der Weltstadt. Brooklyn, die Bronx, Queens oder Staten Island sind ferne Welten des relativen Schreckens oder bürgerlicher Wohlanständigkeit, sei es, weil man dort nicht wirklich leben kann, sei es, weil man dort leben muß, da sich heute nicht mehr jeder Manhattan leisten kann. Immerhin haben die anderen Distrikte einen Vorzug: Sie bieten einen elektrisierenden Ausblick auf die Gipfellinie der belebten, künstlichen Hügel, die zum unverwechselbaren Markenzeichen der Insel geworden sind. Bei der Fahrt vom Kennedy Airport im Taxi oder Bus am späten Nachmittag oder frühen Abend läßt der Blick auf die näherkommende Silhouette und die Schäbigkeit ringsum keinen Zweifel daran, daß nur dort alles Wesentliche passieren kann. Es sei denn, man ist Tennisfan. Flushing Meadows liegt in Queens.

Was aber ist Manhattan? Vielleicht das Experiment der Menschheit dazu, wieviel Verschiedenartigkeit auf engstem Raum zusammenleben kann, ein Kristallisationspunkt europäisch geprägter und selbständig gewordener Zivilisation, ein kreatives Chaos, ein faszinierender Moloch, anstrengend und auch einfach schön.

Sabina Lietzmann, lange Jahre Korrespondentin der „Frankfurter Allgemeinen Zeitung“ in New York, gab ihrer Hymne an New York in Buchform durch die Verbindung seiner Widersprüchlichkeit den über-

zeugend griffigen Titel: Die wunderbare Katastrophe. Das hatte 1939 schon Le Corbusier so gesagt.
Andere haben anderes probiert. Woody Allen, übrigens ein Stück hinter der Brooklyn Bridge und nicht in Manhattan aufgewachsen, belichtet am laufenden Meter Zelluloid mit kaum einem anderen Sujet als eben Manhattan. Eine Stadt, eigentlich ein Stadtteil, der ein Zustand ist.
Dieser Zustand, nicht definierbar, sondern immer in Bewegung wie das Flimmertierchen im Teich, ist das Thema dieses Reisebuches. Dabei sollen Orte und Bauwerke ins Visier genommen werden, deren Erlebenswürdigkeit außer Frage steht, deren Bedeutung aber erst im Blick auf ihre Geschichte gewürdigt werden kann. Ein Park ist ein Park und ein Hochhaus ist ein Hochhaus, aber was sind Central Park und Rockefeller Center für Manhattan und darüber hinaus? Zum Beispiel. Daneben stehen Beiträge zu wesentlichen Aspekten der Geschichte Manhattans und seiner gelebten Gegenwart. Sämtliche Texte stammen von Amerikanern, die sich auf irgendeine Art Big Apple verbunden fühlen, und liegen in diesem Reisebuch erstmalig auf deutsch vor, mit einer Ausnahme, deren flüchtiges Erscheinen in einer Tageszeitung hierzulande seiner Qualität kaum gerecht werden kann.
„Anfänge einer Weltstadt“ ist den ersten vier Kapiteln von Theodore Roosevelts Geschichte New Yorks entnommen, die 1891 erstmals erschien. Dieser erstaunliche Mann war nicht nur der bedeutende und überaus beliebte sechsundzwanzigste Präsident der Vereinigten Staaten (1901–1909), sondern auch ein Schriftsteller von Rang und New York eng verbunden. Robert Frost, der große Dichter, sagte über Teddy: „He was our kind, he quoted poetry to me. He knew poetry.“ Seinen größten Bucherfolg hatte Roosevelt mit *dem* amerikanischen Thema: „The Winning of the West“. Väterlicherseits stammte er aus einer holländischen Familie, hatte aber auch englische, französische und deutsche Vorfahren, ein Amerikaner halt. Er saß ab 1882 für die Republikaner im Kongreß des Staates New York, verlor 1886 die Wahl zum Bürgermeister der Stadt, wurde 1895 ihr Polizeipräsident und 1896 Gouverneur, bevor er sich 1898 im Krieg gegen Spanien auf Kuba mit seinen „Rough Riders“ hervortat. Und 1906 erhielt er den Friedensnobelpreis für seine Vermittlung im russisch-japanischen Krieg. Wer wäre besser geeignet, die Anfänge von Neu Amsterdam zu schildern? Natürlich ist sein Rückblick auch von den Rücksichten geprägt, ohne die Politiker nicht wären, was sie sind. Nicht nur eine Geschichte der hol-

ländischen Kolonialzeit also, sondern auch ein kleiner Einblick in die Vorstellungswelt eines großen Mannes.

Folgende Doppelseite: Manhattans berühmte Südspitze einmal anders gesehen.

In seine Zeit fiel auch ein wachsendes Interesse an der Geschichte der Stadt. 1896 wurde der „City History Club“ gegründet, der regelmäßig seine „Half Moon Papers“ herausgab. Diese Serie von Aufsätzen wurde nach Henry Hudsons Schiff benannt, das man auf einem Bild im New York City Museum sehen kann. Leicht gekürzt wird hier die Auseinandersetzung einer aufgeklärteren Zeit mit der Sklavenfrage in der eigenen Stadt wiedergegeben. Schließlich lag der Bürgerkrieg um die Sklavenbefreiung noch nicht lange zurück.

Auch die Freiheitsstatue wachte noch nicht lange vor Manhattan. 1986 wurde sie zu ihrem hundertsten Geburtstag gründlich restauriert. Ihr Schöpfer, Frédéric Auguste Bartholdi, beschäftigte sich nicht nur einundzwanzig Jahre mit diesem Projekt und sah nie einen Pfennig Honorar dafür, sondern war teilweise auch heftiger Kritik über den künstlerischen Wert und Sinn des Unterfangens ausgesetzt. Um die letzten, für den Sockelbau erforderlichen Spenden aufzutreiben, verfaßte er 1885 eine Broschüre, die Geschichte und Zweck des Unternehmens darstellte. Victor Hugo hatte ihm noch wenige Tage vor seinem eigenen Tode eine entsprechende Weisheit zukommen lassen: „Die Form ist für den Bildhauer alles, und sie ist doch nichts, sie ist nichts ohne den Geist, sie ist alles mit der Idee.“ Bartholdis Darstellung dieser Idee lädt zum Vergleich mit der Wirklichkeit des Monumentes ein. Daß der berühmte Bildhauer zuvor schon vergeblich danach getrachtet hatte, eine nahezu identische Kolossalstatue am Suez-Kanal zu errichten, tut ihrer heutigen Attraktivität ebensowenig Abbruch wie die Tatsache, daß ihr Gesicht seiner Mutter nachgebildet ist und die Dame, die für den Körper Modell stand, seine Frau wurde. Mesdames Bartholdi erleuchten nun also die Welt.

Ohne Zweifel war die Statue für die Einwandererströme, die Amerika ab 1892 gleich nebenan auf dem kleinen Ellis Island in Empfang nahm, ein Symbol der erhofften Freiheit. Viele von ihnen, besonders jüdische Immigranten, blieben danach ein Stück weiter im Süden Manhattans, in der Lower East Side. Die Geschichte dieses Viertels in der ethnischen Vielfalt New Yorks beschreibt der Beitrag von Ronald Sanders. Hier war auch Dutchtown, eine Verballhornung von Deutsch-Town, die kulturell eigenständige neue Welt jener Deutschen, die ihrer engstirnigen Heimat den Rücken gekehrt hatten. Vieles davon ist auch

heute noch zu sehen und zu spüren, obwohl New York längst nicht mehr der Einwandererhafen Amerikas ist. Was wäre Manhattan ohne den Central Park, das riesige Freilufttheater New Yorker Lebens. Henry Hope Reed erzählt seine Geschichte, die dank vorausschauender Stadtväter in der Mitte des vorigen Jahrhunderts begann.
Und was wäre Manhattan ohne die Brooklyn Bridge, von der aus man in den Abendstunden einen faszinierenden Blick auf die Lichter der Wolkenkratzer genießen kann. 150 000 Menschen überquerten das achte Weltwunder, wie man damals sagte, am 25. Mai 1883, ihrem Eröffnungstag. Eine sehr alte Frau auf Long Island erzählte an dem Tag, als zwei Amerikaner den Mond betraten, einem Reporter, daß die Erregung über dieses Raumfahrtereignis ihrer Erinnerung nach nichts war im Vergleich zur Eröffnung der Brooklyn Bridge, wie David McCullough in seiner Geschichte des Baus dieser seinerzeit größten aller Brücken schreibt. Die hier ausgewählten Auszüge stellen den Architekten in den Mittelpunkt, dessen kühne Pläne von seinem Sohn zu Ende geführt werden mußten. John Roebling, ein Sachse, hatte in Berlin studiert, unter anderem Philosophie bei Hegel, der ihn zu einem seiner Lieblingsschüler erklärt haben soll. Außerdem war er wohl gedanklich für den Aufbruch des jungen Intellektuellen in die Neue Welt verantwortlich. Kein unsympathischer Gedanke, daß der deutsche Idealismus zu etwas so Konkretem wie der Brooklyn Bridge seinen Beitrag geleistet hat.
Ein auf andere Art epochemachendes Bauwerk ist das Rockefeller Center, nach wie vor Bürostadt und Anziehungspunkt oder gar, wie Carol Herselle Krinsky in ihrer Geschichte des Projektes betont, das Herz von New York City. Die ihrem Buch entnommenen Abschnitte erzählen von der städtebaulichen Entwicklung Manhattans. Mag auch das World Trade Center höher oder das kürzlich daneben errichtete Battery Park Projekt schöner sein, das Rockefeller Center ist für sie alle der Vorreiter gewesen.
Nur wenige Blocks weiter liegt das Theaterviertel um den Broadway mit dem Times Square als glitzerndem Mittelpunkt. Sein schäbiger Charme weicht langsam der Eleganz und Profitabilität neuer Bauten. Am Platz der Zeiten werden neue Seiten aufgezogen. Peter Sartorius betrachtet den Gang der Dinge in einem einfühlsamen Feuilleton.
Nicht nur Show und Geschäft, sondern auch Glanz und Elend liegen um den Times Square besonders dicht beieinander. Von hier aus geht

man etwa fünfzehn Minuten zur Ecke Third Avenue/48th Street, wo ein anderes Kapitel Manhattans beginnt – in Pappkartons. Reporter der „New York Times“ haben im November 1986 das Leben der Ärmsten auf den Straßen und im Obdachlosenasyl beschrieben. Es ist so unübersehbar wie die Wolkenkratzer.

Marilyn Webb schildert ein weiteres Sorgenkind der Stadt – die U-Bahn. Man kann sich ihr als Tourist ruhig anvertrauen, auch wenn sich manches verheerend anhört. Immerhin gibt es einen guten Grund dafür: Die Kriminalstatistik zeigt, daß es auf der Straße eher noch gefährlicher ist als in der Subway. Für Ängstliche sei allerdings gesagt, daß man sich in den meisten Teilen Manhattans zumindest tagsüber genauso sicher bewegen kann wie in anderen Großstädten auch. Als ich einen fürchterlich auf den Dschungel Manhattans schimpfenden Taxifahrer fragte, wie oft er in seiner dreißigjährigen Erfahrung schon überfallen worden sei, wiegte er nachdenklich sein Haupt und sagte: „Eigentlich nie, das heißt, einmal habe ich den Arm aus dem Fenster gehalten, weil es so heiß war, oben in der West Side. Zack war die Uhr weg, das Hochzeitsgeschenk meiner Frau. Seitdem trage ich nur noch die billigen Dinger.“ Und auf die Frage, warum er diesen mörderischen Dschungel nicht irgendwann verlassen habe, antwortete er natürlich: „Nie. Wohin denn. Ich lebe und arbeite hier, nirgends sonst.“

Und das gilt auch für das Künstlervolk, das Downtown für die Zivilisation zurückerobert und anschließend an die Schickeria verloren hat. Zunächst einmal: geographisch ist Downtown die Gegend südlich der 14th Street. Greenwich Village gehört dazu, SoHo, was „South of Houston Street“ bedeutet – wobei diese Straße nicht wie die gleichnamige Stadt, sondern Haußton ausgesprochen wird –, und Tribeca als jüngstes der In-Viertel, Abkürzung für das „Triangle below Canal Street“. Und darüber hinaus bedeutet Downtown, daß hier etwa los ist, von Kunst über Kneipe zu Restaurant und Disco oder Boutique und Friseur. Michael Musto hat in seinem Szene-Bestseller von 1986 alles Notwendige gesagt. Übrigens hat es bald darauf ein Gegenwerk gegeben: Uptown. Das wiederum ist die Welt der Reichen, der ganz Reichen und der Superreichen mit ihrem Klatsch, ihren Skandalen und sonstigen Besonderheiten. Die lassen wir hier aus.

Statt dessen kommt Tama Janowitz mit einer Short Story zu Wort, die im Künstlermilieu von Downtown spielt und erzählt, was es bedeutet, wenn unter 1500 Dollar keine Wohnung zu bekommen ist: moderne

Midtown Manhattan: Wolkenkratzer oder Schattenwerfer?

Sklaverei. Sie ist eine junge Schriftstellerin, die bisher einen Roman sowie viele Kurzgeschichten für verschiedene Magazine geschrieben hat, die 1986 mit dem Titel „Slaves of New York“ in einem Sammelband herausgekommen sind. Über ihre Manhattan-Erfahrungen sagt sie: „And where I've been, it's mostly downtown. The things I've seen, while I was there, I kept my mouth shut. But later, when I got home, I wrote down what I saw.“ Ihr neues Romanprojekt klingt auch nicht schlecht: „A Cannibal in Manhattan“.

Die Kannibalen und Sklaven Manhattans haben eine politische Kultur hervorgebracht, die in diesem Jahrhundert einen beträchtlichen Einfluß auf die amerikanische Politik hatte. Sie ist das Thema des vorletzten Beitrages, der dem periodisch ergänzten „Almanac of American Politics“ entnommen ist. Er ist nicht nur aufschlußreich im Hinblick auf die dominierenden politischen Wertvorstellungen insgesamt oder in einzelnen Distrikten Manhattans, sondern auch hinsichtlich seiner Autoren: Sie stehen der auslaufenden Periode des Reaganismus durchaus nahe. So wird auch der politische Zeitgeist der achtziger Jahre in Amerika deutlich.

Manhattan ist, kein Zweifel, „a must see city“, eine Stadt, die man gesehen haben muß. Das Reisebuch macht vieles durchsichtiger, was nicht offen daliegt. Der letzte Beitrag gibt Tips und Hinweise für das erste Kennenlernen.

PANAM

Anfang September 1609 kreuzte das Schiff „Half-Moon" auf der vergeblichen Suche nach einer Meerenge oder einem Wasserweg nach Indien vor der amerikanischen Küste. Es gelangte zu der Mündung eines großartigen, einsamen Flusses, der gemächlich aus dem Herzen des unbekannten Kontinents strömte. Die „Half-Moon" war eine kleine, plumpe Yacht mit einem hohen Heck, bemannt mit zwanzig holländischen und englischen Seebären unter dem Kommando eines englischen Abenteurers in holländischen Diensten, seinen Auftraggebern als Hendrik Hudson bekannt. Er selbst, sein Schiff und die Mannschaft waren typisch für ihre Zeit, eine Zeit, reich an abenteuersüchtigen Entdeckern, die – ohne Rücksicht auf Entbehrungen und Gefahren – begeistert unter jeder Flagge segelten, wenn sie nur Ruhm und Profit versprach, eine Zeit, überreich mit rauhen Seeleuten gesegnet, von denen die härtesten und mutigsten aus England und den Niederlanden stammten. In jener Epoche wurden von diesen ungehobelten Helden des Entermessers und des Kompasses die größten Taten auf dem Ozean vollbracht. Ihr Ruhm gründete sich auf die Erforschung unbekannter Meere und die Besitznahme und Unterwerfung fremder Länder wie auch auf ihre Tapferkeit bei den erbitterten Seegefechten, die ihre Namen unsterblich gemacht haben. Ihre kleinen Schiffe forderten die Gefahren der größten Ozeane heraus und zerstörten die Seemacht aller anderen Schiffahrtsnationen. Sie führten ein Leben zwischen den Todesgefahren der Stürme und großen Triumphen und sahen gleichmütig dem Tod entgegen, der in einem ihrer zahllosen Kämpfe mit ihren Feinden und den Elementen unvermeidlich lauerte.

Über eineinviertel Jahrhunderte waren die Spanier und Portugiesen nicht nur die führenden Seemächte gewesen, sondern hatten bei der Erforschung der Meere, der überseeischen Besiedlung und Eroberung nahezu das vollständige Monopol, weil sie die mutigsten Seeleute in ihren eigenen Reihen oder unter den Italienern hatten, die sowohl ihnen als auch ihren Feinden dienten. Sogar noch zu Beginn des 17. Jahrhunderts waren sie die einzigen Völker, die ständig irgendeinen Teil der Neuen Welt besetzt hielten. Ihre weitläufigen Besitzungen erstreckten sich auf das gesamte tropische, subtropische und klimatisch gemäßigte Amerika. Aber zu dieser Zeit hatten die holländischen und englischen Bettler und Räuber der See bereits in Hunderten von Kämpfen die hinderlichen Flotten des spanischen Königs zerstört und dieser Flagge die Herrschaft über den Ozean genommen. Spanien war immer noch eine große Macht. Aber sie begann zu verblassen. Seitdem die Völker des mittleren und nördlichen Europa das erste Mal ihre Flaggen in der Neuen Welt hißten, standen sie als Eindringlinge gegen die Spanier und die spanischen Amerikaner. Ihre Angriffe mußten pariert und zurückgeschlagen werden. Manchmal gelang dies mit großem Erfolg, aber im ganzen ist das spanische Volk immer auf der defensiven, furchtsamen und nicht der aggressiven Seite der Eroberungen gewesen.

Obwohl also die Geschichte Spaniens als expansive Macht abgeschlossen war, vergingen noch zwei Jahrhunderte, bevor seine Kolonien einen nennenswerten Teil des Landes verloren, das schon zur spanischen Krone gehörte, als die Schiffe der englischen Siedler zum ersten Mal die amerikanische Küste erblickten. Zu Beginn des 17. Jahrhunderts fanden sich überall an der Atlantikküste zwischen Acadien* und Florida Siedlungen eines halben Dutzends europäischer Nationen. In unregelmäßigen Abständen bauten Franzosen, Engländer, Holländer, Schweden ebenso wie Spanier entlang dieser ausgedehnten Küste kleine Forts und Handelssiedlungen. Als die Engländer gerade begannen, in Neuengland und Virginia Wurzeln zu schlagen, gehörte den Holländern immer noch der Hudson und den Schweden die Mündung des Delaware. Acadien war noch französisch und Florida spanisch. Es war völlig unabsehbar, ob sich überhaupt eine – und welche – dieser Nationen als Sieger über die anderen erweisen würde. Zumindest bestand einige Aussicht, daß die Spanier ihren Teil halten konnten und die gemäßigte Klimazone Nordamerikas wie in Europa von vielen Nationen besiedelt würde, die sich in Sprache, Religion und Herkunft unterschieden. Wir sind so daran gewöhnt, Amerika nördlich des Rio Grande als das natürliche Erbe der englischsprachigen Völker zu betrachten, daß wir uns kaum noch vorstellen können, wie unsicher die Möglichkeiten zu Beginn der Kolonisation waren.

* Französisches Siedlungsgebiet südlich des St. Lorenz-Golfs im heutigen Kanada

Niemand hätte voraussagen können, welche Macht siegreich aus den Auseinandersetzungen hervorgehen würde. Das Schicksal Amerikas lag in Kriegen, hinter denen seine Zukunft kaum auszumachen war. Wenn Gustav Adolph nicht in der Schlacht von Lützen gefallen wäre und tatsächlich sein Ziel erreicht hätte, ein großes skandinavisches

Königreich mit ebenso mächtigen Flotten wie Armeen rund um die Ostsee zu gründen, wäre es durchaus möglich gewesen, daß der Ruhm und Schrecken, der mit dem Namen Schwedens verbunden war, seinen Siedlern jenseits des Atlantik Frieden und Wohlstand gesichert hätte. Wären die holländischen Flotten nur wenig stärker gewesen, und hätten die holländischen Diplomaten Manhattan für ebenso wichtig gehalten wie Java, wären die Neu Niederlande vielleicht nie New York geworden. Im 17. Jahrhundert schien es durchaus wahrscheinlich, daß zweihundert Jahre später blühende holländische und schwedische Staaten an den Ufern des Hudson und des Delaware bestehen würden, so wie es heute ein sich entwickelndes französisches Gemeinwesen an den Ufern des St. Lorenz-Stromes gibt.
So kam es, daß die englischen Siedler und ihre amerikanischen Nachkommen nicht nur einen wilden, sich wehrenden Kontinent zu zähmen und die dem Untergang geweihten Stämme mit ihrem Vorrücken immer wieder aus den Wäldern und der Prärie zu vertreiben hatten, sondern auch viele der besten Gebiete, die heute zum Herrschaftsgebiet der englischsprachigen Amerikaner gehören, den anderen europäischen Eindringlingen entreißen mußten. Viele der Städte der Union waren in ihrer frühen Geschichte Zeugen dieser Tatsache. Albany, Detroit oder Sante Fé sind nur drei der zahlreichen Orte, in denen die Engländer ernteten, was die Holländer, Franzosen oder Spanier gesät hatten.

Eine Kolonie entsteht

Hudson wußte zunächst nicht, daß er an einem Fluß angelangt war, der dann später seinen Namen erhielt. Er glaubte und hoffte, es sei ein großer Meeresarm und in Wirklichkeit die Nordwest-Passage nach Indien, die er und so viele andere tapfere Männer vergeblich zu entdecken suchten. Viele starben dabei.
Eine Woche lang lag er in der unteren Bucht. Dann verlegte er für einen Tag seinen Ankerplatz in den jetzigen New Yorker Hafen. Seine Boote erkundeten die umliegende Küste und entdeckten viele Indianerdörfer. Die Gegend schien dicht besiedelt. Die Wilden strömten herbei, um die weißen Fremden anzuschauen, und tauschten ihren Tabak begierig gegen die Messer und Rosenkränze der Europäer. Natürlich gab es unvermeidlich Streit zwischen den rauhen, brutalen Seeleuten und den

wankelmütigen, mißtrauischen und hinterhältigen roten Männern. Einmal wurde die Mannschaft eines kleinen Bootes von zwei mit Kriegern besetzten Kanus angegriffen. Ein Seemann wurde durch einen Pfeil getötet, der seine Kehle durchbohrt hatte. Aber insgesamt waren ihre Beziehungen freundlich, und Handel und Wandel gingen unbehindert weiter.

Hudson fand bald heraus, daß er nicht an einem Meeresarm, sondern an der Mündung eines Flusses lag. Er erkundete ihn drei Wochen lang und segelte so weit in die Gegend des heutigen Albany hinauf, bis das flache Wasser für ihn das Ende der Schiffbarkeit bedeutete. An den Ufern traf er auf viele kleine Indianerstämme, mit denen er für gewöhnlich gut auskam, indem er ihren Häuptlingen wertlose Schmuckstücke aller Art schenkte und sie zum ersten Mal dazu brachte, Feuerwasser zu probieren, den späteren schrecklichen Fluch ihrer Rasse. Im Gegenzug wurde er bei seinen Besuchen in den ledernen Wigwams freundlich empfangen. Seine Gastgeber veranstalteten ihm zu Ehren Feste, wobei die Mahlzeiten nicht nur aus Wildvögeln, sondern auch aus fetten Hunden bestanden, die von den Squaws getötet und mit Muschelschalen enthäutet worden waren. Die Indianer, die bei den einfacheren Fertigkeiten des Ackerbaus einige Fortschritte gemacht hatten, brachten Mengen von Korn, Bohnen und Kürbissen zum Schiff, die in großen Haufen neben den Dörfern trockneten. Ihre Felder bewiesen die Fruchtbarkeit des Bodens, weil sie sogar bei ihrer armseligen Bodenbestellung so reichlichen Ertrag schenkten. Hudson mußte vor seinen neuen Freunden allerdings ständig auf der Hut sein. Einmal wurde er von einer Gruppe feindlicher Krieger angegriffen, die er zurückschlug, wobei er etliche tötete. Was jedoch diese Gefahren in den Augen der profitsüchtigen und handelsliebenden Abenteurer mehr als aufwog, war die Tatsache, daß sie große Vorratslager bester Felle im Besitz der Indianer sahen. Denn die Händler in Europa schätzten Felle ebenso wie Seide, Gewürze, Elfenbein oder Gold und Silber.

Als die „Half-Moon“ nicht mehr weiterfahren konnte, wendete sie ihren beeindruckenden Bug zurück nach Süden und trieb mit der schnellen Strömung flußabwärts, bis sie wieder die Bucht erreichte. Das wunderschöne Herbstwetter war gelegentlich von nebligen Tagen und Nächten unterbrochen. Während ihrer Reise hatte der Flußlauf die „Half-Moon“ durch eine einzigartig wilde, großartige und einsame

Landschaft geführt. Sie war an den bedrohlichen, festungsartigen Felswänden vorübergekommen, die wir heute „The Palisades“ nennen. Sie hatte sich dort um die Biegungen des Flusses geschlängelt, wo er seinen kurvenreichen Verlauf um die alten Gipfel nimmt, Storm King, Crow's Nest und deren Brüder. Sie war entlang der Catskill-Berge gesegelt, die vielleicht sogar schon zu dieser Jahreszeit von Schnee gekrönt waren. Von ihren Decks musterten die aufmerksamen Beobachter über endlose Meilen auf jeder Seite düsteres, schattiges und ungenutztes Land, denn es war mit einem einzigen unendlichen Urwald bedeckt, in dem rote Jäger, die nie ein weißes Gesicht gesehen hatten, wilde Tiere jagten, deren Art kein weißer Mann je bestaunt hatte.

Anfang Oktober brach Hudson zur Heimreise nach Holland auf, wo der Bericht von seiner Entdeckung unter den wagemutigen Kaufleuten großes Interesse erregte, besonders bei denjenigen, die sich mit dem Pelzhandel befaßten. Einige von ihnen schickten kleine Schiffe zu der neu entdeckten Bucht und dem Fluß hinüber, um sowohl mit den Wilden zu handeln als auch das Land weiter zu erkunden und darüber zu berichten.

Der bekannteste dieser Kapitäne, die auf Hudson folgten, war Adrian Block. Er verlor sein Schiff durch ein Feuer, als er vor Manhattan ankerte. Sofort machte er sich daran, ein neues zu bauen, was ihm als Mann von großer Erfahrung und Tatkraft auch gelang. Er stellte alles Notwendige selbst her, baute mitten im Herzen des Urwalds eine 45-Fuß-Yacht und ließ sie zu Wasser. Sie wurde auf den Namen „Onrest“ (die „Rastlose“) getauft, sehr passend für das Schiff eines dieser kühnen, umherziehenden Abenteurer. Dieses primitive Pionierschiff war das erste, das je in unseren Gewässern vom Stapel lief und die Fluten dieser Meerenge durchfurchte.

Die ersten Handels- und Kundschafterschiffe waren recht erfolgreich, und die Kaufleute sahen, daß im Pelzhandel mit Manhattan große Profitmöglichkeiten lagen. Deshalb entschlossen sie sich, am Oberlauf und an der Mündung des Flusses feste Stationen einzurichten. Das Hauptfort lag nahe der Mündung des Mohawk, aber sie bauten auch einige Hütten am Südende von Manhattan und besetzten sie mit einem halben Dutzend Angestellten, darunter Hendrik Christiansen als Leiter beider Stationen. Dieser unbedeutende Beginn war der Ursprung einer der mächtigsten Städte aller Zeiten, deren wunderbar schnelles Wachstum ebenso erstaunlich ist wie ihr glänzender materieller Wohlstand. Von Anfang an reihte sich diese neue Stadt, die die größte in der neuen, wenn nicht der ganzen Welt werden sollte, unter diejenigen ein, die ihre Existenz und ihr Wachstum vornehmlich dem Handel verdanken, und deren ganzer Charakter und gesamte Entwicklung im positiven wie im negativen Sinne viel stärker von wirtschaftlichen als von anderen Einflüssen geprägt wurde. Schon sehr früh war die Richtung vorherzusehen, in der sich die große Stadt auf der Felseninsel Manhattan entwickeln würde, und ihr Weg war von vornherein festlegt.

Christiansen wurde bald von einem Indianer getötet. Zwei oder drei Jahre lebten seine Handelsgenossen auf Manhattan etwa so, wie die Männer heute in den abgelegenen Vorposten des Pelzhandels im äußersten Nordwesten des Kontinents. Einige blieben anständig und ehrlich, andere wurden so verkommen und wild wie die Rothäute, unter denen sie lebten. Sie jagten, fischten oder faulenzten. Manchmal erlegten sie selbst Wild, zuweilen tauschten sie es zusammen mit Tabak und Getreide bei den Indianern ein. Hin und wieder gab es mit den Wilden der Gegend Streit, aber im großen und ganzen kamen sie gut mit ihnen aus. Im Austausch für Rum und Rosenkränze bekamen sie unzählige Ballen wertvoller Felle, zumeist von Bibern, die sich in den Flüssen nur so tummelten, aber auch vom Otter und von vielen anderen nördlichen Arten wie dem Zobel oder dem Fischmarder. In größeren Abständen wurden diese Pelze in den Laderäumen der drei oder vier kleinen Schiffe gestapelt, deren jährliche oder halbjährliche Ankunft aus Holland die größte Abwechslung in der Monotonie des Lebens der Pelzhändler darstellte.

Die Kaufleute, die als erste Schiffe herüberschickten und einen Handelsposten errichteten, schlossen sich mit anderen zur „New Netherland Company“ zusammen. Denn zu dieser Zeit wurden Besiedlungen und Eroberungen weit häufiger von großen Handelsgesellschaften als von Regierungen oder Einzelpersonen durchgeführt. Die niederländische Regierung gewährte diesem Zusammenschluß ab 1615 für drei Jahre das Monopol für den Pelzhandel mit dem neuentdeckten Territorium und erneuerte diese Erlaubnis jeweils für ein Jahr, bis 1621, als das Monopol erlosch, weil ein mächtigerer Konkurrent das Feld betrat. Die Gesellschaft widmete sich ausschließlich dem Handel und machte keine Anstalten, das Land wirklich zu besiedeln. Aber der Pelzhandel erwies sich als profitabel, die Station auf Manhattan wurde

weitergeführt und eine andere nahe der Quelle des Hudson errichtet, unmittelbar neben dem heutigen Albany.
1621 wurde die große „West India Company" durch den Generalgouverneur privilegiert, und sie bekam das Monopol für den Amerikahandel zugesprochen. Erst von dieser Organisation wurde die Stadt wirklich gegründet und die erste Siedlung angelegt, die dauerhaft bestehen sollte. Ihr wurde das ganze großartige Gebiet, das Hudson entdeckt hatte, unter dem Namen „Neu Niederlande" überlassen. Die Gesellschaft war eine der drei oder vier riesigen Handelsverbände mit der Macht eines Imperiums, die im Schicksal der Welt während der zwei unserem Jahrhundert vorausgehenden Jahrhunderte keine kleine Rolle spielten. Ihre Verfassung und ihre Geschichte waren typisch für die Zeit. Die große Handelsmetropole wurde in Wirklichkeit von keinem Individuum oder von keiner Staatsregierung gegründet, sondern von einer großen Handelsgesellschaft, die geschaffen worden war, um sowohl zu kämpfen und Herrschaft auszuüben als auch den Handel voranzutreiben. Die Kaufleute, die die „West India Company" bildeten, erhielten das Recht, ebensolche Macht auszuüben wie ein souveräner Staat, weil die Aufgabe, die sie sich gestellt hatten, angesichts ihrer unglaublichen Größe und der Gefahren ohne dieses Privileg nicht zu bewältigen war. Sie waren ebenso Soldaten und Seeleute wie Händler. Nur Kaufleute mit eisernem Willen und rastlosem Wagemut konnten die reiche Ernte auf diesen gefahrvollen Meeren heimbringen, wo nur die Stärksten nicht untergingen. Die Wege des Handels waren nicht weniger gefährlich als die des Krieges.
Die „West India Company" wurde sowohl zum Zweck des Handels und der Besiedlung neuer Weltgegenden gegründet als auch dazu, den leidenschaftlichen Krieg gegen den allgemeinen Feind fortzuführen, den König von Spanien. Sie kämpfte oder schloß Frieden, wie es ihr gefiel. Sie setzte Gouverneure und Richter in Kolonien und eroberten Ländern ein. Sie gründete Städte und baute Forts. Und sie versicherte sich der Dienste mächtiger Admiräle, die die Schiffe ihrer vielen Flotten in die Schlacht und zu Plünderungen führten. Einige der erfolgreichsten und heroischsten Heldentaten in der Geschichte der Niederlande wurden von Seemännern im Lohn dieser Gesellschaft vollbracht. Der Stahl in ihren Händen brachte größeren Gewinn als Gold. Die glücklichen Anteilseigner in Amsterdam und Seeland erhielten enorme Dividenden aus dem Verkauf der Beute aus den geplünderten

Städten Brasiliens und den gekaperten Schatzschiffen, die zuvor zur spanischen „Silberflotte“ gehört hatten.

Inmitten dieser Wirren von Kämpfen und Handelsbewegungen hatte die Gesellschaft wenig Zeit, über die Kolonisierung nachzudenken. Trotzdem wurden 1624 einige protestantische wallonische Familien mit der „New Netherland“ zum Hudson geschickt, von denen manche auf Manhattan blieben. Im darauffolgenden Sommer kamen einige weitere Familien, und man kann sagen, daß die Stadt nun tatsächlich gegründet worden war, weil Manhattan jetzt neben den durchziehenden Pelzhändlern auf Dauer von Bewohnern besiedelt wurde. Im Mai 1626 landete schließlich der Direktor Peter Minuit mit seinem Schiff „Sea-Mew“ im Hafen, ein Westfale, den die Gesellschaft zum Gouverneur der Kolonie ernannt hatte. Er führte eine Gruppe wirklicher Kolonisten an, die ihre Frauen und Kinder, ihr Vieh und ihren Haushalt mitbrachten und sich mit dem Willen auf diesem Boden niederließen, ihn für sich selbst und ihre Nachkommen zu erhalten.

Mit der Ankunft von Direktor Minuit erhielt die Siedlung an der Mündung des Hudson erstmals Beständigkeit und wurde zu einem geordneten Gemeinwesen. Er kaufte Manhattan für die Summe von sechzig Gulden – oder etwa vierundzwanzig Dollar – von seinen indianischen Besitzern und gründete im Sommer eine kleine Stadt, die er Neu Amsterdam nannte. Sie wuchs schnell auf etwa zweihundert Seelen an. Schon zu Anfang setzte sich die Bevölkerung aus Menschen verschiedener Rasse und Sprache zusammen. Es waren nicht nur Holländer und Wallonen, sondern sogar schon so früh einige Hugenotten, Deutsche und Engländer.

Größtenteils bestand die Insel aus undurchdringlichem, furchteinflößendem Wald, eingeschlossen von düsteren Sümpfen, die nahe der heutigen Canal Street von beiden Seiten so dicht aneinanderstießen, daß die Südspitze beinahe eine weitere kleine Insel gebildet hätte. Am südlichsten Punkt steckten die Siedler ein Fort aus und errichteten daneben eilig ihre einfachen Hütten, wobei sie sorgfältig auf ihr Vieh achten mußten, dem durch Wölfe, Bären und Panther ständig Gefahr drohte, wenn es sich in den Wald verlief.

Minuit war ein freundlicher Mann mit ausgeglichenem Temperament, viel Energie und beträchtlichen Verwaltungsfähigkeiten. Von allen vier Direktoren, die nacheinander die Stadt und die Kolonie während der vierzigjährigen holländischen Herrschaft regierten, war er bei weitem der beste. Minuit blieb sechs Jahre in Neu Amsterdam und herrschte milde über seine Leute. Durch eine Mischung von Takt und Festigkeit bewahrte er freundliche Beziehungen mit den Indianern und den englischen Nachbarn im Osten, zu denen er eine besondere Gesandtschaft schickte, die überaus liebenswürdig empfangen wurde, und mit den mächtigen und hochmütigen Patronen* stand er auf gutem Fuß. Während dieser Zeit wuchs und blühte der Handel der Kolonie. Reiche Ladungen wertvoller Pelze wurden mit den heimwärts fahrenden Schiffen nach Holland geschickt, und der Wohlstand und die Zahl der Bewohner Manhattans nahmen langsam zu. Farmen oder „Boueries" wurden angelegt. Die Siedler bauten Weizen, Roggen, Buchweizen, Flachs und Bohnen an. Ihre Rinder und Schafe gediehen prächtig. Bald errichtete die Company eine Mühle, eine Brauerei, eine Bäckerei und große Lagerhäuser, und die Gesellschaft begann, sich einige der wesentlichen Annehmlichkeiten der Zivilisation zuzulegen. Gleichwohl lag sie im Streit mit Minuit. Er wurde beschuldigt, die Patrone unangemessen zu begünstigen, deren private Geschäfte im Pelzhandel die Profite der Company schmälerten. Darüber hinaus hatte er sich auf ein Schiffbauprogramm eingelassen, was für den Geschmack seiner Arbeitgeber viel zu teuer geriet, obwohl es erfolgreich war. Ein sehr großes und gutes Schiff wurde gebaut und in der Bucht zu Wasser gelassen. Aufgrund dieser Vorkommnisse beorderte man ihn zurück, und später trat er in die Dienste der schwedischen Königin, weil er sich schlecht behandelt fühlte.

* Seit 1628 privilegierte Großgrundbesitzer, die der Kolonie mehr als fünfzig Seelen zugeführt haben mußten.

Sein Nachfolger wurde Wouter Van Twiller, der zu Beginn des Jahres 1633 nach Neu Amsterdam kam. Van Twiller, ein gutmütiger, korpulenter Holländer, der gern dem Wein zusprach und einen lockeren Lebensstil führte, war nicht allzu prinzipientreu, langsam und unentschlossen in seinen Entscheidungen. Weil er alles gemütlich angehen ließ, lastete sein Regiment nicht schwer auf den Kolonisten. Er erwarb sich einen ehrenvollen Ruf, indem er einen großen Teil seiner Zeit dem Bau öffentlicher Gebäude widmete.

Sein Nachfolger Wilhelm Kieft war mit Abstand der schlimmste der vier holländischen Gouverneure. Anders als sein Vorgänger war er fleißig und temperamentvoll, hatte aber überhaupt kein Talent zur Menschenführung, sondern den niederträchtigen Charakter eines kleinen Despoten. Seine finanzielle Reputation war gleichfalls nicht die beste, obwohl er sich während seiner Regierungszeit aus Finanzskandalen ziemlich heraushielt. Die „West India Company" war es langsam leid geworden, eine Kolonie zu haben, die sich als Faß ohne Boden statt als Quelle von Profiten erwies, und so wurde irgendein zweitklassiger Mann, der versprach, den Leuten daheim keinen Kummer zu machen, für gut genug erachtet, Gouverneur eines solchen ziemlich aussichtslosen Fleckens zu sein.

Folgende Doppelseite: Das South Street Seaport Museum am alten Fischereihafen.

Kieft fand die Neu Niederlande in einer alles andere als blühenden Lage vor. Die holländischen Kolonisten waren gewissermaßen träge und schwerblütig, obwohl voller Eigensinn und Entschlossenheit, doch ohne die rastlose Tatkraft der weit zahlreicheren und immer aggressiven Nachbarn im Osten (der Neuengländer). Ihnen fehlte die intensive Abenteuerlust, mit der die Franzosen weit draußen durch die Wildnis streiften. Die Bevölkerungszahl war geringfügig gewachsen, aber die Stadt stellte immer noch kaum mehr als eine Ansammlung armseliger Hütten dar, die sich um das Fort an der Südspitze Manhattans duckten.

Unter Kieft wandelte sich das Äußere der Stadt zum Besseren. Straßen wurden gezogen, ordentlichere Privathäuser gebaut, eine neue Kirche und das erste Lokal errichtet, ein großes, plumpes Gasthaus, das der Company gehörte. Die Farmen machten Fortschritte. Man pflanzte Obstbäume und führte gutes Vieh ein. Am Ufer des Hudson, des Sundes, auf Staten Island und am heutigen Ufer von Jersey wurden neue Siedlungen angelegt.

Zu Beginn des Jahres 1643 waren Kiefts Befehle Anlaß für eines der schrecklichsten Massaker, die jemals Schande über unsere Geschichte gebracht haben. Die gefürchteten Mohawks hatten plötzlich die Flußindianer überfallen, die, wie andere benachbarte Stämme, Algonquins waren. Diese flohen in Panik vor ihren Feinden und suchten nahe dem Palisadenwall von Neu Amsterdam Schutz, wo sie zunächst freundlich empfangen wurden. Am Fastnachtsabend befahl Kieft ebenso kurzsichtig wie feige in einer gräßlichen und unbegreiflichen Barbarei und Heimtücke einigen Truppen, über zwei Gruppen dieser hilf- und arglosen Flüchtlinge herzufallen, und ließ mehr als hundert abschlachten.

Dieser Ausbruch von Inhumanität entfachte sofort einen fürchterlichen Rachefeldzug aller Indianer, die mit Feuer und Blut Vergeltung für das ihnen zugefügte Unrecht suchten. Sämtliche Indianerstämme fielen unmittelbar darauf über die Holländer her und zerstörten in

SORG
BAKER
CARVER
MORRELL

kurzer Zeit alle abseits gelegenen Farmen und kleineren Siedlungen. Sie brachten Zerstörung und Verzweiflung über die ganze Provinz. Die überlebenden Siedler sammelten sich in Neu Amsterdam und einigen ausreichend befestigten kleineren Dörfern. Die Indianer brachten ihre Gefangenen unter schrecklichen Foltern um, und in wenigstens einem Fall rächten sich die Holländer auf die gleiche Art. Keine Seite schonte Frauen und Kinder. Die eingeschlossenen Holländer griffen die indianischen Siedlungen mit ihren Truppen an, die von Söldnern aus Neuengland unter Führung des berühmten und im Waldkampf erfahrenen Captain John Underhill unterstützt wurden. Mit ihren Attacken waren sie in der Lage, die Feinde kampfunfähig zu machen, weil die Indianer unklugerweise in ihren palisadengeschützten Dörfern blieben, wo die Weißen sie umzingeln und durch die Überlegenheit ihrer Feuerwaffen am Ausbrechen hindern konnten. Schließlich setzten sie die Holzhütten in Flammen und vernichteten mit Fackeln oder Kugeln gnadenlos alle Bewohner, manchmal einige hundert Seelen. Diese indianischen Palisadendörfer boten die beste Verteidigung gegen feindliche Stämme, aber keinen Schutz gegen die Weißen, die andererseits den Roten im Waldkampf deutlich unterlegen waren. Die Indianer durchschauten dies zunächst nicht und blieben in ihrem Unverständnis dabei, gegen ihre neuen Feinde auf eben die Weise zu kämpfen, die diesen den größten Vorteil bot. Deshalb mußten die Algonquins des siebzehnten Jahrhunderts etliche fürchterliche Niederlagen durch die Neuengländer und Neuholländer hinnehmen. Schließlich waren beide Seiten froh, geschwächt und erschöpft, wie sie waren, Frieden schließen zu können. Die Weißen zogen wieder in ihre zerstörten Farmen.

Der letzte niederländische Gouverneur

Die zermürbte Kolonie erhielt mit dem tapferen Soldaten Peter Stuyvesant einen neuen Direktor, der im Mai 1647 eintraf und sein Amt antrat. Der grimmige alte Stuyvesant hatte in den Kriegen ein Bein verloren. Statt dessen trug er ein Holzbein, das mit Silberbändern umwickelt war und daher in manchen Berichten als „silbern" bezeichnet wurde. Keine andere Persönlichkeit aus holländischen oder späteren Kolonialzeiten ist in der Erinnerung so lebendig, kein anderer hat so tiefe Eindrücke in der Geschichte und Tradition Manhattans hinterlassen wie dieser schrullige und eigensinnige, aber auch überaus tapfere alte Knabe, ein freundlicher Tyrann der kleinen Kolonie. Bis zum heutigen Tag gilt er in einem gewissen Sinn als der eigentliche Vater der Stadt. Es gibt noch etliche alte New Yorker, die augenzwinkernd an die Geschichte glauben, die ihre Vorväter von Generation zu Generation weitergegeben haben; die Geschichte, daß der Geist Peter Stuyvesants, des merkwürdigen, freundlichen und eigenwilligen alten Diktators, immer noch durch die Stadt geht, die er tyrannisierte, liebte und zu beschützen suchte, daß er nachts mit einem schattenhaften Holzbein überall in der St. Mark's Kirche hin und her stapft, nahe der Stelle, wo seine Gebeine begraben liegen.

Als Stuyvesant nach Manhattan kam, erholte sich der kleine holländische Weiler langsam vom blutigen Elend der Indianerkriege. Es ereignete sich kein solches Unheil mehr, das sein Gedeihen entscheidend zurückwarf. Man kann wohl sagen, daß Manhattan nun das reine Pionierstadium hinter sich ließ. Unter Stuyvesant wurde Neu Amsterdam zu einer wohlgeordneten holländischen Kolonialstadt anstelle eines von Indianern belagerten Dorfes als Vorposten der Zivilisation.

Immer wenn England und Holland miteinander im Krieg lagen, herrschte in Neu Amsterdam große Unruhe über einen jederzeit drohenden Angriff einer englischen Schwadron. 1664 war es schließlich so weit. Zu der Zeit herrschte Frieden zwischen den beiden Nationen. Aber diese Tatsache hielt das England der Stuarts nicht davon ab, eine so hilflose Beute wie die Provinz der Neu-Niederlande zu gewinnen. Die englische Regierung wußte genau, wie schutzlos das Land war. Der König und seine Minister entschieden, es durch einen plötzlichen Angriff mit vollkommen kaltblütiger Hinterhältigkeit zu übernehmen, wobei alle Vorbereitungen geheim getroffen wurden und man gleichzeitig alles Mögliche tat, um die freundlich gesonnene Macht zu täuschen, der der Angriff galt.

Stuyvesant hatte die ganze Zeit über die heimische Regierung äußerst dringend um Mittel zur Verteidigung der Provinz gebeten, aber seine Appelle wurden von seinen profitgierigen und finanzstarken Oberen in Holland nicht erhört. Man ließ ihn mit einer kaum erwähnenswerten Verteidigung allein, geschützt von einer vollkommen unzureichenden Truppe. Die schamlose Hinterhältigkeit und Täuschung, mit der die Engländer die Stadt einnahmen, machte den Sieg zu keinem Ruhmesblatt, aber die Holländer wurden durch ihre nachlässige, kurzsichtige

Selbstsüchtigkeit und Habgier in ein kaum weniger schlechtes Licht gerückt.

Im September 1664 erschienen im Hafen plötzlich drei oder vier englische Fregatten und eine Armee von mehreren hundert Heeressoldaten unter Führung von Colonel Richard Nicolls. Sie wurden schnell durch das Truppenaufgebot der bereits im Aufstand befindlichen Neuengländer von Long Island verstärkt. Nicolls hatte eine überlegene Streitmacht und war als Mann von Entschlußkraft bekannt. Er verlangte umgehend die sofortige Übergabe der Stadt und der Provinz. Stuyvesant wollte sogar angesichts dieser Übermacht kämpfen, aber die Bürger weigerten sich, ihn zu unterstützen, und so fiel Neu Amsterdam ohne einen einzigen Kanonenschuß zu seiner Verteidigung abgefeuert zu haben, in die Hände der Engländer.

Die Expedition gegen Neu Amsterdam wurde mit der besonderen Förderung des Duke of York, des späteren Jakob II., vorbereitet, und zu seinen Ehren wurde die Stadt umbenannt. Bis zum heutigen Tag hält ihr Name die Erinnerung an diesen dummen, grausamen und bigotten Menschen aufrecht, mit dessen kurzer Regierungszeit die unwürdige Linie der Stuarts ihr Ende nahm. Mit Manhattan wechselte die ganze Provinz Neu-Niederlande unter englische Herrschaft, und die hochmütige rote Flagge wehte ohne Rivalen überall an der Küste von Acadien bis nach Florida.

Edwin Vernon Morgan: Kleine Geschichte der Sklaverei

Im Jahre 1625 oder 1626 wurden die ersten Negersklaven nach Neu Amsterdam gebracht, in jene Siedlung, die später New York City wurde. Unter ihnen waren Paul d'Angola, Simon Congo, Anthony Portugese, John Francisco und sieben andere Afrikaner, die vermutlich auf See gekapert worden waren. Zwei Jahre später kamen drei Negerfrauen, und kurz darauf einige weitere, die als „Sklaven aus Angola, diebisches, faules und nutzloses Gesindel" bezeichnet wurden. Diese Sklaven waren offenkundig die einzigen, die vor der Errichtung des Patronatssystems* und der Kolonien im Jahre 1629 eingeführt wurden, als die West India Company öffentlich versprach, „alle Anstrengungen zu unternehmen, die Kolonisten mit so vielen Schwarzen zu versorgen, wie es ihr möglich ist". Dieses Versprechen wurde aus verschiedenen Gründen nicht vor der Ankunft der „Amandare" im Juni 1646 erfüllt, des ersten Sklavenschiffes für die Neu Niederlande, dessen Name verzeichnet ist. Auf Barbados, wo das Schiff anlegte, „ließ man drei Negerweibsbilder verschwinden", aber der Rest der Ladung wurde in Neu Amsterdam gegen Schweinefleisch und Erbsen verkauft. „Etwas Wundervolles sollte mit ihnen vollbracht werden, aber ihre Spuren verloren sich im Sand." Es ist nicht festgehalten, welche Sklaven geliefert wurden und woher sie kamen.

* siehe „Anfänge einer Weltstadt"

Am 27. Mai 1647 erstattete ein Komitee des holländischen Generalgouverneurs einen ausführlichen Bericht über die Geschäfte der West India Company, in dessen Verlauf die Tatsache erwähnt wurde, daß infolge des unsicheren Zustandes Brasiliens „der Sklavenhandel zum großen Schaden der Company lange brach gelegen" habe. Und in bezug auf die Neu Niederlande hieß es: „Dieses Land wird als das fruchtbarste aller Länder angesehen, die der Gerichtsbarkeit Ihrer Allerhöchsten Majestät unterliegen... Die Gewährung von Freiheiten und Privilegien hat tatsächlich einige Patrone und Kolonisten veranlaßt, dort Ackerbau zu betreiben. Aber weil die Ernte nur in den angrenzenden Gegenden verkauft werden kann, die den Engländern gehören, welche selbst ausreichend versorgt sind, haben diese Bauern keinen Gewinn aus ihrer Arbeit und ihren Auslagen erzielt. Im Hinblick darauf, der Landwirtschaft und folgerichtig der Bevölkerung eine größere Ermutigung zukommen zu lassen, sollten wir es als in höchstem Maße vorteilhaft erwägen, ihnen einen Weg zu eröffnen, der es ihnen erlaubt, ihre Ernte mit ihren eigenen Schiffen und bei bestimmten Abgaben sogar bis nach Brasilien zu exportieren ..., sie dort zu verkaufen und im Gegenzug Sklaven zurückzubringen. Auf diese Weise würde nicht nur Brasilien mit billigeren Lebensmitteln versorgt, sondern die Neu Niederlande könnte auch erheblich stärker als bisher durch Sklavenarbeit kultiviert werden, weil die Landarbeiter, die bisher mit großen Kosten für die Kolonisten dorthin transportiert werden, sich früher oder später selbst auf den Handel verlegen und die Landwirtschaft vollständig vernachlässigen. Sklaven hingegen, billig beschafft und gehalten, würden die Erzeugung verschiedener anderer Landesprodukte ermöglichen."

Aufgrund dieses Berichtes entschied der Generalgouverneur am 10. Februar 1648, den Bewohnern der Neu Niederlande sei es nunmehr „erlaubt, ihren Fisch, ihr Mehl und ihre Bodenerzeugnisse ... nach Brasilien zu exportieren mit eigenen Schiffen oder jenen der Company ... und umgekehrt gegen bestimmte Abgaben ebensoviele Handelsgüter – wie Sklaven – aus Brasilien in die Neu Niederlande, und nirgendwo sonst hin, einzuführen." Vier Jahre später wurde auch der direkte Sklavenhandel mit Afrika freigegeben. Aber die Ergebnisse waren so dürftig, daß der Finanzminister van Dyck am 18. September 1652 schrieb: „Meines Wissens ist seitens der Patrone oder Kolonisten keine Nachfrage nach Negern geäußert worden."

Die Bürger von Neu Amsterdam baten Gouverneur Stuyvesant im Mai 1660 um „die Erlaubnis, mit einem oder mehreren Schiffen frei und unbehindert mit der gesamten Westküste Afrikas Handel treiben zu dürfen", weil jedermann, der unter den derzeitigen Bedingungen „mit einem Kapitän oder Kaufmann, der in dieses Land fährt, einen durch strenge Bedingungen beschränkten und eingeengten Partnerschaftsvertrag" abschließen müsse, „sein Leben und seine Waren aufs Spiel setzte und bestenfalls keinen weiteren Gewinn hätte". Am 6. Januar 1664 sandten die Direktoren Stuyvesant die Botschaft, daß sie mit Symen Gilde von der „Gideon" einen Vertrag geschlossen hätten, nach dem er eine große Ladung Sklaven in Loango an der afrikanischen Küste übernehmen und sie über Curaçao in die Neu Niederlande bringen sollte, und daß Amsterdam Eigner eines Viertels der Ladung sei. Obwohl das Schiff eigentlich im Juni oder Juli „mit etwa dreihundert Sklaven an Bord" eintreffen sollte, kam es erst wenige Tage, bevor sich die Holländer den Engländern ergaben.

Während des Krieges zwischen Spanien und den Vereinigten Niederlanden brachten die Freibeuter, die zwischen den karibischen Inseln und auf den spanischen Schiffahrtsrouten ihr Unwesen trieben, gelegentlich Beute nach Neu Amsterdam. Nach dem Friedensschluß wurden die Feindseligkeiten zwischen Frankreich und Spanien fortgesetzt. Für die Freibeuter unter französischer Flagge war Neu Amsterdam ein neutraler Hafen, in dem gefangene Neger und andere Beutegüter verkauft wurden. 1642 brachte die „La Garce" einige Sklaven, und 1652 wurde von einem anderen Freibeuter eine Gruppe von fünfundvierzig Negern mitgeführt, die er von einem Spanier gekapert hatte. Ein großer Teil der Sklaven, die Neu Amsterdam erreichten, wurde jedoch durch private Kaufleute aus Holland mit besonderer Genehmigung der Gesellschaft oder durch die West India Company selbst importiert. „Wir haben entschieden", schrieben die Direktoren 1661 in Amsterdam, „daß in den Neu Niederlanden nicht nur Sklaven gehalten werden sollen, wie wir schon befohlen haben, sondern daß sie darüber hinaus auch zu den Engländern und anderen Nachbarn exportiert werden sollen."

1644 erhielt der Sekretär der Kolonie von Gouverneur Kieft für vier Jahre ein junges Mädchen, das der Company gehörte, eine „Tochter des großen Peter, eines schwarzen Mannes", die nach Ablauf der festgelegten Zeit zurückgegeben werden sollte, „wenn noch am Leben". Die Direktoren und der Rat entschieden im Mai 1664, einem gewissen Kapitän Willet „für Neger soviel zu bezahlen, wie es dem Gegenwert von sechshundert Pfund Schweine- oder Rindfleisch entspricht". Zwei Monate später wünschten sie „eine Anleihe über fünf- oder sechstausend Gulden in Wampum* auszuhandeln", die „entweder mit guten Negern oder anderen Waren" zurückgezahlt werden sollte, obwohl sie im November 1661 reich genug gewesen waren, Neu Amsterdam drei Negersklaven zu schenken.

* indianische Muschelperlenschnüre, als Geldersatz gebräuchlich

Die Rechtsstellung der Sklaven

Der Wechsel der Herrschaft 1664 veränderte den Status der Negersklaven nicht wesentlich. Die im März des Jahres bekanntgegebenen „Duke's Laws" (Herzogliche Gesetze) verkündeten: „Kein Christ darf in leibeigener Sklaverei gehalten werden, außer er ist dazu durch Amtsgewalt verurteilt, hat sich freiwillig selbst verkauft oder hat solches vor." Aus Furcht, daß diese Bestimmung mißverstanden werden

Folgende Farbabbildungen: Die Statue of Liberty vor den Zwillingstürmen des World Trade Center an der Südspitze Manhattans. In der Bildmitte der winzige Anleger der Staten Island Fähre.

Blick vom Empire State Building nach Norden. Links im Hintergrund der Hudson, in der Mitte der Central Park, rechts der East River. Die Achse der Fifth Avenue teilt Manhattan in East und West.

könnte, fügten die Verfasser sofort hinzu: „Nichts in diesem Gesetz soll einem Herrn oder einer Lady zum Nachteil gereichen, die durch Vertrag für einen gewissen Zeitraum oder lebenslang Diener genommen haben oder dies beabsichtigen.“ Die 1674 veröffentlichten Gesetzesergänzungen enthielten folgende Bestimmung: „Dieses Gesetz gibt keinem Neger oder Indianersklaven die Freiheit, der sich zum Christentum bekehrt, nachdem er von einer Person gekauft wurde.“ Diese Bestimmung schloß ein, ohne es ausdrücklich festzustellen, daß Einwohner New Yorks als Sklaven geboren werden konnten. Ein am 24. Oktober 1706 verabschiedetes Gesetz, das die Taufe von Neger-, Indianer- und Mulattensklaven fördern sollte, bestätigte jedoch den letztgenannten Punkt. Es legte fest, daß jeder Neger, Indianer, Mulatte oder Mestize den gleichen gesellschaftlichen Rang wie seine Mutter hatte und in jeder Hinsicht zum Sklavendasein verurteilt war. Sklaverei gab es deshalb von Geburts wegen, aufgrund freiwilligen Verkaufs oder als Strafe für ein Verbrechen.

Die Rechtsstellung eines Sklaven wurde durch eine Vielzahl von Gesetzen bestimmt. Eines, datiert vom 27. November 1702, bezog sich auf kleinere Vergehen und erlaubte den Herren, „ihre Sklaven nach Belieben für ihr Verbrechen zu bestrafen, ohne ihr Leben oder Angehörige einzubeziehen“. Eine Verordnung der New Yorker Stadtverwaltung vom März 1736 macht die Art und Weise deutlich, in der dieses Recht angewandt wurde. Sie ermächtigte die Bürger, alle Diener und Sklaven kostenlos ins Gefängnis zu stecken, wo sie hart arbeiten mußten und mit der Zustimmung des Herrn oder der Herrin nach Anweisung irgendeines Richters bestraft wurden. Schwere Vergehen wie Mord, Raub oder Brandstiftung wurden von einem speziell zusammengesetzten Gericht verurteilt.

Nach einem Gesetz vom 10. Dezember 1712 bildeten drei Richter und fünf der wichtigsten freien Grundeigentümer ein Geschworenengericht, das bei sieben Anwesenden beschlußfähig war. Dieses übliche Gremium konnte durch eines mit zwölf Richtern ersetzt werden, wenn ein Herr dies wünschte und dem Gericht neun Schilling bezahlte. Der Staatsanwalt trug die Beweise für die Anklage vor, gegen die der Missetäter sich offenbar ohne den Rat eines Anwaltes verteidigen mußte. Man kann sich vorstellen, wie wirkungsvoll ein unwissender Sklave seine Verteidigung führen konnte. Im Falle eines Schuldspruches bedeutete das Urteil den sofortigen Tod, zu vollziehen „in

solcher Weise und unter solchen Umständen, wie es das Ausmaß des Unheils oder die Ungeheuerlichkeit des Verbrechens" im Urteil der Richter erforderlich machten. Am 11. März 1684 brannte ein Stall mit zwölf Stück Vieh nieder, der Jan Nagel in Harlem gehörte. Das Feuer war von seinem Negersklaven gelegt worden, der fortlief und am nächsten Tag „aufgehängt an einem Baum beim Little Hill am Gemeindeplatz" gefunden wurde. Der Bürgermeister wurde gefragt, was mit der Leiche geschehen solle, und er befahl, sie an einen Galgen zu hängen. Aber die Magistratsmitglieder schnitten sie ab und verbrannten sie, weil sie die Wirkung eines solchen Anblicks auf ihre Kinder fürchteten, „die jeden Tag in den Feldern und Wäldern herumzustreifen pflegten und davon erschreckt werden könnten".

Sklavengesetze

Das Hauptinteresse der Sklavengesetze galt Bestimmungen, die Verschwörungen und Aufruhr verhindern sollten. Unsere Vorfahren lebten in beständiger Angst vor Sklavenaufständen. Ihre grausame Gesetzgebung zur Beherrschung des Lebens der Sklaven ist nur im Lichte dieser Tatsache verständlich. So erließ die Stadtverwaltung von New York schon sehr früh, am 15. März 1684, folgende Verordnung: „Am Tage des Herrn und zu jeder anderen Zeit dürfen sich an keinem Ort außerhalb des Dienstes für ihre Herren mehr als vier Neger- oder Indianersklaven versammeln." Bei Strafe von zehn Peitschenhieben am Schandpfahl war es ihnen verboten, Waffen zu tragen, genauer gesagt „Gewehre, Schwerter, Keulen, Knüppel oder andere Arten von Bewaffnung". Am 27. November 1702 wurde ein Sklavengesetz erlassen, das diese Bestimmungen auf die ganze Kolonie ausdehnte und die erlaubte Versammlungszahl von vier auf drei reduzierte. Das angestrebte Ziel wurde nicht einmal damit erreicht. Vier Jahre später mußte Gouverneur Cornbury die Friedensrichter des Kings County anweisen, geeignete Maßnahmen durchzuführen, um alle Neger zu ergreifen und zu verhaften, die sich aufrührerisch zusammengerottet hatten oder vor ihren Herren geflohen waren. Weitere fünf Jahre später, als William Hallet Jr. aus Newtown in Queens County, seine Frau und ihre fünf Kinder von einem Neger- und einem Indianersklaven ermordet worden waren, mußte der Gouverneur einem weiteren Gesetz zur Verhinderung des Sklavenaufruhrs zustimmen.

Der Negeraufstand von 1712, Vorläufer der berühmten Revolte von 1741, machte eine weitere Bestimmung erforderlich – ein „Gesetz zur Verhinderung, Unterdrückung und Bestrafung von Verschwörung und Rebellion von Negern und anderen Sklaven“, verabschiedet am 10. Dezember 1712, das frühere Verfügungen wiederholte und bestimmte Punkte betonte. Aufgrund des Gesetzes von 1702 durfte niemand andere Sklaven als seine eigenen ohne die Zustimmung ihres Herrn beschäftigen, ihnen Obdach geben, sie verstecken und innerhalb oder außerhalb seines Hauses oder auf seiner Ansiedlung bewirten. Gemäß der späteren Verordnung mußte jeder zwei englische Pfund bezahlen oder ins Gefängnis gehen, der eine solche Aufnahme von Sklaven nicht anzeigte. Ein Herr, der den Beschäftiger oder Gastgeber nicht verfolgte, zahlte das Doppelte der Summe, die dieser verwirkt hatte. Am 27. Oktober 1730 verabschiedete die gesetzgebende Versammlung eine „Bestimmung zur wirksameren Verhinderung und Bestrafung von Verschwörung und Rebellion bei Negern und anderen Sklaven; um diese besser zu regeln und die darin erwähnten und sich darauf beziehenden Gesetze außer Kraft zu setzen“. Dieses letzte und umfangreichste Sklavengesetz, das in New York vor der Revolution* verabschiedet wurde, verkündete keine neuen Prinzipien, sondern beschränkte sich auf die Bestätigung der früheren Statuten.

* Die Unabhängigkeitserklärung von 1776

Die Stadtverwaltung von New York stand der gesetzgebenden Versammlung in ihren Maßnahmen zur Verhinderung von Verschwörungen nicht nach und erließ einige Verfügungen, welche die vier letztgenannten Gesetze verschärften. Weil der Sonntag für die Sklaven ein Feiertag und die geeignetste Zeit zum Schmieden von Plänen war, sollten die Sonntagsgesetze sowohl konspirative Zusammenkünfte verhindern als auch das vierte Gesetz verstärken. „Sklavendienst und Arbeit“, Reiten auf den Straßen oder im Gemeindeland, „rohe und gesetzwidrige Sportarten“ und das „Wasserholen von einem anderen Brunnen oder einer anderen Pumpe als der dem Wohnsitz nächstgelegenen“ waren ebenso verboten wie die unerlaubte Überfahrt von New York nach Brooklyn.

An anderen Wochentagen durfte sich kein Sklave, der älter als vierzehn Jahre war, eine Stunde nach Sonnenuntergang auf den Straßen „innerhalb der Befestigung oder sonstwo südlich des Süßwassers“ ohne eine Laterne mit angezündeter Kerze bewegen, „deren Licht offen zu sehen ist“. Älteren Sklaven war es untersagt, „auf unbotmäßige Weise zu reiten", weil sie die Angewohnheit hatten, das Pferd ihres Herrn unter Gefahren für Fußgänger durch die Straßen tänzeln zu lassen, wenn sie es zur Tränke brachten. Sie durften auch keine Geschirrteller schnitzen, nicht um Geld – gleich welcher Sorte – spielen, „freie Männer oder Frauen, die sich zum Christentum bekennen", nicht angreifen oder schlagen, nicht fluchen, schwören oder „unverschämt mit Christen sprechen", keinen Wagen gleich welcher Art – mit Ausnahme von Brauereiwagen – ohne Erlaubnis des Bürgermeisters fahren und keine Austern, kein gekochtes indianisches Getreide oder irgendwelche Feldfrüchte verkaufen.

Einschränkende Maßnahmen, wie sie von diesen Gesetzen und Verfügungen vorgesehen waren, waren durch die beiden bereits erwähnten Aufstände notwendig geworden. Der frühere aus dem Jahre 1712 brach eines Nachts „beim Monduntergang" im April aus, als sich eine große, mit Gewehren und primitiven Waffen ausgerüstete Gruppe von Sklaven, die sich von ihren Herren schlecht behandelt fühlten, in einem Obstgarten versammelte, ein Nebengebäude in Brand steckte und alle angriff, die zum Löschen des Feuers herbeiliefen. Dabei töteten sie neun Männer und verwundeten sechs weitere, bevor durch das Abfeuern einer großen Kanone im Fort Alarm gegeben wurde, die vom Gouverneur in Marsch gesetzten Truppen erschienen und sie in die Flucht schlugen. Die Miliz durchkämmte die Wälder am Nordende von Manhattan, unterstützt von Posten an den Furten, und es gelang ihr am nächsten Tag, alle Aufrührer zu fassen, bis auf sechs, die in ihrer Verzweiflung Selbstmord begingen. Von den Überlebenden wurden einundzwanzig am Galgen, auf dem Scheiterhaufen oder dem Folterrad hingerichtet. Viele Gefangene, denen Komplizenschaft bei dem Aufstand unterstellt wurde, wurden später aus Mangel an Beweisen freigelassen.

Der zweite, sogenannte „Große Negeraufstand" vom März 1741 war jedoch im eigentlichen Sinne kaum ein solcher, obwohl er seiner Natur und seinen Folgen nach viel ernster war und Taten mit sich brachte, „die beinahe denen glichen, die während der schlimmen Tage der Hexerei von Salem begangen wurden".* Es besteht kein Zweifel, daß eine beachtliche Schar unzufriedener Sklaven, besonders solcher, die erst kurz zuvor aus Afrika angekommen waren, die Ermordung ihrer Herren wünschte und plante. Aber es gibt nur wenig Grund zu der Annahme, daß die Neger, die als Haussklaven arbeiteten und die Masse

* Salemer Hexenprozesse Ende des 17. Jahrhunderts durch die Puritaner (Salem, Massachusetts, nahe Boston)

der Sklavenbevölkerung ausmachten, je einen allgemeinen Sklavenaufstand erwogen oder noch viel weniger bewußt geplant haben. In New York wie in Salem ließ die Furcht die Gefahr größer erscheinen, als sie war.

Die ersten Anzeichen für die Rebellion gab es in den Wochen zwischen dem 28. Februar und 11. April, als sich kurz nacheinander neun Brände ereigneten, die zweifellos ihre Ursache in Brandstiftung zu haben schienen.

In der Zwischenzeit wurden der Wirt einer Kaschemme, seine Frau, zwei Neger und Mary Barton, ein angestelltes Dienstmädchen von zweifelhaftem Ruf, unter der Anklage der Hehlerei in Haft genommen.

Mary wurde eine Proklamation vorgelesen, die demjenigen eine Belohnung von einhundert Pfund und volle Straffreiheit versprach, der Informationen über den vermuteten Aufstandsplan geben konnte. Sie sah darin eine offene Hintertür und erinnerte sich plötzlich, daß die Neger, die sich für gewöhnlich im Haus ihres Herrn trafen, geplant hatten, die Stadt und das Fort zu zerstören und anschließend ihren Herrn zum König und einen der ihren zum Gouverneur zu machen.

Wegen der Festigkeit ihrer unbestätigten Zeugenaussage begann eine wahrhafte Schreckensherrschaft. Die Bürger brachten ihre Wertsachen in die Stadt, und alle schwarzen Männer, deren guter Ruf nicht von einem Herrn bezeugt werden konnte, wurden ins Gefängnis geworfen. Die Zahl der Opfer bestand nicht nur in 154 gefangenen Negern, von denen vierzehn verbrannt, achtzehn gehängt, zwei an den Pranger gestellt und einundsiebzig deportiert wurden, sondern auch in vierundzwanzig Weißen, von denen vier exekutiert wurden.

Unter ihnen befand sich ein Schulmeister namens Ury, der verdächtigt wurde, Anhänger der Episkopalkirche oder römisch-katholischer Priester zu sein. Die Magistratsmitglieder machten sich ein altes, immer noch gültiges Gesetz zunutze, das Priestern den Zutritt in die Provinz verbot, und verurteilten Ury aufgrund der doppelten Anklage, in die Rebellion verwickelt zu sein und die Riten seiner Religion ausgeübt zu haben.

Als Mary kühner wurde und hochstehende Persönlichkeiten beschuldigte, sah man ein, daß der panische Schrecken ein Ende haben mußte. Aber dies war schließlich vollbracht, als zu guter Letzt ein Tag für ein allgemeines Dankgebet festgelegt wurde.

Christianisierung

Folgende Doppelseite: Erinnerungen? Erwartungen? Die Zeit vergeht.

Im Gegensatz zu den grausamen Bestrafungen der Negeraufstände ist erfreulicherweise festzustellen, daß früh Anstrengungen zur Christianisierung unternommen wurden, weil Neger und Indianer von unseren Vorfahren als Kinder des Teufels angesehen wurden. Aber die Holländer waren dabei nicht sehr engagiert. Erst im Dezember 1660 findet sich unter den Anweisungen der heimischen Regierung für den „Rat für Ausländische Ansiedlungen" folgende Instruktion: „Ihr seid besonders gehalten, in den zahlreichen ausländischen Ansiedlungen das Evangelium mit großer Sorgfalt zu verbreiten ... Und Ihr solltet bedenken, wie die einzelnen Eingeborenen oder diejenigen, die von Euch aus anderen Teilen als Diener oder Sklaven gekauft wurden, am besten an den christlichen Glauben herangeführt und in die Lage versetzt werden, schließlich getauft zu werden."

Nach der Besetzung der Neu Niederlande durch die Engländer wurde die Aufgabe mit größerem Schwung fortgeführt. Die „Duke's Laws" verlangten von allen Befehlshabern und Aufsehern, die Einwohner zu drängen, ihre Kinder und Diener in Religionsdingen zu bilden. Die Verfügungen von Jakob II., Wilhelm III. und der Königin Anne an die königlichen Gouverneure von New York forderten dazu auf, mit der Hilfe des Rates „die besten Mittel herauszufinden, mit denen die Bekehrung von Negern und Indianern zum christlichen Glauben erleichtert und ermutigt werden kann." Gouverneur Dongan berichtete, daß die Aufgabe schwierig sei: „Es ist hier das Bemühen aller Menschen, ihre Kinder und Diener zu ihrem eigenen Glauben zu führen; aber ich muß feststellen, daß sie sich nicht um die Bekehrung ihrer Sklaven kümmern." Zwölf Jahre später, im Jahre 1699, hielt man dies noch immer für undurchführbar. Gouverneur Bellomont schrieb an das königliche Handelsministerium: „Ein Gesetz zur Erleichterung der Bekehrung von Indianern und Negern, auf dessen Verabschiedung die königlichen Verfügungen drängen, würde bei der gesetzgebenden Versammlung nicht durchkommen. Man ist hier der Auffassung, daß sich die Neger aus ihrer Sklaverei emanzipieren würden, wären sie zum Christentum bekehrt, und man ihrer Dienste verlustig ginge." Am 24. Oktober 1706 verabschiedete die Versammlung schließlich doch ein „Gesetz zur Förderung der Taufe von Neger-, Indianer- und Mulattensklaven", das später die königliche Zustimmung erhielt. Es hielt

There
Will
Be
NO
HELL

NOTICE
NOTICIA

ausdrücklich fest, daß die Taufe einem Sklaven nicht die Freiheit schenkte.

Diese Verordnung besänftigte die Befürchtungen der Herren, und Taufen wurden häufig vorgenommen, wie das Kirchenregister ausweist. Drei Jahre zuvor hatte der Reverend Elias Neau unter dem Patronat der „Gesellschaft zur Verbreitung des Evangeliums im Ausland" in New York City eine Schule zur religiösen Unterweisung von Sklaven eingerichtet. Die Sklaven trafen sich abends am „Mittwoch und Freitag sowie sonntags nach der Kirche" im ersten Stock von Mr. Neaus Haus. Da die Kirchen für den Gottesdienst sauber gehalten werden sollten, konnten sie nicht als Schulräume benutzt werden, und es gab „kein anderes öffentliches Gebäude, das geeignet oder groß genug war". Der Reverend John Sharp hielt die praktizierten Regelungen für ungeeignet und schlug deshalb vor, eine Kapelle für den Katechismusunterricht zu bauen, „die der ganzen Angelegenheit einen vorteilhaften Anstoß geben würde". Sein Vorhaben scheint angenommen worden zu sein.

Von Mr. Sharp erfahren wir auch einiges über die Hochzeiten und Beerdigungen von Sklaven. Wie er berichtet, wurden Eheschließungen mit wechselseitiger Zustimmung ohne den Segen der Kirche arrangiert. Mann und Frau gehörten häufig verschiedenen Familien und wurden nach der Hochzeit viele Meilen voneinander entfernt verkauft. Deshalb war die Polygamie verbreitet. Nach der Taufe stimmten einige der Auflösung ihrer „Negerehen" zu und „heirateten einen christlichen Gefährten". Wie beschönigend diese Feststellungen auch sein mögen, so ist gewiß, daß die Eheschließung eines Sklaven nicht vor dem 9. April 1813 legal wurde. Das an diesem Tag in Kraft getretene Gesetz lautet: „Alle bereits geschlossenen oder in Zukunft zu schließenden Ehen, bei denen einer oder beide Beteiligten Sklaven sind oder sein könnten, sollen als rechtsgültig betrachtet werden, als ob die Beteiligten frei wären; die Kinder aus einer solchen Ehe gelten als legitim."

Die Beerdigung von Sklaven wurde zum ersten Mal am 23. Oktober 1684 Gegenstand der Gesetzgebung. Der Text der Bestimmung ist nicht verfügbar, und deshalb können wir seine Verordnungen nicht zitieren. Sie verboten vermutlich die private Beerdigung von Sklaven, denn man hat herausgefunden, daß Mees Hoogeboon aus Albany zu einer Strafe von zwölf Schilling verurteilt wurde, „weil er seinen Neger auf private und verdächtige Art begraben hat." Im Oktober 1722 ordnete die Stadtverwaltung von New York an, daß alle Neger- und

Indianersklaven, die innerhalb der Stadt starben, bei Tageslicht zu bestatten seien. 1731, 1748 und 1763 wurde diese Anordnung mit der zusätzlichen Bestimmung erneuert, daß bei Strafe öffentlicher Auspeitschung nicht mehr als zwölf Sklaven einer Beerdigung beizuwohnen hatten. Dabei durften kein Leichentuch, keine Handschuhe und kein Angebinde benutzt werden. Ein Sklave, der sich nicht daran hielt, wurde nach Belieben des Bürgermeisters oder des Mitglieds der Verwaltung, das ihn überführt hatte, öffentlich ausgepeitscht. Diese Verordnungen wurden vermutlich ebenso zur Verhinderung von Sklavenverschwörungen wie aus anderen Gründen getroffen. Die Furcht vor Sklavenaufständen ist, wie schon zuvor bemerkt, der Schlüssel zum Verständnis der Sklavengesetze in New York wie auch in anderen Kolonien. Mr. Sharp nimmt noch einen zweiten Grund an, wenn er bemerkt: „Sklaven werden im Gemeindeland von Angehörigen ihres Heimatlandes und ihrer Hautfarbe ohne Gottesdienst bestattet. Im Gegenteil, heidnische Riten werden dabei praktiziert."

Frédéric Auguste Bartholdi: Eine Freiheitsstatue für Amerika

F. A. Bartholdi (1834 - 1904) ist der Schöpfer der „Statue of Liberty" im Hafen von New York.

Eines Abends vor nunmehr zwanzig Jahren hatte ich an einem Dinner im Hause meines illustren Freundes Monsieur Laboulaye teilgenommen, dessen Heimgang ich äußerst bedauere. Seine Gäste rauchten im Wintergarten seines reizenden Landsitzes in Glavigny nahe Versailles. Es war eine Versammlung herausragender Politiker und Gelehrter. Das Gespräch kam auf die internationalen Beziehungen, besonders auf die Gefühle Italiens gegenüber Frankreich. Irgend jemand meinte, daß es zwischen Nationen keine Dankbarkeit geben könne, daß das kleinste materielle Interesse oder die geringste politische Aufregung jedes Verhältnis dieser Art zerstören würde. Als man sich den Vereinigten Staaten zuwandte, wurde die Bemerkung hinzugefügt, daß Frankreich nicht länger auf die Erinnerung an die Vergangenheit zählen könne.

Hinsichtlich der Amerikaner stellte Monsieur Laboulaye fest, daß sie für Frankreich größere Sympathie als für jede andere europäische Nation hätten, und daß dieses Gefühl nicht im Zeichen der Dankbarkeit stehe, sondern auf der Erinnerung an die Gemeinsamkeit von Gedanken und Kämpfen beruhe und von gemeinschaftlichen Zielen getragen werde. Die Franzosen, die in den Vereinigten Staaten ins Feld gezogen waren, vergossen ihr Blut für Prinzipien, die sie in Frankreich und der ganzen Welt durchsetzen wollten. Die ersten Freiwilligen seien trotz der Haltung ihrer Regierung hinübergegangen, und die ganze Welt erinnere sich an die Schwierigkeiten, denen Lafayette* bei seiner Abreise ausgesetzt war. Jener Kampf um die Unabhängigkeit stelle nicht einfach nur eine Hilfe für eine befreundete Nation dar, sagte er, sondern einen Gleichklang der Gefühle, eine Gemeinsamkeit der Anstrengungen und Leidenschaften. Und wenn die Herzen einmal im gleichen Rhythmus geschlagen hätten, bliebe wie bei Individuen auch bei Nationen immer etwas Verbindendes.

* Politiker der Französischen Revolution, nahm ab 1777 als General am Nordamerikanischen Unabhängigkeitskrieg teil

Der Beweis sei, fügte er hinzu, daß man in den Vereinigten Staaten die miteinander errungenen Siege in Ehren hielte und Lafayette und seine Freiwilligen wie die amerikanischen Helden verehre. Diese Erinnerung sei im öffentlichen Bewußtsein weit stärker ausgeprägt als diejenige an die Politik der französischen Regierung. In den Vereinigten Staaten spreche niemand von dem Frieden von Versailles, der die Vereinigten Staaten zu dem gemacht habe, was sie heute seien. Viele Amerikaner kennten nicht einmal das Datum des Vertragsabschlusses.* Andererseits entsinne sich jedermann der Namen und Taten französischer Soldaten. Darin liege das Fundament der Gefühle in den Vereinigten Staaten gegenüber den Franzosen, sagte Monsieur Laboulaye, ein unzerstörbares Fundament, ehrenvoll für die Amerikaner wie für uns. Und falls in Amerika ein Monument als Ehrenmal seiner Unabhängigkeit errichtet werden sollte, würde ich es für völlig natürlich halten, es unter gemeinsamen Anstrengungen als ein Gemeinschaftswerk beider Nationen zu bauen.

* Es war das Jahr 1783.

Ich zitiere diese Worte aus der Erinnerung, weil sie bisher nie gedruckt wurden, soweit ich weiß. Aber diese Unterhaltung beeindruckte mich so tief, daß sie sich in mein Gedächtnis eingegraben hat, und wenn ich sie schon nicht im Wortlaut wiedergeben kann, so sind doch die Ideen richtig, weil man sie auch in den Ansprachen Monsieur Laboulayes zur Arbeit der Französisch-Amerikanischen Vereinigung wiederfinden kann.

Lange Zeit später gedachte ich wieder dieser Unterhaltung, zur Zeit des Krieges von 1870. Ich war mit der Armee im Osten, wo wir monatelang gegen den Feind und unsere eigenen, schweren Leiden kämpften, immer mit Hoffnung und Vertrauen auf die Zukunft.

Ich wurde nach Bordeaux geschickt, um Waffen und Munition abzuholen, die an Bord der Schiffe der Transatlantic Company aus Amerika gebracht worden waren. Für mich war es schmerzlich, die Schiffsoffiziere über deutschfreundliche Demonstrationen in Amerika sprechen zu hören. Einer unter ihnen verteidigte die Amerikaner jedoch. Er sagte, diese lautstarken Demonstrationen seien das Werk von Deutschen, die erst ganz kurze Zeit in Amerika seien, und daß diejenigen, die schon lange in den Vereinigten Staaten wären, die Traditionen ihrer neuen Heimat respektierten, und der größere Teil von ihnen sich daran erinnere, wie unterdrückt sie waren, zum Tode verurteilt und gezwungen, aus ihrer Heimat zu fliehen, wenn sie von Freiheit oder den Vorzügen der Gleichheit träumten. Wer von ihnen sich über einen Sieg Deutschlands freue, gebe eher seiner Freude über ein vereinigtes Deutschland Ausdruck und der Hoffnung darauf, daß die Einheit zur politischen und gesellschaftlichen Entwicklung ihrer früheren Heimat und zum Glück ihrer Verwandten und Freunde führen möge, die dort geblieben seien. Aber diese wenigen Menschen seien zu sehr Amerikaner und Bürger dieses großen, freien Volkes, um

Haß auf die Franzosen zu empfinden oder das Unglück zu begrüßen, das der Nation widerführe, die an der Schaffung ihrer neuen Heimat mitgewirkt hätte, deren Wohlstand sie heute genießen würden.
All diese Kommentare und verschiedenen Meinungen erregten mein stärkstes Interesse. Ich hatte aus Sympathie immer eine gewisse Neugier auf Amerika verspürt und den lebhaften Wunsch, das Land kennenzulernen.
Als der Krieg vorüber war, konnte ich nicht mehr in meine elsässische Heimat zurückkehren, die mir durch die Deutschen verschlossen blieb. In Paris herrschte die Kommune, und der Bürgerkrieg tobte. Nach einem kurzen Aufenthalt in der Schweiz entschied ich mich, eine Reise zu unternehmen, um Ruhe von all den bitteren Eindrücken zu finden, die ich gerade erlebt hatte; und so wuchs die Idee, Amerika zu besuchen.
Ich reiste nach Versailles, um die Freunde wiederzutreffen, die ich über so viele leidvolle Monate nicht gesehen hatte. Schließlich weilte ich wiederum im Haus von Monsieur Laboulaye neben vielen anderen hervorragenden Männern, deren Sympathien für die Vereinigten Staaten wohlbekannt waren. Wieder wurde über amerikanische Gefühle gesprochen, von den Schiffsladungen, welche die Amerikaner nach Paris geschickt hatten, und über die in Amerika vorherrschenden Meinungen. Ich erzählte all das, was ich an Bord der Transatlantik-Dampfschiffe gehört hatte. Monsieur Laboulaye nahm neuerlich seine früher zum Ausdruck gebrachten Ansichten auf und erklärte, daß es zum hundertsten Jahrestag der amerikanischen Unabhängigkeit dort ohne Zweifel eine patriotische und frankreichfreundliche Bewegung geben würde. „Fahren Sie hinüber und lernen Sie das Land kennen", sagte er zu mir. „Sie werden es studieren und uns von Ihren Eindrücken berichten. Schlagen Sie unseren Freunden drüben vor, mit uns ein Monument zu errichten, ein gemeinsames Werk zur Erinnerung an die alte Freundschaft zwischen Frankreich und den Vereinigten Staaten. Wir werden in Frankreich Spenden sammeln. Wenn Sie eine gute Idee haben, einen Plan, der die Begeisterung der Öffentlichkeit hervorrufen kann, sind wir überzeugt, daß er auf beiden Kontinenten Erfolg haben wird, und wir werden ein Werk vollbringen, das eine weitreichende moralische Wirkung haben wird."
In diesen Überzeugungen von Monsieur Laboulaye liegt die Inspiration zum Monument der Französisch-Amerikanischen Vereinigung.

Ich habe über diese Teile der Unterhaltung berichtet, um die Geburt der Idee und ihre Entwicklung deutlich zu machen, zugleich aber auch, um denjenigen eine Antwort zu geben, die mit bösartiger Absicht den Wert des Kunstwerkes herabsetzen wollen und es als die persönliche Fantasie eines Künstlers kritisieren. Ich kann sehr wohl ein gewisses Verdienst bei der Entstehung der Idee, bei ihrer Ausarbeitung und der Führung des Unternehmens zu seiner Vollendung beanspruchen. Aber ihr Wert ist ein höherer. Seine Wurzeln liegen tiefer als im Ehrgeiz eines Künstlers.

Ronald Sanders: Lower East Side

New York ist berühmt für seine bunt schillernden ethnischen Enklaven wie zum Beispiel Little Italy und Chinatown. Zwei der bekanntesten sind das Harlem der Schwarzen von heute und die jüdische Lower East Side der jüngeren Vergangenheit, die ihre Namen sowohl mit Bezug auf die jeweilige geographische Lage als auch ihre ethnische Zusammensetzung tragen. Spricht man von „Harlem", meint man praktisch eine brodelnde schwarze Gemeinde, konzentriert in einer Gegend, deren Mittelpunkt Anfang dieses Jahrhunderts Harlem hieß. Heute sind Ort und Bevölkerungstyp praktisch zu einem Synonym geworden, und der Anstieg des schwarzen Einwohneranteils wurde gleichbedeutend mit der Ausbreitung von Harlem. Ebenso stand der Begriff „Lower East Side" lange für die Juden dieser Stadt – obwohl der Stadtbezirk selbst zur Hochblüte des dortigen Judentums nie ausschließlich jüdisch gewesen ist. Tatsächlich gab es eine Zeit, in der das vorherrschende Element dieses Teils von Manhattan das irische war. Heute wiederum ist die schwindende jüdische Gemeinde nur noch eine von vielen ethnischen Gruppen, die in der Lower East Side leben.

Es bleibt allerdings der Umstand, daß im Bewußtsein der Amerikaner Geschichte und Charakter der Lower East Side untrennbar mit dem Judentum New Yorks verbunden sind.

Von circa 1885 bis 1900 umfaßte die sogenannte jüdische Lower East Side ursprünglich lediglich ein paar Blocks in der Umgebung des Strauss Square (ehemals Rudgers Square) an der Kreuzung zwischen Canal und Essex Street. Nach 1900 dehnte sich dieses von jüdischen Einwanderern bewohnte Kerngebiet in verschiedene Richtungen aus. Süd- und ostwärts rückten die Juden bis in den einige Blocks breiten Streifen vor, der ihr Viertel früher vom East River trennte – die dort ansässige irische Bevölkerung wurde allerdings nie vollständig verdrängt –, und nordwärts bis zur Delancey und East Houston Street. Die Second Avenue zwischen Houston und 14th Street wurde indessen erst nach dem Ersten Weltkrieg zu einem bedeutenden Zentrum von Leben und Kultur der New Yorker Juden. Bis dahin nämlich hatte diese Gegend für kaum jemanden etwas mit alldem zu tun, was man mit der Lower East Side verband.

Heute scheint der ethnische Charakter dieser Viertel die exakte

Umkehrung der chronologischen Reihenfolge des jüdischen Zustroms in jene Gegenden zu Beginn unseres Jahrhunderts zu repräsentieren. Die Second Avenue zum Beispiel, die als eine der letzten wichtigen Lebensbereiche des New Yorker Judentums einen vorwiegend jüdischen Charakter annahm, trägt heutzutage am wenigsten dessen Züge. Die Suche nach den Meilensteinen jüdischer Einwanderung erhält dort geradezu archäologischen Charakter. Das im Südosten angrenzende wichtige jüdische Gebiet dagegen hat viel eher die ursprünglichen Eigenarten bewahrt; wenigstens kann man das von den Bereichen entlang der East Houston, Orchard und Rivington Street behaupten, obwohl hier Geschäftshäuser das ehemalige Wohngebiet zunehmend verdrängt haben.

Erst wenn man südlich der Delancey Street in die ehemaligen Kerngebiete der jüdischen Lower East Side gelangt, findet man auch heute noch eine rein jüdische Bevölkerung, die sich hauptsächlich in den Wohnsilos konzentriert, die dort seit 1930 aus dem Boden gestampft wurden. Das jüdische Leben ist hier noch überall gegenwärtig, in den Straßen, den Geschäften und auf den Schildern in Hebräisch und Jiddisch, die überall an den Mauern hängen. Man findet eine große Anzahl von Händlern jüdischer Devotionalien und Buchhandlungen mit vorrangig hebräischer und jiddischer Literatur, und östlich entlang des East Broadway eine fast ununterbrochene Kette von Talmudschulen und rabbinischen Einrichtungen.

In den siebziger Jahren war diese Gegend noch immer das Zentrum dessen, was vielleicht die wichtigste kulturelle Institution der Lower East Side verkörperte: der jiddischen Presse. Ihr bedeutendstes Monument, das zehnstöckige Hochhaus des „The Jewish Daily Forward", überragt auch heute noch die Gebäude seiner unmittelbaren Umgebung, was es einst als *der* Wolkenkratzer im ganzen Lower-East-Side-Gebiet tat. Inzwischen ist die Redaktion des „Forward", der noch immer sechsmal pro Woche erscheint, in kleineren Räumlichkeiten eines anderen Stadtteils untergebracht. Und der alte Wolkenkratzer ist zum Bürohaus eines chinesischen Bauunternehmens geworden.

Letzteres wiederum ist Beweis für die kontinuierliche ethnische Vitalität von Lower Manhattan, wie sie sich auch in der von Chinatown ostwärts gerichteten Ausdehnung des chinesischen Elements der Stadt ausdrückt – die wiederum den Zustrom einer weiteren asiatischen Gruppe, nämlich die der Inder, nach sich zog. Andere Teile der Lower

Folgende Farbabbildungen: Gotische Spitzbögen und das filigrane Netz der Stahlseile: Brooklyn Bridge.

In den Schluchten der Felseninsel.

East Side südlich der Houston Street sind vorwiegend schwarz oder spanisch. Im Norden, entlang der First und Second Avenue, konzentrieren sich Italiener, Ukrainer und andere slavische Völker.
Das Besondere an diesen Straßen, die ein so buntes ethnisches Muster ergeben, ist, daß sie die berühmte Kulisse für ein einzigartiges New Yorker Phänomen, nämlich die Geschichte des dortigen Judentums bilden. Bevor wir zu ihrer aktuellen Betrachtung übergehen, sollten wir einen Blick sowohl auf die gesamte als auch die speziell jüdische Entwicklung dieses Teils von Manhattan werfen.
Maßgebend für das Schicksal der Lower East Side war, daß sie zumindest in dem Teil nördlich der Linie Canal Street-East Broadway von Anfang an ein Wohngebiet für die Arbeiterschicht und die Neuankömmlinge aus Europa gewesen war; im Gegensatz übrigens zu den benachbarten Gebieten um den nördlichen Rand der alten eigentlichen City am Südzipfel Manhattans, die ursprünglich als Wohngegenden für die Wohlhabenden konzipiert gewesen waren. Die Lower East Side nämlich litt von Anfang an darunter, daß der Stadtbezirk nordöstlich der City Hall, zwischen der City und der späteren Lower East Side, bereits kurz nach seiner Erschließung im ersten Drittel des letzten Jahrhunderts zum schlimmsten Slum New Yorks verkam. Noch das Nachbargebiet um den heutigen Chatham Square war als Vorstadt für das etablierte Bürgertum gedacht. Die Häuser allerdings, die auf dem zugeschütteten ehemaligen Collect Pond entstanden, brachen bald in sich zusammen, als der Untergrund nachzugeben begann. Bereits in den dreißiger Jahren des vorigen Jahrhunderts hatte die bessere Gesellschaft die Gegend wieder verlassen. Ihre Häuser wurden von der neuen Welle irischer Immigranten vereinnahmt, die als Folge des vergrößerten Stellenangebots durch die Eröffnung des Erie Canal 1825 über die Stadt hereinbrach. Viele dieser Iren fanden Arbeit in den Docks einer Stadt, die mittlerweile einen bedeutenden Hafen aufwies. Es war nur zu verständlich, daß sie sich vorzugsweise entlang des Flußufers an der Südgrenze der Lower East Side ansiedelten, nachdem das wohlhabende Bürgertum die Gegend endgültig aufgegeben hatte. Obwohl die sich immer weiter ausbreitende irische Gemeinde nach Respektabilität strebte, wurde das eigentliche Kerngebiet ihrer Immigration, das sich in der Umgebung der heutigen Worth und Baxter Street konzentrierte und allgemein als „Five Points“ bekannt war (weil dort fünf Straßen zusammenführten),

Peter Pan
Peter Pan

zum Auffangbecken für all jene, die im Wettstreit, es in Amerika zu schaffen, auf der Strecke blieben. Dies wiederum bewirkte eine rasche Verelendung des Bezirks. Wie viele Schriftsteller und Journalisten des Progressive Movement hat Jacob A. Riis die Kriminalität und das Elend des Viertels Five Points ausführlich beschrieben in seinem Klassiker „How the Other Half Lives" („Wie die andere Hälfte lebt") aus dem Jahre 1890 und in anderen Büchern.

Die große Hungersnot in Irland während der Vierziger Jahre des neunzehnten Jahrhunderts brachte noch eine weitere Steigerung der Einwanderungsquoten aus diesem Land in die Lower East Side. Allerdings begann damals bereits eine andere ethnische Gruppe dort Fuß zu fassen: die Deutschen. Der Zustrom deutscher Einwanderer nach Amerika hatte in größerem Maß nach dem Scheitern der 48er Revolution eingesetzt. In New York siedelten sich die Neuankömmlinge vorzugsweise östlich der Bowery von der Grand Street nordwärts an und erreichten allmählich die 14th Street. Während Five Points für den etablierten Amerikaner praktisch eine Grenze darstellte, die er nicht überschritt, stellte diese Gegend für die abenteuerlustigen Neueinwanderer so etwas wie ein erstrebenswertes Ziel ihres Pioniergeistes dar. Sie wurde zu einer Art Kriterium, an dem der Aufstieg gemessen wurde, und dieser fand bei den deutschen Einwanderern verhältnismäßig schnell und ungebrochen statt. Im Gegensatz zu den irischen Immigranten aus jener Zeit, die vornehmlich der Arbeiterschicht angehörten und in Amerika ihre Chance in den angestammten Tätigkeitsbereichen suchten, kamen die Deutschen hauptsächlich aus dem Bildungsbürgertum, also jener Gesellschaftsgruppe, die all ihre Hoffnung auf die liberalen Prinzipien der 48er Revolution gesetzt hatte und bitter enttäuscht worden war. Als Folge dessen erhielt das sogenannte Dutchtown – wobei Dutch eine damalige Verballhornung der Amerikaner für deutsch war – eine sehr bürgerliche deutsche Prägung mit den saubersten Straßen und Fassaden und einer etwas schmuckeren städtischen Architektur, als sie bis dahin in Amerika üblich gewesen war. Im tieferen Sinn stellte die deutsche Gemeinde New Yorks die erste Minderheit dar, die ein vollständiges eigenes Kulturwesen entwickelte, mit einem deutschsprachigen Theater, eigener Presse, einem reichhaltigen öffentlichen Bildungsangebot und der typisch europäischen Neigung zu einer intellektuellen Betrachtung der Politik.

Eine gewisse Vervollkommnung erreichte all das nach 1878, als eine weitere politische Katastrophe in Deutschland – nämlich Bismarcks Sozialistengesetze – eine neuerliche Einwanderungswelle nach Amerika auslöste. In der Folge wurde New York zu einem der Weltzentren deutscher Sozialdemokratie im Exil. Karl Marx spielte eine Zeitlang sogar mit dem Gedanken, New York zum Sitz der Ersten Internationalen Arbeiterassoziation zu machen. Die sozialistische „New Yorker Volkszeitung" versuchte, der etablierten liberalen „New Yorker Staatszeitung" den Rang als wichtigste deutschsprachige Zeitung abzulaufen. Der Sozialismus wurde zum dominierenden Diskussionsthema in den Bierhallen und Cafés der Lower East Side und zur Triebkraft der englisch- und deutschsprechenden Zirkel der New Yorker Arbeiterbewegung. Und gleichermaßen stand er bei der jiddischsprechenden Arbeiterbewegung in der Lower East Side Pate. Um diese Zeit formte sich in Anlehnung an das kulturelle Leben von Dutchtown – auf der Basis der verwandten Sprache – mit großem Erfolg auch eine jüdische Kulturszene.
Obwohl es in New York bereits vorübergehend Gebiete gegeben hatte, in denen sich vermehrt Einwohner jüdischer Abstammung ansiedelten, hatte die eigentliche City vor 1870 kein speziell jüdisches Viertel gekannt. Dieses wiederum schufen schließlich hauptsächlich die jüdischen Einwanderer aus Osteuropa. Während der Kolonialzeit und später in der Ära der nationalen Einheit war die jüdische Bevölkerung New Yorks in der Hauptsache sephardischen Ursprungs gewesen. Die sogenannten Sephardim waren Juden spanischer Abstammung, die oft seit Generationen in englischsprechenden Ländern wie Großbritannien oder den Westindischen Inseln gelebt hatten, bevor sie in Amerika eine neue Heimat fanden. Bei der Vielfalt der Religionen, die nahezu von Anbeginn von der New Yorker Bevölkerung praktiziert wurden, sahen sie keine Notwendigkeit, sich in eigenen Vierteln niederzulassen. Als dann der Einwanderungsstrom der Deutschen in den Jahren vor dem Bürgerkrieg stetig größer wurde, waren auch die Juden in New York vorwiegend deutscher Abstammung. Obwohl diese Entwicklung das amerikanische Judentum selbstbewußter und autonomer werden ließ – ein Aspekt dabei ist die Entstehung des amerikanischen Reformjudentums, das bewirkte, daß nun geschulte Rabbiner nach Amerika kamen, die in Cincinnati das erste Rabbiner-Seminar dieses Landes gründeten –, neigten die deutschen Juden in

New York dazu, sich eher in deutschen als in eigenen jüdischen Vierteln anzusiedeln.
Erst auf dem wirtschaftlichen Sektor entstand schließlich in den siebziger Jahren des vorigen Jahrhunderts so etwas wie ein speziell jüdisches geographisches Muster. Die Herstellung und der Vertrieb von Textilien waren damals in Mittel- und Osteuropa eine Domäne der Juden, und viele der deutsch-jüdischen Einwanderer hatten ihre Fertigkeit auf diesem Gebiet mit nach Amerika gebracht. Auf dem Abschnitt zwischen Broadway und Essex Street stellte die Grand Street praktisch das Einkaufszentrum von New York dar, und dort fanden sich auch die größten Kaufhäuser der Stadt. Da die Canal Street, die zwei Blocks südlicher parallel zur Grand Street verläuft, der Dreh- und Angelpunkt des Textilgroßhandels war, konzentrierten sich in dieser Gegend natürlich auch die jüdischen Unternehmen dieses Wirtschaftszweiges. Und eben diese Gegebenheiten führten angesichts des ständig wachsenden jüdischen Einwandererzustroms aus Osteuropa dazu, daß sich entsprechend auch die Wohnstrukturen der Umgebung änderten.
Bekleidung wurde von Anfang an bis ins frühe zwanzigste Jahrhundert hauptsächlich in Heimarbeit hergestellt. Die Händler und Zulieferer hatten zwar Büros außerhalb ihrer Wohnungen, doch die Zuschneider und Näher arbeiteten fast immer im Familienverband zu Hause. In New York erregte diese Tatsache bei jenen Einwanderern mit Schneiderausbildung den Wunsch, in der Nähe der Örtlichkeiten zu wohnen, wo sie ihre Ware abholen und liefern mußten. Auf diese Weise entstand das erste ausgesprochen jüdische Viertel New Yorks in den siebziger Jahren des vorigen Jahrhunderts, als Folge des Zustroms von Schneidern aus bestimmten Teilen Polens oder des benachbarten Deutschen Reiches, wo sich der von Juden gesprochene Dialekt eher an das Deutsche als an das Jiddische anlehnte. Jene jüdischen Einwanderer aus dem von Rußland besetzten Bezirk Bialistok und Großpolen, die hauptsächlich aus ökonomischen Gründen nach New York kamen, siedelten sich vorzugsweise in der Nachbarschaft von Bekleidungsfirmen deutsch-jüdischer Kaufleute an und bildeten damit gewissermaßen ein amerikanisches Bialistok und Großpolen im Deutschen Reich der Kaufleute. Das erste polnisch-jüdische Viertel dieser Art entstand an der Ecke Bayard und Mott Street und sollte in den folgenden Jahrzehnten schließlich zum Herzen von Chinatown werden. Bald jedoch zogen diese Einwanderer weiter, um dem

Zentrum der Bekleidungsindustrie näher zu sein, und bildeten eine dicht besiedelte Enklave an der Kreuzung von Canal Street, Essex Street und East Broadway. 1882 begann dann der massive Zuzug von russischen Juden in dieses Viertel.

Wie bei vielen anderen ethnischen Gruppen war die Auswanderung der Juden nach Amerika teils eine Flucht vor den unerträglichen Lebensbedingungen, die sie aufgrund von Armut oder Vorurteilen erdulden mußten, teils die Suche nach den unbegrenzten Möglichkeiten, die Amerika zu bieten schien. Es gab allerdings Zeitspannen, in denen das Gleichgewicht dieser Elemente gestört war und das Pendel deutlich in die eine oder andere der beiden Richtungen ausschlug. Der plötzliche Zustrom einer großen Anzahl russischer Juden in die Vereinigten Staaten im Jahr 1883, der nur den Beginn einer Massenauswanderung darstellte, die einer Völkerwanderung gleichkam, hatte sein ursprüngliches Motiv in der Flucht vor Verfolgung. Nachdem die Juden Rußlands zweihundert Jahre lang unter Armut und Unterdrükkung gelitten hatten, die schlimmer gewesen waren als in den meisten anderen Ländern mit jüdischem Bevölkerungsanteil, beschlossen viele Juden, das Zarenreich nach einer Reihe von schrecklichen Progromen in der Ukraine als Folge der Ermordung Zar Alexanders II. im März 1881 zu verlassen. Und plötzlich wanderten nicht nur unzählige Menschen auf der Suche nach besseren wirtschaftlichen Möglichkeiten und Lebensbedingungen, sondern ganze Massen Verzweifelter aus Rußland aus, die zwar in nichts entschlossener waren als in dem Wunsch, das Zarenreich um jeden Preis zu verlassen, jedoch kaum exakte Pläne für die Zukunft hatten, geschweige denn über die finanziellen Mittel verfügten, die für eine Auswanderung nötig waren. Als erste Reaktion auf diesen erdrückenden Zustrom aus dem Osten sorgten Hilfsorganisationen wohlhabender Juden in Westeuropa und Amerika – wie zum Beispiel der „Hilfsverein der Deutschen Juden“ im Deutschen Reich, die „Alliance Israélite Universelle“ in Frankreich und die „Hebrew Immigrant Aid Society“ oder „HIAS“ in den USA – für die Schiffspassagen und das nötige Kleingeld für unterwegs. Die überwiegende Mehrheit der Flüchtlinge wollte nach Amerika, und da die europäischen jüdischen Organisationen sie in diesem Wunsch unterstützten, wurde die Überfahrt zwar wirtschaftlich möglich, aber beileibe nicht einfach gemacht.

Für die meisten dieser Immigranten führte der Weg von der New

Yorker Einwanderungsbehörde – zuerst in Castle Garden auf der Battery, dann ab 1892 auf Ellis Island – ins brodelnde amerikanische Leben über einen Job, zu dem der Neuankömmling meistens schon beim Verlassen des Schiffes verpflichtet worden war. Es gab verschiedene sogenannte „job routes“ für den jüdischen Einwanderer in die Lower East Side, und dabei überwogen die Arbeitsmöglichkeiten in der Bekleidungsindustrie. Allerdings handelte es sich bei den in dieser Branche beschäftigten Immigranten der achtziger und neunziger Jahre um völlig andere als jene, die in den siebziger Jahren aus Bialistok und Großpolen eingetroffen waren. Während letztere hauptsächlich gelernte Schneider gewesen waren, die nach Amerika kamen, um in ihrem Beruf zu arbeiten, war der typische Arbeiter der Bekleidungsindustrie nun plötzlich eine ungelernte Kraft, die lediglich den erstbesten Job angenommen hatte, der sich ihr bot. Die Industrie hatte zahlreiche Beschäftigungsmöglichkeiten für ungelernte Kräfte, und viele Einwanderer waren schon zufrieden, erst einmal eine Stellung zu haben, die ohnehin als Übergang betrachtet wurde, außerdem keinen harten körperlichen Einsatz von ihnen forderte – etwas, das die meisten russischen Juden damals ablehnten – und ihnen ferner die Möglichkeit bot, in einer rein jüdischen Umgebung tätig zu sein.

Die Verhältnisse in der damaligen Bekleidungsindustrie waren durch hektische Arbeitswut und Provisorien gekennzeichnet. Wer noch am Vortag einfacher Arbeiter gewesen war, konnte praktisch über Nacht zum sogenannten „Contractor“ oder „Sweater“ arrivieren, der in seiner eigenen Wohnung einen „Sweat Shop“ – eine Werkstatt – einrichtete, in der bedingungslos auf Profit gewirtschaftet wurde. Dieses Ausbeutersystem funktionierte folgendermaßen: ein kleiner „Contractor“ oder Subunternehmer wirtschaftete mit schwindend geringem Kapital und besorgte das Rohmaterial und den Auftrag für das Fertigprodukt von einem großen Textilkaufmann. Dann heuerte er so viele Arbeiter an, wie er zur Erfüllung des Auftrags benötigte, was meistens nach persönlicher Inaugenscheinnahme an der Kreuzung von Hester und Ludlow Street geschah, wo sich jeden Morgen zahllose Arbeiter und „Contractors“ einfanden, um über Jobs zu feilschen. Dieser von Menschen wimmelnde Platz wurde von einem unbekannten Witzbold der „Khazzer-Markt“ getauft, was im Jiddischen soviel wie „Schweinemarkt“ bedeutet. Anschließend ging der kleine Unternehmer mit seinen Arbeitern, die in den Anfangszeiten noch ihre eigenen Nähmaschinen mitbringen mußten, in seine Wohnung, die meistens viel zu eng war, weil dort eine Großfamilie hauste, und begann inmitten von Stoffballen mit der Fabrikation. Einen dieser Sweat Shops beschreibt Jacob A. Riis in „How the Other Half Lives“ folgendermaßen: „Fünf Männer und eine Frau, zwei kaum fünfzehnjährige Mädchen und ein Junge, der sein Alter ungefragt und fälschlicherweise mit fünfzehn angibt, sitzen an den Maschinen und nähen am laufenden Band Knickerbockers, die im Jargon der Ludlow Street nur ‚knee-pants‘ (Kniehosen) genannt werden. Der Fußboden ist knöcheltief mit halbfertigen Kleidungsstücken bedeckt. Im Alkoven schläft auf einer Couch inmitten von Dutzenden von Hosen ein Kleinkind mit nackten Beinchen und spitzem Gesicht. Ein aus Kleidern aufgetürmter Wall soll verhindern, daß es von seiner Lagerstatt rollt. Gesichter, Hände und bloße Unterarme der Arbeitenden sind schwarz von der Farbe des Stoffes, den sie verarbeiten.“

Wie der Job des „Contractors“ eine Sprosse nach oben auf der Erfolgsleiter bedeutete, war die Tätigkeit des Straßenhändlers eine weitere Möglichkeit des sozialen Aufstiegs. Man konnte einen Handkarren mieten und ihn mit allen möglichen von den Großhändlern der Canal Street erworbenen Waren wie Bekleidungsartikeln, Knöpfen, Bändern oder Stoffen volladen. So wurde zum Beispiel die Hester Street, nur einen Block nördlich des Großhandels auf der Canal Street und einen Block südlich der Einzelhändler auf der Grand Street – von denen ebenfalls überschüssige Kurzwaren erworben werden konnten –, ein pulsierender Markt der fliegenden Händler mit den Handkarren. Als nächste Verbesserung bot sich die Tätigkeit des Hausierers an, der von Tür zu Tür ging, Bestellungen für gebrauchte Kleidung entgegennahm oder eben diese kaufte, um Aufträge erfüllen zu können. Auf diese Weise gelang es häufig, das Kapital für ein eigenes Geschäft zu erwirtschaften. Und leuchtende Beispiele für die eigenen Ambitionen gab es genug. Sender Jarmulowsky hatte als Hausierer in der Hester Street angefangen und es zum Bankier mit eigener Bank gebracht, für die er 1895 das höchste Gebäude der Lower East Side, Ecke Canal und Orchard Street, erbauen ließ. Doch was auch immer geschah, die enge Bindung an die nähere Umgebung blieb bestehen. Privat- und Berufsleben waren untrennbar miteinander verknüpft.

Eine andere Möglichkeit, der bedrückenden Enge der Sweat Shops oder ähnlichen Arbeitsbedingungen auf Dauer zu entgehen, war eine akademische Ausbildung. Einige der jungen, unverheirateten Arbeiter sparten jeden Cent, um Abendschulen zu besuchen und schließlich Arzt, Zahnarzt oder Anwalt zu werden. Andere wiederum wurden Journalisten oder Gewerkschafter – zwei Berufsgruppen, die in der Lower East Side besonders häufig vertreten waren. Und tatsächlich entwickelte die dortige Lebenssituation eine Art Eigendynamik in dieser Richtung, denn junge Männer und Frauen mit intellektuellen Neigungen, die sozialistische Vorstellungen aus Europa mitgebracht hatten, fanden sich in New York plötzlich als Proletarier wieder. Ob sie nun Arbeiter blieben oder aufstiegen, sie schufen mit ihren Erfahrungen ein Klassenbewußtsein von ungewöhnlicher Sensibilität, das künftig eine wichtige Rolle in der amerikanischen Arbeiterbewegung spielen sollte. Einige der bedeutendsten Institutionen der Lower East Side entstanden aus der sozialistischen Arbeiterbewegung, die sich dort unter der Anleitung der New Yorker deutschen Sozialdemokraten entwickelte.

Folgende Doppelseite: In der Lower East Side.

Und es war die Arbeiterbewegung, die das ins Leben rufen sollte, was wahrscheinlich die wichtigste kulturelle Einrichtung der Lower East Side wurde, nämlich die Jiddische Presse. Auch hier wiederum standen die Deutschen Pate. Es ist daher kein Zufall, daß der Name „Forverts" der damals jiddischsten Zeitung nicht nur New Yorks, sondern der ganzen Welt eher deutsch als jiddisch klingt. Als die Zeitung 1897 mit Unterstützung der deutschen Sozialisten gegründet wurde, nannte sie sich „The Jewish Daily Forward" nach der größten sozialistischen Zeitung der damaligen Zeit, nämlich dem in Berlin erscheinenden „Vorwärts".

Es gab nur noch eine kulturelle Institution der Lower East Side, die hinsichtlich ihrer Popularität und Lebendigkeit der Jiddischen Presse Konkurrenz machen konnte, mit dieser jedoch sicher auch die Eigenschaft gemeinsam hatte, äußerst präzise Milieuskizzen zu liefern: das Jiddische Theater. Und obwohl es wie die Jiddische Presse eine weltweite Erscheinung war, konnte es – wie diese – für sich in Anspruch nehmen, die wichtigste Ausprägung seiner Art überhaupt zu sein. In der im Vergleich mit der alten osteuropäischen Heimat verhältnismäßig säkularisierten Welt der Lower East Side schuf das Jiddische Theater eine gewisse neue Religiosität: Wenn man die Presse als den Talmud der Welt bezeichnete, dann war das Theater seine Synagoge. Sympathisierende amerikanische Intellektuelle wie zum Beispiel

LIFE

LIFE
LIFE
DAVID
LIFE
Be suspicious!
LIFE
LIFE

Lincoln Steffens und die Brüder Norman und Hutchins Hapgood, die gut genug Deutsch sprachen, um das Jiddisch der Schauspieler verstehen zu können, waren der Überzeugung, daß dieses Theater lebendiger und interessanter sei als alles, was am Broadway geboten wurde; und das nicht nur von der Handlung her, sondern vor allem auch wegen des Niveaus und der leidenschaftlichen Anteilnahme des Publikums. Anhänger rivalisierender jiddischer Autoren oder gegensätzlicher Theaterbewegungen trugen ihre Auseinandersetzungen im Theater und in den Cafés mit der Inbrunst religiöser Eiferer aus.

Dies alles bedeutete jedoch nicht, daß die traditionellen religiösen Sitten darüber ins Hintertreffen gerieten. Zweifellos hatten sich die religiösen Bande mit der Übersiedlung nach Amerika gelockert, und das gilt besonders für die frühen Jahre der jüdischen Zuwanderung aus Osteuropa. Rabbiner und Traditionalisten in Polen und Rußland betrachteten Amerika als ein gottloses Land – und die Tatsache, daß das deutsche Reformjudentum gerade dort so weit verbreitet war, nahmen sie als Beweis für die Richtigkeit ihrer Ansichten und zögerten lange, ihren Fuß auf diesen Kontinent zu setzen. Tatsächlich erreichte der erste orthodoxe Rabbiner aus Osteuropa Amerika erst 1888, und die Erfahrungen des trotz seines Titels eines Oberrabbiners machtlosen und mißachteten Jacob Joseph in New York genügten, um andere noch jahrelang fernzuhalten. Letztendlich jedoch kamen auch sie, und obwohl religiöse Institutionen in der Lower East Side nie eine Konkurrenz für das Jiddische Theater oder die Presse gewesen waren, saßen die Wurzeln des Glaubens doch auch hier so tief, daß gerade die religiösen Einrichtungen bis heute in dieser Gegend als einzige überlebt haben. Es ist zweifelhaft, ob es in der nächsten Generation noch eine Jiddische Presse oder ein Jiddisches Theater in der Lower East Side geben wird, doch der orthodoxe Judaismus scheint allen Anzeichen nach mächtiger zu sein denn je, und die Lower East Side wird damals wie heute eine seiner Hochburgen bleiben.

Die Juden in Amerika haben sich wie viele andere ethnische Gruppen auch geographisch und sozial als äußerst mobil erwiesen. Mit der typischen Rastlosigkeit sind viele Juden, die entweder als Einwanderer in die Lower East Side gekommen oder dort geboren worden waren, weitergezogen. Große Teile dieses Stadtgebiets haben daher entweder ganz oder teilweise ihren jüdischen Charakter verloren und anderen Neuankömmlingen Platz gemacht, auf der Suche nach ihrem Weg in das etablierte amerikanische Leben. Die Jüdische Gemeinde, einst hier dominant, ist nur noch eine von vielen. In jedem Fall ist die Lower East Side früher wie heute immer die ideale Kulisse für jenes schillernde Völkergemisch gewesen, das einen Teil von New Yorks ganz besonderem Charakter ausmacht. Hutchins Hapgood, Sproß einer neuenglischen Einwandererfamilie der ersten Stunde und Autor des wichtigsten Buches über die jüdische Lower East Side seiner Zeit, „The Spirit of the Ghetto" (1902), schreibt darin, daß er sich von jeher dafür interessiert habe, „wie Einzelmenschen und Gruppen, die das verkörpern, was man gemeinhin mit ‚Underdogs' bezeichnet, alles daran setzen, unsere verkrusteten Lebensformen aufzubrechen, wenn sie nur in Freiheit ihre Energie entfalten können, und uns damit reiche Potentiale kultureller Erweiterung bieten, die wir erkennen und aus denen wir schöpfen sollten." Es war die Lower East Side, die Hapgood zuerst zu dieser Ansicht brachte, und wenn sich das Leben der Juden, wie er es dort beobachtete, mittlerweile auch verändert hat oder sie sich neue Umgebungen gesucht haben, so erkennen wir dennoch auch heute in diesem Viertel, seinen Denkmälern und gegenwärtigem Charakter die Kontinuität dessen, was er damals beschrieben hat. Hapgood machte seine aufmerksamen Beobachtungen und Erfahrungen auf der Straße, und genau das sollten auch wir in dieser Stadt tun.

Henry Hope Reed: Central Park

Von der Fifth Avenue mit der Pferdekutsche auf die andere Straßenseite und in den Central Park.

Der Central Park ist einer der größten und großartigsten städtischen Parks der Welt. Dafür gibt es verschiedene Gründe. Einmal liegt er inmitten einer pulsierenden Metropole. Dann bietet er einen einmaligen Ausblick auf die unvergleichliche New Yorker Skyline und ist für jedermann mit städtischen Verkehrsmitteln erreichbar – es gibt zehn Untergrundbahnhöfe für die drei U-Bahnlinien, die an seinen Grenzen entlangführen, und die Haltestellen einer vierten liegen nur eine Viertelmeile entfernt. Und schließlich kann es die Konzeption, die ihm zugrunde liegt, mit den schönsten je von Menschenhand geschaffenen Parks aufnehmen.

Die Betonung liegt hierbei auf „Menschenhand", denn der Park ist ein Kunstgebilde. Leider herrscht in diesem Land die seltsame Angewohnheit, alles von Menschen Erschaffene im Vergleich mit der Natur einfach herabzuwürdigen. Gleichermaßen unverständlich erscheint unsere Vorliebe, die Errungenschaften unserer Nation denen anderer Völker – vor allem der europäischen – unterzuordnen. Der Central Park beweist, wie falsch sowohl das eine als auch das andere ist. Sicher, das Klima mag anderswo einen grüneren Rasen hervorbringen, die Öffentlichkeit mag mehr Disziplin an den Tag legen, oder die Gartenbaukunst mag weiter entwickelt sein. Aber wieviel besser wird zum Beispiel im Vergleich mit dem Bois de Boulogne das Verkehrsproblem im Central Park gelöst! Und um wieviel reichhaltiger ist die Vielfalt der Baum- und Straucharten, geschweige denn diejenige des Geländes, als im Hyde Park.

Unter all den von Menschenhand erschaffenen Wunderdingen Amerikas – seinen Highways, Brücken, öffentlichen Gebäuden, Wolkenkratzern (eine ausgesprochen amerikanische Spezialität) und grünen Vorstädten –, ist der Central Park das wohl großartigste. Wem nun hat er seine Entstehung zu verdanken, und in welchem geistigen Klima reifte sein Plan? Von allen Strömungen, die während des zweiten Viertels des vorigen Jahrhunderts in Amerika vorherrschten, war es das veränderte Verhältnis der Amerikaner zur Natur, das auf die Entstehung des Parks sicher den größten Einfluß hatte. Hatte man ihr einst eher ablehnend gegenübergestanden, sie lediglich als etwas betrachtet, das es zu überwinden galt, bewunderte man sie nun vorbehaltlos, sogar in ihrer wilden Form. John James Audubon, der 1851 in New York starb, widmete

sein Leben der Erforschung der Natur und schuf seine berühmten Vogelbilder. William Cullen Bryant pries die Natur in seinen Gedichten. Und nach 1825 versammelten sich im Hudson Valley regelmäßig Maler, um ihre Motive entlang des Flußufers, in den Catskills und Adirondacks zu suchen. Diese Bewegung wurde als die Hudson River School bekannt, und ihre Arbeiten zierten die Salons von New York. Der Landschaftsarchitekt Andrew Jackson Downing war wahrscheinlich die bedeutendste Persönlichkeit dieser Periode, denn er beschäftigte sich von Berufs wegen mit der Umsetzung von natürlich vorkommenden Vegetationsgesellschaften in der Parkgestaltung. Er hatte die Gärten großer Besitzungen im naturnahen, pittoresken Stil angelegt und überzeugte mit verschiedenen populären Büchern schließlich auch die New Yorker (und ganz Amerika), daß dies der einzig vertretbare Stil in der Landschaftsgestaltung sei.

In New York erlebte die romantische Hinwendung zur Natur einen enormen Aufschwung. Den Hudson hochzufahren, war in den dreißiger Jahren des vorigen Jahrhunderts für die Naturfreunde praktisch ein Muß. Reisende, die aus Europa zurückkamen, schwärmten immer wieder von den weitläufigen königlichen Parks in London, Paris, Dresden und Wien – also von jenen Anlagen, die sich zwar im Besitz der jeweiligen Krone befanden, aber auch der Öffentlichkeit zugänglich waren. In New York dagegen gab es um 1850 nur einen einzigen größeren Park, den Mount Morris (den heutigen Marcus Gravey Park), und der umfaßte gerade 8 Hektar. Bryant und Downing waren unter den ersten, die die Forderung erhoben, die Stadt müsse Land für die Schaffung eines ausgedehnten Parks erwerben, wobei Bryant eifrig die Möglichkeiten nutzte, die sich ihm durch die „Evening Post“ boten – deren Herausgeber und Chefredakteur er war –, um die Idee publik zu machen.

Im Bürgermeister-Wahljahr 1850 machten sich beide Kandidaten zu Fürsprechern einer weitläufigen Parkanlage in der Stadt, und damit rückte das Projekt in greifbare Nähe. Der Gewinner der Wahl, Ambrose C. Kingsland, unternahm im folgenden April den ersten Schritt in diese Richtung, indem er den Stadtrat beauftragte, eine entsprechende Gesetzgebung vorzubereiten, damit der zukünftige Park „der Stadt sowohl zum Stolz als auch zum Schmuck gereiche“. Wie immer bei ähnlichen Vorhaben, konnte der nötige Grundbesitz nicht sofort erworben werden. Das Staatsparlament von New York hatte zwar die Vollmacht zum Ankauf von Land für einen Park erteilt, doch welches Areal es sein sollte, blieb offen. Es wurde sogar der Vorschlag gemacht, zwei Grundstücke zu erstehen, eines am East River und dasjenige, auf dem sich der Central Park heute befindet. 1856 wurde das gesamte Gelände zwischen der 59th und der 106th Street angekauft (das Grundstück von der 106th bis zur 110th Street kam erst 1863 hinzu). Noch im selben Jahr wurden die sogenannten Parkkommissare mit der Durchführung des Projekts beauftragt.

Betrachtet man den Central Park heute, dann fällt es schwer, sich vorzustellen, wie das Gelände 1856 ausgesehen hat. Da Felsblöcke aller Größen auch heute noch zum typischen Erscheinungsbild des Parks gehören, ist uns ihr Anblick natürlich vertraut. Aber damals muß fast das gesamte Areal mit den Geröllresten übersät gewesen sein, die ein Gletscher 15 000 Jahre zuvor zurückgelassen hatte. Wo der Untergrund nicht felsig war, erwies er sich als sumpfig und von zahllosen Tümpeln durchzogen. In verschiedenen Teilen hatten sich regelrechte Kolonien von Squatters – also Kleinfarmern und Schweinezüchtern – niedergelassen. Es waren 10 000 Fuhren nötig, um das Geröll zu entfernen und es an die Parkgrenze zu schaffen, wo es für das Fundament seiner Mauer verwendet wurde.

Diese Arbeiten allerdings waren erst der Anfang. Der nächste Schritt galt der Gestaltung des gereinigten Geländes. Die Parkkommissare beschlossen klugerweise, einen Wettbewerb auszuschreiben, was im Herbst 1857 auch geschah. Am 28. April 1858 – im eigentlichen Gründungsjahr des Parks – wählten die Parkkommissare unter 33 eingereichten Arbeiten jenen Gestaltungsplan aus, der den Titel Greensward (Grünbezirk) trug, und dessen Schöpfer Frederick Law Olmsted und Calvert Vaux waren.

Frederick Law Olmsted – dessen Name inzwischen endlich den Bekanntheitsgrad erreicht hat, den er verdient – war, was die Deutschen einen Spätentwickler nennen. 1822 als Sohn wohlhabender Eltern geboren, hatte er eine standesgemäße Erziehung genossen und hätte wohl auch sein Collegestudium in Yale abgeschlossen, hätte nicht ein Augenleiden ihn daran gehindert. Weil er das Gefühl hatte, daß die Arbeit an frischer Luft seiner Gesundheit zuträglich war, wurde er Gentleman Farmer und erwarb 1848 ein Anwesen auf Staten Island. Die Tätigkeit dort ergänzte er durch schriftstellerische Arbeiten und veröffentlichte Artikel und Bücher. Ein kurzer Abstecher in das

Verlagsgeschäft war nicht von Erfolg gekrönt. Im September 1857 wurde er dann zum Oberaufseher des Central Park ernannt. Als solcher hatte er die Aufgabe, das angekaufte Gelände für die spätere Anlage eines Parks vorzubereiten. In das Jahr 1857 fielen auch die Ausschreibung des Gestaltungswettbewerbs und der Beginn der Zusammenarbeit mit Calvert Vaux.

Vaux war ein Mann vom Fach mit künstlerischem Talent und kam aus einem völlig anderen Milieu als Olmsted. 1824 in London geboren, hatte er Architektur studiert und sich der Kunst des Zeichnens gewidmet. Seine Skizzen waren immerhin so gut, daß er damit mehrere Ausstellungen bestreiten konnte, von denen Andrew Jackson Downing eine während einer Londonreise sah und so beeindruckt war, daß er Vaux einlud, mit ihm nach Amerika zu kommen und sein Partner zu werden. Eine seiner ersten Aufgaben nach der Ankunft in den Vereinigten Staaten war die Mitarbeit an dem Entwurf für die Parkanlage der Smithsonian Institution in Washington. Bereits kurz darauf, im Jahr 1852, ertrank Downing bei einem Dampfschiffunglück auf dem Hudson River. Vaux, plötzlich ganz auf sich allein gestellt, blieb dem Metier treu und gab auch ein Buch heraus mit dem Titel „Villas and Cottages".

Vaux hatte stets offen und freimütig die Ansicht vertreten, daß für das Projekt des Central Park dringend ein guter Plan nötig sei, und die Idee, einen Wettbewerb auszuschreiben, stammte eigentlich von ihm. Als dieser tatsächlich stattfand, überredete er Olmsted, mit ihm zusammen einen Entwurf einzureichen. Und in Vaux' Haus in der East 18th Street 136 entstand schließlich der Greensward-Plan.

Da beide Männer Anhänger des von Andrew Jackson Downing entwickelten pittoresken Stils der Landschaftsarchitektur waren, erschien es nur natürlich, daß dieser auch in ihrem Entwurf für den Central Park bestimmend war, und noch heute ist diese Anlage ein brillantes Beispiel für diese romantische Tradition. Im wesentlichen geht es dabei darum, ein für seinen Zweck eigentlich ungünstiges Gelände so umzuformen, daß eine Nachbildung der Natur – aber wohlgemerkt der gezähmten Natur – entsteht. Olmsted und Vaux schwebte als Vorbild eine pastorale englische Szenerie mit der dafür typischen Mischung aus Baumgruppen und Rasenflächen vor. Sie fügten ein drittes Element, das Wasser, in Form von Teichen, Bächen und Wasserfällen hinzu und grenzten einige Gebiete ab, die reine Waldbereiche bleiben sollten.

Auf diese Weise entstand eine ungewöhnlich reichhaltige Palette an Landschaftsszenen und Perspektiven. Außerdem verliehen die beiden der Parklandschaft eine wesentliche größere Artenvielfalt, als die Natur es vermochte, indem sie für ihre Gestaltung eine weitgestreute Auswahl an Bäumen, Büschen und Bodenpflanzen wählten. Der Central Park, der sich in seinem Grundmuster in zahllosen amerikanischen Stadtparks wiederfindet, enthält damit eine viel größere Artenvielfalt als vergleichbare ausländische Parks. Ziel seiner Gestalter war es, soviel Abwechslung wie nur möglich zu schaffen, ohne das Auge zu beleidigen.

Allein die Unmengen an Geröll der eiszeitlichen Landschaft stellten ein Hindernis für diese Arbeit dar. Während Olmsted und Vaux unzählige Felsblöcke abtransportieren lassen mußten, um überhaupt ebene oder abschüssige Flächen für die Rasenaussaat zu erhalten, bezogen sie den Rest des felsigen Geländes geschickt in ihre Planung ein und trugen damit zur besonderen Schönheit des Parks bei.

Natürlich ist die Gestaltung von privaten Parkanlagen, die für einige wenige gedacht sind, etwas ganz anderes als die Schaffung eines öffentlichen Parks, der für Tausende und gelegentlich sogar für Hunderttausende angelegt sein muß. Olmsted und Vaux mußten bei ihrer Konzeption auch den städtischen Durchgangsverkehr berücksichtigen. Sie lösten dieses Problem, indem sie vier Straßen, die den Park durchqueren sollten, in Schluchten versenkten und dadurch nicht Teil der eigentlichen Anlage werden ließen. Auf diese Weise kann der Besucher den Verkehr nur hören oder sehen, wenn er ganz in deren Nähe steht oder sie überquert. Und gerade der Verkehr ist in unserem Zeitalter der Autos und Lastwagen das Übel so vieler Parks in unserem Land. Um ihn innerhalb der Anlage zu regeln, wurden Wege für Kutschen, Reiter und Fußgänger angelegt, die säuberlich getrennt voneinander verlaufen. Dabei führten Olmsted und Vaux viele Fahrwege über Fuß- und Reitwege hinweg, und zwar mit Hilfe von Brükken, die wiederum so geschickt in Senken plaziert oder mit Bepflanzungen kaschiert wurden, daß sie das Gesamtbild nie störten. Um auch hier ihren Prinzipien der gestalterischen Vielfalt treu zu bleiben, entwarf Vaux jede Brücke nach einem anderen Muster, so daß keine der anderen gleicht.

Auch die Menge der Besucher sollte, soweit möglich, über das gesamte Areal verteilt werden. Nur die Mall, die Parkpromenade in seinem

Zentrum, die zwischen der 66th und der 71st Street verläuft, war für Massenansammlungen gedacht. An ihrem Nordende hatte die Mall ein Musikpodium, das 1924 durch eine Konzertmuschel ersetzt wurde. Wiesen wie der riesige Ballplayground waren dem Spiel vorbehalten. Die Sheep Meadow, dic noch im Greensward-Plan als Paradenplatz ausgewiesen wurde, erhielt ihren Namen erst nach 1870, als dort ein Pferch aufgestellt wurde, in dessen Nähe man Schafe weiden ließ. Heute steht dort das Restaurant Tavern-on-the-Green. Die Wasserflächen waren zum Schlittschuhlaufen und Bootfahren gedacht. Der Pond an der Südostecke war Tretbooten vorbehalten, wie man sie noch in den Bostoner Public Gardens findet. Auf dem See und dem Harlem Meer gab es Ruderboote, und auf ersterem sogar dampfgetriebene (später dann elektrische) Motorboote. Das Conservatory Water an der 72nd Street nahe der Fifth Avenue war für die Freunde der Modellboote bestimmt, was erklärt, weshalb es heute Small Boat Pond heißt.

Aber der Park bietet nicht nur aktive Freizeitbeschäftigungen, sondern ist auch für den passiven Genuß von Erholung und Erbauung angelegt. Olmsted und Vaux sahen in ihrem Plan ein Kunstwerk, das ihrer Überzeugung nach eine Freude für jedes Auge sein sollte. Nichts war daher in ihrem gestalterischen Konzept dem Zufall überlassen. Sogar den Wasserflächen war der Nebeneffekt zugedacht, als eine Art Spiegel (miroirs d'eau, wie die Franzosen sie nennen) zu dienen, in dem vorüberziehende Wolken oder das Spiel des Windes auf ihrer Oberfläche Bilder entstehen ließen, welche die sich ständig in Bewegung befindende Natur malt. Bizarre Felsen wurden als interessante Kontraste zu Rasenflächen betrachtet oder mit einladenden Aussichtsterrassen versehen; die zahllosen Baum- und Straucharten wurden nach Form, Farbe und Wuchsverhalten zu Szenerien zusammengefügt, die den romantischen Vorstellungen der Zeit entsprachen. Trauerweiden gehörten ans Wasser, der Tupelobaum wurde wegen seines schönen Wuchses alleinstehend gepflanzt. Entlang des West Drives finden wir eine ungewöhnliche Konzentration von immergrünen Bäumen und Büschen, die auch im Winter etwas Farbe in das Landschaftsbild bringen sollten. Diese und viele andere Mittel der Landschaftsgestaltung, die den meisten von uns oft gar nicht auffallen, wurden berücksichtigt und bestimmen bis heute das Erscheinungsbild des Parks.

Nachdem man sich einmal für den Greensward-Plan entschieden hatte, schritt die Arbeit am Park schnell voran. Im Dezember 1857 waren bereits 1120 Mann damit beschäftigt gewesen, das Gelände zu säubern, doch im November 1858 waren 2600 am Werk. Am 17. Oktober 1858 wurde der erste Baum gepflanzt, und der Publikumsverkehr begann. Im Dezember wurde auf dem See bereits Schlittschuh gelaufen. Eine Verzögerung der Arbeiten kam mit dem Bürgerkrieg, sie wurden jedoch nie eingestellt; 1864 wurden wieder 20 000 Bäume und Sträucher gepflanzt, und die Besucherzahl erreichte die 6-Millionengrenze. Es dauerte dann noch etwa eine Dekade, genauer gesagt bis 1876, bis der Park fertiggestellt war.
Schon in den ersten Jahren seines Bestehens war der Central Park ein überwältigender Erfolg. Nach seinem Vorbild entstanden auch in anderen Städten Anlagen, und zwar ebenfalls im pittoresken Stil. Olmsted und Vaux hatten das Urban Park Movement gegründet, das bis in die zwanziger Jahre unseres Jahrhunderts existierte. Auch heute noch ist der Central Park ein ausgezeichnetes Beispiel für vorausschauende Planung, und sein Stil, obwohl mittlerweile stark verwässert, übt noch immer Einfluß aus.
In der geschichtlichen Betrachtung konzentriert sich das Interesse stets eher auf Olmsted als auf Vaux. Grund dafür ist vermutlich die ungewöhnliche und glänzende Karriere dieses Mannes, die von seinem Stiefsohn und Sohn noch fortgeführt wurde. Die Partnerschaft von Olmsted und Vaux bestand bis 1872. Danach blieben beide dem Central Park noch locker verbunden. Olmsted zog sich 1880 nach Brookline bei Boston zurück, während Vaux New York treu blieb, um von 1881 bis 1883 und von 1888 bis zu seinem Tod 1895 als Landschaftsarchitekt für das Park Department tätig zu sein.
In der Geschichte des Parks taucht wiederholt der Name eines dritten Landschaftsarchitekten auf. Samuel B. Parson jr., Sohn des bekannten Pflanzenzüchters und Gärtners von Queens, nach dem der Parsons Boulevard benannt ist, war Absolvent von Yale, arbeitete für Vaux und viele Jahre lang auch für die Parkverwaltung.
Auch ein vierter engagierter Verfechter des Parks, Andrew Haswell Green, soll nicht unerwähnt bleiben. Neuengländer von Geburt, gehörte er zu jenen, die sich durch Reform- und Verbesserungsvorschläge als New Yorker einen Namen machten. Green, der aus Worcester in Massachusetts stammte, war Anwalt und als solcher

zuerst Angestellter, dann Partner von Samuel J. Tilden, dem Gouverneur des Staates New York und demokratischen Präsidentschaftskandidaten von 1876. 1857 gehörte Green als Schatzmeister dem Board of Commissioners des Central Park an, dessen Mitglied er bis 1870 blieb. In den neunziger Jahren des vorigen Jahrhunderts hatte er eine Schlüsselrolle bei der Zusammenlegung der Tilden-Stiftung, der Astor Library und der Lenox Library zur neuen New York Public Library. Mit seinem unvergleichlichen Einsatz für das Greater New York, in dem New York und Brooklyn vereinigt wurden, und für die Erweiterung der Stadt, die so 1898 zur wahren Metropole wurde, erwarb er sich schließlich den Beinamen „Vater von Groß-New York". Während seiner Tätigkeit bei der Parkverwaltung allerdings machte er Olmsted und Vaux das Leben schwer. Er mischte sich ständig in ihre Arbeit ein, ja überging sie sogar, wenn er irgendein Lieblingsprojekt durchsetzen wollte. Die Tatsache, daß das Metropolitan Museum of Art schließlich im Central Park angesiedelt wurde, ist sein Werk. Trotz dieser für Olmsted und Vaux weniger angenehmen Seite seines Charakters war er ein unbeirrbarer Verfechter des Parks.

Und solche Leute konnte der Central Park dringend brauchen. Praktisch vom ersten Augenblick an mußte er gegen allzu eifrige Spender verteidigt werden, die sich von ihren Gaben wirtschaftliche Vorteile und bleibendes Prestige erhofften. Die Parkverwaltung konnte sich der Büsten, Statuen und anderen Denkmäler, die ihr angetragen wurden, kaum noch erwehren. Ein unter anderem von Vaux und dem bekannten Maler Frederick E. Church unterzeichnetes Memorandum äußerte ganz offen die Befürchtung, der Park könne als eine Art Gedenkfriedhof mißbraucht werden.

Eine der populärsten Einrichtungen, heute übrigens ernsthaft in Frage gestellt, die es nie gegeben hätte, wäre es nach Olmsted und Vaux gegangen, ist der Zoo. Olmsted und Vaux wollten, daß das Arsenal, in dem heute die Parkverwaltung untergebracht ist und das mitten im Zoo liegt, abgerissen wird. Im Greensward-Plan jedenfalls existiert es überhaupt nicht. In der Umgebung des Arsenals allerdings hatten die Parkkommissare all jene Tiere untergebracht, deren Schenkung an die Stadt durch wichtige Bürger nicht verhindert werden konnte. Auf diese Weise entstand der erste Tierpark des Landes.

Anfang unseres Jahrhunderts schließlich vollzog sich auch für den Park die einschneidendste Veränderung durch die Erfindung des Automobils. Die ursprünglich mit einer Kiesauflage versehenen Kutschwege wurden 1912 asphaltiert. Einen weiteren Wandel im Erscheinungsbild des Parks stellten bestimmte neue Freizeiteinrichtungen mit entsprechenden Ausstattungen dar. Olmsted und Vaux, die die Freizeitbewegung vorausgesehen hatten, als deren erster Meilenstein der Central Park ja gilt, hatten den Erwerb eines gesonderten Areals für aktive Freizeitgestaltung ähnlich dem Paradenplatz beim Prospect Park befürwortet. Als erstes wurde eine Tennisanlage gebaut. Dann kamen Baseballfelder und asphaltierte Sportflächen hinzu und in den dreißiger Jahren auch eine Fahrradstrecke. Eine weitere Neuerung waren die beiden Rasenbowlingbahnen in der Nordostecke von Sheep Meadow. 1934 wurden die Schafe aus dem Park verbannt, und wo früher ihr Pferch gestanden hatte, entstand nun die Tavern-on-the-Green. Auf diese Weise verlor der Park natürlich das auffälligste Merkmal seines pastoralen Charakters. Ungefähr zur selben Zeit wurde der Zoo völlig neu angelegt. Die größte Veränderung war wohl die Stillegung des alten Auffangbeckens des Croton Aquädukts. Das riesige, rechteckige Wasserreservoir, westlich des Metropolitan Museum gelegen, war hoffnungslos veraltet. 1929 wurde es trockengelegt, und sieben Jahre später entstand dort der Great Lawn, der heute ein großer Sportplatz ist.

Während die Gönner des Parks im vergangenen Jahrhundert noch Büsten und Statuen bevorzugten, um sich ein Denkmal zu setzen, favorisieren Geldgeber mittlerweile Freizeiteinrichtungen und das dazugehörige Inventar. Sie werden dann jeweils mit dem Namen des Spenders geschmückt, obwohl der Steuerzahler normalerweise das meiste davon finanziert. Die Wollman Eis- und Rollschuhbahn (1955), das Delacorte Theater (1962) und die Lasker Eislaufbahn mit Schwimmbad (1967) sind drei der auffälligsten Beispiele für diese Entwicklung. Einer der neuesten Spender kann seinen Namen gleich fünfmal im Park wiederfinden.

Glücklicherweise geht der Trend jedoch merklich weg von dieser Eigenwerbung. Ein gutes Beispiel für die Zusammenarbeit von öffentlicher Hand und privater Initiative bei der Instandhaltung des Parks ist die Bow Bridge über dem See. Die alte Konstruktion, 1863 von Vaux entworfen und 1911 von Samuel Parsons gerettet, drohte einzustürzen. 1973 nun kamen zwei bescheidene Damen, Lucy G. Moses und Lila A. Wallace, für ihre Restaurierung in Höhe von 350 000 Dollar auf. Auf ähnliche Weise wurden die Lauben in der Nähe des Central Park West und der 72nd Street und die Pergola hinter dem Konzertpavillon mit Hilfe der Geschäftsleute von Manhattan wieder instandgesetzt, wobei das nötige Holz von einem anonymen Gönner kam. Durch das Engagement von Organisationen wie den „Friends of Central Park", der „Central Park Task Force", des „Central Park Community Fund" und anderer konnten die Mittel für die Pflege alter Bäume und für Neuanpflanzungen beschafft werden. Was die Nachzüchtung des Baumbestandes betrifft, so war sicher die Kiefern- und Pinienanlage, das Pinetum (gestiftet von Arthur Ross), in der Nordwestecke des Great Lawn die größte Errungenschaft.

Natürlich war auch die Gartenbaukunst im Lauf der Jahre gewissen Moderichtungen unterworfen. Sicher erinnern sich die älteren Leute noch an Zeiten, da Hortensienbüsche häufig in Hinterhöfen und Vorstadtgärten zu finden waren. Es existiert heute praktisch nur noch ein Hortensienbusch im Park, während es um die Jahrhundertwende noch mindestens ein halbes Dutzend gab.

Unter jenen Baum- und Straucharten, die um die Jahrhundertwende noch im Park vertreten waren und jetzt fehlen, sind die amerikanische Hainbuche, der Essigbaum, der kanadische Würgebaum, eine Hartriegelart, die silberne Trauerlinde, die europäische Traueresche, eine Eibe aus Irland, eine Tamariske aus Frankreich, der japanische Styrax, die amerikanische Birke, die amerikanische Linde, eine Kastanie aus Spanien, die Libanonzeder und die Mehlbeere. Außerdem ist von den zahlreichen Hortensienarten nur noch eine vorhanden, und davon stehen ein oder zwei Exemplare. Dasselbe gilt für die ehemals im halben Dutzend vertretenen Schwarznüsse und schindelrindigen Hickorynüsse. In den letzten Jahren wurden allerdings einige ausgefallene verschwundene Pflanzen wie die Himalaya-Kiefer und die amerikanische Feldulme wieder neu gepflanzt. Darüber hinaus ist man gegenwärtig bemüht, in Amerika ausgestorbene Seltenheiten wie die Roßkastanie und die klettenfrüchtige Eiche wieder in den Park zu integrieren. Als besonders erfolgreich erwiesen sich die gemeinsamen Anstrengungen von Parkverwaltung und Öffentlichkeit bei dem Bemühen, die alte Gartenbaukunst im Park neu zu beleben. Bäume, Sträucher, Blumen und Rasen waren ebenso wie Wasser und Fels feste Bestandteile von Olmsteds und Vaux' Gesamtkomposition. „Überall ist die Hand des Künstlers spürbar", schrieb Ab Rhys Caparn, der

Landschaftsarchitekt und Schöpfer des Botanischen Gartens von Brooklyn. Und dieser Mann wußte, wovon er sprach. Schon deshalb sollte man mit dem Central Park wie mit einem Kunstwerk – und was noch wichtiger ist, wie mit einem Kunstwerk inmitten der Stadt – umgehen, nämlich besonders liebevoll und sorgfältig.

Folgende Doppelseite: Zu Fuß über die Brooklyn Bridge.

Bald zog der Park die Reichen und die Großen magnetisch an. Ab 1880 begannen die Villen und eleganten Stadthäuser entlang der Fifth Avenue bis zur 79th Street wie Pilze aus dem Boden zu schießen. Am Central Park West dagegen zogen die ungefähr zur selben Zeit entstandenen Dakota-Apartments zahlreiche Luxus-Apartmenthäuser nach sich. Die Häuser an der Fifth Avenue wurden währenddessen immer aufwendiger. Andrew Carnegie zum Beispiel baute zur Jahrhundertwende ein Haus an der 91st Street, in dem mittlerweile das Cooper-Hewitt-Museum untergebracht ist. Ecke 70th Street siedelte sich zehn Jahre später auch Henry Clay Frick an. In den zwanziger Jahren schließlich begann auch auf der Fifth Avenue die Ära der Apartmenthäuser. Heute gehören Central Park West und Fifth Avenue zu den berühmtesten Prachtstraßen der Welt. Öffentliche Einrichtungen und Kirchen auf beiden Seiten des Parks zieren sie wie Rosinen den Kuchen. So zum Beispiel die New York Historical Society, der Temple Emanu-El des deutschen Reformjudentums, die Church of the Heavenly Rest und das Museum of the City of New York. Sie alle bieten einen würdigen Rahmen für den großartigen Park.

Leider macht die Profitsucht auch vor dem Central Park nicht halt. Seine Grünbezirke und miroirs d'eau sind seit Jahren zu Beuteobjekten rücksichtsloser Promotionmanager geworden, die im Park natürlich immer mit Publikum und der ungeteilten Aufmerksamkeit von Presse, Rundfunk und Fernsehen rechnen können. Die schlimmsten Frevler sind in diesem Fall wohl die Medien selbst, die mit ihrem Hunger nach Ereignissen die Gier der Veranstalter noch fördern. Erst wenn die Kamerateams in andere Parks geschickt werden, wenn die Presse und die gesamte Publicitytretmühle ihren Blick auf den Rest der Stadt richten, werden dem Central Park diese destruktiven Eingriffe erspart bleiben. Und dann ist der Central Park auch wieder in der Lage, seinen eigentlichen Zweck zu erfüllen, nämlich den Menschen New Yorks eine Oase der Ruhe, Entspannung und stillen Freude zu sein.

Solange man sich erinnern kann, wurde von einer Brücke über den East River gesprochen, welche die Cities von New York und Brooklyn miteinander verbinden sollte. Nach der besten je geschriebenen Geschichte Brooklyns, einem dreibändigen Werk des Arztes Henry J. Stiles, dessen zweiter Band im Jahr 1869 herauskam, war die Idee einer solchen Brücke genauso alt wie das Jahrhundert. Von dem ersten ernsthaften Vorschlag wird in Brooklyn im Jahre 1800 berichtet. Stiles schrieb, daß sich eine alte Notiz in einem Sammelalbum auf einen ungenannten „Gentleman mit anerkannten Fähigkeiten und gesundem Menschenverstand" bezog, der einen Plan für eine Brücke hatte, dessen Verwirklichung nur zwei Jahre Bauzeit kosten würde. Vermutlich war Thomas Pope aus New York dieser Gentleman; ein wirklich faszinierender Charakter, Zimmermann und Landschaftsgestalter von Beruf, der etwas entworfen hatte, was er seine „Fliegende Hänge-Hebel-Brücke" nannte – eine Erfindung, wie er meinte, die in jeder Größe und an beliebiger Stelle zu bauen sei. Seine Brücke nach Brooklyn sollte etwa sechzig Meter über dem Wasser schweben, ganz aus Holz sein und aus einem gewaltigen, freitragenden Arm – „wie ein Regenbogen, der sich von der Küste erhebt" – bestehen, schrieb er in einem kleinen Buch, das er 1811 herausgab.

Thomas Popes „Regenbogen-Brücke" wurde jedoch nie in Angriff genommen, und das ist gut so, denn sie hätte nicht funktioniert. Aber seine Vision von einer heroischen, monumentalen Brücke über den East River überdauerte ihn. Jedes Jahr wurden andere Vorschläge gemacht. Kettenbrücken, Hängebrücken und eine dreißig Meter breite Brücke wurden von verschiedenen Ingenieuren empfohlen. „New York und Brooklyn müssen vereint werden", erklärte Horace Greeley 1849 in der „Tribune", derweil in Brooklyn eine zum Fluß hinunterführende Straße im Vertrauen auf die Zukunft „Brückenstraße" genannt wurde. Aber nichts geschah. Das Hauptproblem bildete immer der East River, der im eigentlichen Sinne gar kein Fluß, sondern ein tidenabhängiger Fjord ist, noch dazu einer der unruhigsten und in jenen Tagen meistbefahrenen Salzwasserabschnitte der Erde. „Wenn es eine Brücke geben soll", schrieb jemand, „muß sie einen gewaltigen Sprung von Ufer zu Ufer über die Masten der Schiffe machen. Pfeiler oder eine Zugbrücke können dies nicht leisten. Ein einziger großer Bogen muß die ganze Strecke überspannen. Das müßte ganz gewiß eine wunderschöne Brücke sein."

Im April 1867 wurde in Albany* eine Charta verabschiedet, die eine private Gesellschaft autorisierte, eine Brücke über den East River zu bauen und zu betreiben. Aus verschiedenen Gründen war diese Charta ein überaus interessantes und wichtiges Dokument, wie die Zeit noch lehren sollte. Aber alle Aussagen zur Architektur konnte man auf einen Blick erkennen. Kein Wort wurde zum Beispiel über die Art der Brücke verloren oder darüber, daß ihr Bau irgendwelche schwerwiegenden oder vorhersehbaren Probleme mit sich bringen könnte. Von den Städten wurde weder zu den Plänen noch zur genauen Lage eine Zustimmung verlangt. Die Charta besagte nur, daß es eine Zollbrücke werden sollte. Für wichtig wurde gehalten, daß sie ein handfestes Geländer haben und „während der Nachtstunden durchgehend beleuchtet" sein sollte. Außerdem sollte sie bis zum Januar 1870 fertiggestellt sein. Einen Monat nach der Verabschiedung der Charta wurde John Augustus Roebling zum Ingenieur des Projektes ernannt. Durch wen und aufgrund welcher Kriterien, ist kaum herauszufinden, wenn man den Dokumenten folgt. Im September 1867 legte er bei einem privaten Treffen in Brooklyn in einem langen technischen Bericht die Grundzüge seiner Planung dar.

* Hauptstadt des Bundesstaates New York

Bei den Bewohnern Brooklyns, die jeden Tag zur Arbeit nach New York mußten, fand die Aussicht auf eine sichere, verläßliche Alternative zu den East River Fähren den meisten Anklang. Man sagte ihnen, daß weder Wind, Sturm, Ebbe und Flut noch Blizzards, Eisgang oder Nebel Mr. Roeblings Brücke im geringsten berühren würden. Es würde kein Massengedränge mehr an den Fährzugängen geben. Mit den endlosen Verspätungen wäre es vorbei. An einem Weihnachtsabend hatte ein Sturm den Wasserstand so stark gedrückt, daß die Fähren auf Grund liefen und Tausende die Nacht im Fährhaus von Fulton verbringen mußten. In vielen Wintern hatte es tagelang überhaupt keinen Fährverkehr gegeben, wenn der Fluß durchgehend zugefroren war.

Einige Geschäftsleute aus Brooklyn und Politiker des Kings County behaupteten sogar, daß die Brücke Brooklyn zur größten Stadt Amerikas machen würde, eine in der Tat überaus berauschende Vorstellung, die nicht einmal unvernünftig war. Der Kongreßabgeordnete Demas Barnes vertrat die Ansicht, Brooklyn würde die größte Stadt der Welt werden, wenn New York erst einmal „voll" wäre. New York, dieser „menschliche Bienenstock", wie John Roebling die Stadt nannte, hatte nicht mehr genug Platz, weil seine Grenzen auf ewig durch die Natur vorgegeben waren. Roebling und andere sahen dem Tag entgegen, an dem ganz Manhattan zugebaut sein und „keinen akzeptablen Platz" mehr bieten würde, um ein Haus zu bauen. Weder er noch sonst jemand konnte sich zu dieser Zeit eine Stadt vorstellen, die in die Höhe wuchs.

Aber es war Roebling selbst, der nie besonders zurückhaltend auftrat und den emphatischsten Anspruch an die Brücke formulierte, der in der Folgezeit am häufigsten zitiert wurde: „Das vollendete Werk wird, wenn es nach meinen Plänen gebaut wird, nicht nur die größte Brücke auf Erden sein, sondern auch die größte Ingenieurleistung des Kontinents und der Epoche. Ihre deutlich sichtbaren Zeichen, die großen Türme, werden Orientierungspunkte für die verbundenen Städte bilden und als nationale Monumente gelten können. Als großes Kunstwerk und als erfolgreiches Beispiel fortgeschrittenen Brückenbaus wird diese Architektur für immer ein Zeugnis der Tatkraft, des Unternehmungsgeistes und des Wohlstands der Gemeinden sein, die sie möglich gemacht haben."

Roebling hatte dies schon 1867 ganz zu Beginn seines offiziellen Vorschlages geschrieben. In der seither vergangenen Zeit war aus irgendeinem mysteriösen Grunde kein Spatenstich getan worden, und zahlreiche Leute, von denen einige sich für Experten hielten, begannen herumzuerzählen, daß sie sich Roeblings „fortgeschrittener Ingenieurstechnik" nicht so sicher wären und nicht wüßten, ob das Projekt die sechs oder sieben Millionen Dollar wert sei, die er als Kosten – ohne den erforderlichen Grundbesitz – veranschlagt hatte. Auch wenn seine Zahlen realistisch gewesen wären, würde die Brücke schon teurer als jede andere werden.

Zunächst einmal sollte sie die größte Hängebrücke der Welt werden, zum Beispiel anderthalbmal so groß wie Roeblings Brücke über den Ohio in Cincinnati und beinahe doppelt so lang wie Telfords berühmtes Bauwerk über dem Menaifjord in Wales, die erste Hängebrücke von wirklicher Bedeutung. Sie mußte den East River in einer ununterbrochenen, zentralen Stützweite überspannen, hoch oben von gewaltigen Kabeln gehalten, die über die Spitzen zweier kolossaler Steintürme liefen und an jedem Ufer von massiven, gemauerten Pfeilern gesichert

wurden, den sogenannten Ankern. Allein diese letztgenannten Bauten würden gut sieben Stockwerke hoch und damit höher als die meisten Gebäude New Yorks zu dieser Zeit werden, wie er sagte. Jedes von ihnen würde fast einen Straßenblock einnehmen und schwer genug sein, um den immensen Zug der Kabel auszuhalten. Sie wären innen hohl und böten, wie Roebling vorschlug, Raum für höhlenartige Schatzkammern, die die sichersten in Amerika und geräumig genug wären, dreiviertel aller Anlagepapiere des Landes zu lagern. Die beiden Türme, die „deutlich sichtbarsten Merkmale", sollten identisch sein und über achtzig Meter hoch. Sie würden an beiden Seiten des Flusses dicht am Ufer im Wasser stehen, ihre Fundamente unsichtbar im Flußbett verankert. Ihr bemerkenswertestes Kennzeichen wären gotische Doppelbögen – zwei in jedem Turm –, durch die die Straßen führen sollten. Wie majestätische Kathedralenfenster oder Triumphbögen sollten sich diese Bögen mehr als dreißig Meter hoch erheben. „Bei einem Vorhaben dieser Größe, das zwischen zwei großen Städten liegt, muß man auf gute architektonische Proportionen achten", schrieb der Ingenieur. „Der Eindruck des Ganzen wird kraftvoll und gewaltig sein." Die Brückentürme würden alles andere in den Schatten stellen. Wie in einer Zeitung stand, würden sie die Landschaft beherrschen wie der Petersdom Rom oder das Kapitol Washington. Tatsächlich sollten die Türme noch höher als das Kapitol werden, wenn man die Freiheitsstatue auf seiner Spitze außer Betracht läßt. All dies bedeutete im Jahre 1869, als das Washington Monument noch ein häßlicher Steinhaufen war, daß sie die größten und massivsten, je auf dem gesamten nordamerikanischen Kontinent errichteten Bauwerke werden würden. In der Skyline New Yorks ragte nur die schlanke Kirchturmspitze der Trinity Church am Ende der Wall Street höher hinaus.
Aber am wichtigsten war, daß Roebling davon sprach, die Kabel aus Stahl herzustellen, „dem Metall der Zukunft", anstatt wie gewohnt Eisendraht zu verwenden. Es gab im ganzen Land keine derartige Brücke, in New York oder einer anderen Stadt bis dahin kein mit Stahl errichtetes Gebäude. Aber Roebling zog ihn als Material ernsthaft in Erwägung. Diese Idee wurde von vielen Ingenieuren als der wohl revolutionärste und deshalb fragwürdigste Teil seines gesamten Plans angesehen.
Der große Ingenieur war den Leuten, die ihn angestellt hatten, immer noch ein Rätsel. Mit Ausnahme der Zeit, als er seinen Plan bei dem

Treffen 1867 erläuterte, hatten seine Kunden in Brooklyn sehr wenig von ihm gesehen. Die üblichen Tagesgeschäfte wurden mit seinem Sohn erledigt. Es war der junge Roebling, nicht sein Vater, der die Einrichtung eines Büros in Gang gebracht und ein Haus in Heights genommen hatte. Er war immer zur Stelle, um ihre Fragen zu beantworten und die Dinge voranzutreiben.
Der Vater hatte es so gewollt. Er war in Trenton geblieben und kam dann und wann nach Brooklyn, wo er nie länger als nötig blieb. Er schien immer nur wenig Zeit zu haben und hielt sogar die Sitzungen mit seinem Aufsichtsrat lediglich kurz und bündig ab. Er beschäftigte sich nie mit irgendetwas außer den Geschäften, und keiner hatte je ein wenig darüber hinaus mit ihm geplaudert.

Die alte und die neue Welt

Roebling wurde am 12. Juni 1806 in der deutschen Provinz Thüringen in dem von alten Stadtmauern umgebenen Mühlhausen geboren, wo seit vielleicht tausend Jahren mehr oder weniger nichts passiert war. Bach hatte einmal auf der Orgel der Kirche gespielt, in der er getauft wurde. Im Frühjahr 1815, als Roebling neun Jahre alt war, rückten fünfhundert Einwohner zum Kampf gegen Napoleon nach Waterloo aus, aber davon abgesehen hatte niemand in Mühlhausen jemals etwas Ungewöhnliches getan.
In Berlin hatte Roebling Architektur, Brückenbau und Hydraulik studiert. Außerdem belegte er Philosophie bei Hegel, der „erklärte, daß John Roebling sein Lieblingsschüler war", wie eine Biographie berichtet. Der berühmte Philosoph predigte einer Generation leidenschaftlicher junger Liberaler, gehemmt von einem autokratischen Regime in Preußen, seine kraftvolle Doktrin der Selbstverwirklichung und der Herrschaft des Verstandes. Sie hatte eine ausgesprochen starke Wirkung, und gewiß nicht am geringsten auf Roebling. Der Kontakt mit Hegel war nach Auskunft eines alten Freundes der Familie in Trenton für Roebling ein Privileg und ein Unglück zugleich. Hegel hatte Roebling gelehrt, unabhängig zu denken und sich auf die Gültigkeit seiner eigenen Schlußfolgerungen zu verlassen, wie er sagte, aber diese Erfahrung war eher unglücklich, „weil sie einen Stolz, eine Überheblichkeit und eine kalte Intellektualität hervorbrachte, die nahe daran war, sein Herz versteinern zu lassen". Nach den Familienberich-

ten war es Hegel, der den jungen Mann dazu brachte, über Amerika nachzudenken. „Es ist ein Land der Sehnsucht für alle die, welche die historische Rüstkammer des alten Europa langweilt", lehrte Hegel. Dort würde die Zukunft liegen. In diesem ganzen „unermeßlichen Raum" könnte ein Mann seine eigene Bestimmung finden.

Nachdem Roebling Berlin verlassen hatte, war er drei Jahre lang verpflichtet, Straßen für die preußische Regierung zu bauen. Während eines Urlaubs, den er in Bayern verbrachte, wanderte er in die alte Bischofsstadt Bamberg, wo er das erste Mal eine Hängebrücke sah, die neue eiserne Kettenbrücke über die Regnitz, dort als „Wunderbrücke" bekannt. Er ging auf ihr hin und her, machte ein paar Zeichnungen, und es wird behauptet, daß er sich damals an diesem Ort für seinen weiteren Lebensweg entschied.

Jedenfalls kehrte Roebling kurz darauf – es war der Frühling des Jahres 1831, in dem Hegel an Cholera sterben sollte – nach Mühlhausen zurück und begann, eine Gruppe von Auswanderern nach Amerika zusammenzustellen. Dies mußte mit Vorsicht geschehen, weil die Regierung die Emigration von technisch Gebildeten nicht gern sah. Dabei sprachen in Deutschland viele Menschen über Auswanderung. Seit der Julirevolution des Vorjahres war die persönliche Freiheit zunehmend eingeschränkt worden, und es gab immer weniger Entfaltungsmöglichkeiten für Leute mit ehrgeizigen Zielen.

In der ersten Maiwoche machte Roebling seine Abschiedsbesuche bei Schulfreunden und alten Tanten, ging ein letztes Mal in einen Sonntagsgottesdienst und machte noch einmal seine Abendspaziergänge durch die altehrwürdigen, gepflasterten Straßen. Am elften Mai brach er um zehn Uhr morgens mit seinem Bruder Karl und einigen anderen auf. Nun war es sein Ziel, amerikanischer Farmer zu werden! Er sollte Mühlhausen oder Deutschland nie wiedersehen. 1867 schickte er seinen Sohn Washington zur Vorbereitung für den Brückenbau in Brooklyn zusammen mit seiner hübschen schwangeren Schwiegertochter über den Atlantik. Das war zweifellos eine Reise, die er selbst gern gemacht hätte. Er wäre im Triumph heimgekehrt. Wie die Dinge lagen, wurde dem jungen Paar in Mühlhausen ein stürmischer Empfang bereitet, und in einem kleinen Gasthaus gegenüber seinem Familiensitz wurde Roeblings erster Enkel geboren, der seinen Namen trug. Später hat er der Stadt ein beachtliches Geldgeschenk gemacht.

In einem Mühlhausener Buchladen fand Washington Roebling 1867 eine seltene, gedruckte Ausgabe des Journals, das sein Vater auf dem Weg nach Amerika geführt hatte. Washington nahm es auf seine eigene Überfahrt mit zurück. Der Titel lautet: „Tagebuch meiner Reise von Muehlhausen in Thüringen über Bremen in die Vereinigten Staaten von Amerika 1831". Es ist ein außergewöhnliches kleines Dokument, ein anerkannter Klassiker seines Genres. Heulende Sturmtage und hohe Wellen werden beschrieben, ein sich schwer durch die See kämpfendes Dampfschiff – das erste, auf dem Roebling je fuhr –, und später das gespenstische, aufgegebene Wrack eines Segelschiffes, eine Brigg, die abgetakelt am Horizont vorbeitrieb, Tage der Flaute und verfaulendes Wasser, die Seebestattung eines Kindes und schließlich in einer Julinacht der Geruch von Land in einem warmen Westwind.

Roebling selbst gehörte zum Typ des Einwanderers, dem die Geschichtsbücher wenig Aufmerksamkeit widmen, denn es gab nur wenige seiner Art. Weder suchte er religiöse Freiheit noch Befreiung aus den Fesseln der Armut. Er wollte etwas anderes. Er war mit der besten Ausbildung gerüstet, die Europa bieten konnte, er hatte einen Beruf, und er reiste erster Klasse, was bedeutete, daß er in einer Vierbettkabine schlief, die er als „sehr geräumig" und „ausgezeichnet beleuchtet" beschrieb. Er und sein Bruder hatten etwa sechstausend Dollar in bar bei sich, eine fürstliche Summe, und er war mit einem Schrankkoffer voller Bücher an Bord gegangen, darunter voluminöse geographische Werke, Physik und Chemie, ein Deutsch-Französisches Wörterbuch, Euclids „Elemente", Bände mit englischer Literatur und Poesie und einen englischen Essay, der mit seinem Lieblingszitat von Johnson begann: „Niemand wurde je groß durch Nachahmung".

Ein falscher Schritt

Der Nachmittag des Unglückstages in Brooklyn war schön und ziemlich warm. Seit dem Morgen hatte Roebling mit Washington unten an der Fulton Street neben dem Fähranleger gearbeitet, wo der Brooklynbrückenturm entstand. Er war ans Ufer gekommen, um Washington und Colonel Paine dabei zu helfen, seinen genauen Standort festzulegen. Paine war auf der anderen Flußseite und gab ihnen Zeichen. Bei einer Gelegenheit stand Roebling so weit draußen auf dem Fähranleger wie irgend möglich auf der Spitze einiger Pfähle.

Als er eine der Fähren herankommen sah, trat er einen Schritt zurück auf einen Draht oder Balken, der Platz genug für einen Fuß bot und wo er vermutete, weit genug von den Pfählen entfernt zu sein, falls sie durch das anlegende Schiff gegen den Balken gedrückt würden. Aber aus einem der Pfeiler ragte eine Schlinge oder irgendein anderer unbemerkter Gegenstand heraus, in dem sich sein rechter Fuß verfing, als das Boot den Anleger berührte. Die Spitze seines Stiefels und seine Zehen wurden zerquetscht.

Er muß furchtbare Schmerzen gehabt haben, ließ es sich aber nicht anmerken. Seine Anweisungen erteilte er weiter, als sei nichts geschehen, bis er nicht mehr stehen konnte und zusammenbrach.

Washington brachte ihn sofort zu einem nahebei wohnenden Arzt, dem sein Vater schon in der Tür sagte, was er tun müsse. Er verlangte eine Schüssel kalten Wassers, in die er seinen Fuß hielt, um den Blutverlust zu stoppen. Andere Ärzte wurden zu Rate gezogen, und man kam überein, daß seine Zehen amputiert werden müßten. Roebling stimmte sofort zu und verlangte, die Operation ohne Betäubung durchzuführen. Als sie vorüber war, bestand er darauf, die Wunde selbst auf seine Art zu verbinden. Dann wurde er in das Haus seines Sohnes in der Hicks Street gebracht.

Einige Tage lang gab es keine öffentlichen Berichte darüber, wie es ihm ging. Aber am achten Juli berichtete der „Eagle“ aus Brooklyn, daß er intensiv an den Plänen und Zeichnungen für die Brücke arbeitete und der verletzte Fuß so gelagert wurde, daß Tag und Nacht beständig kaltes Wasser darüber strömte. „Der bemerkenswerte Ingenieur hat seine eigene Meinung über die ärztliche Kunst und scheint die Schmerzen in stoischer Ruhe zu ertragen“, hieß es in dem Artikel. „Er denkt und spricht wie immer ununterbrochen über die Brücke und scheint nicht bereit zu sein, mit seinen Helfern auch nur einen Augenblick über seinen eigenen Unfall zu reden.“ In zehn Tagen würde er draußen wieder die Aufsicht übernehmen, wurde behauptet.

Am Abend des einundzwanzigsten Juli ging es dem Patienten gegen alle ärztlichen Prognosen deutlich besser. Mit Papier und Bleistift begann er, seinem Neffen Ed Riedel Anweisungen für eine besondere Vorrichtung zu geben, die er bauen lassen wollte, um aus dem Bett gehoben werden und sich darin bewegen zu können. Er machte eine Zeichnung, erklärte die Ausführung und bat den jungen Mann, sich sofort daran zu machen. Während der weiteren Nacht gab er ständig

Anweisungen zu den unterschiedlichsten Dingen, natürlich auch der Brücke. Eine Welle der Hoffnung ging durch das Haus, bis einige Zeit nach Mitternacht durch seine Kritzeleien klar wurde, daß sein Geist ihn verließ. Er glaubte, im Brückenbüro zu sein.

Gegen drei Uhr morgens hatte er einen so heftigen Anfall, daß er sich aus dem Bett stürzte und von C. C. Martin, dem zweiten Ingenieur, aufgefangen wurde, der mit Washington und ein oder zwei anderen herumstand und die Uhr anstarrte. Nach einigen Minuten war Roebling tot.

Im Morgengrauen des zweiundzwanzigsten Juli, an einem Donnerstag, kam der Leichenbestatter. Ein Künstler, der Roebling in Cincinnati gekannt hatte, wurde bestellt, um eine Totenmaske abzunehmen.

Die Nachmittagsausgabe des „Eagle" brachte die ganze Geschichte. Roebling wurde zum Märtyrer erklärt, wobei die Herausgeber ihren Lesern im gleichen Atemzug versicherten, daß es trotzdem noch große Hoffnung für die Brücke gebe. Das bedeutete, daß ihre Fertigstellung nun mehr oder weniger gesichert war, weil sie ein Opfer gefordert hatte. Es war wie mit der alten Geschichte von der Glocke, die auch nur dann richtig klingt, wenn sie aus geschmolzenem Eisen gegossen wird, in das ein Mensch gefallen ist. Es existierte auch die Legende, daß eine Brücke nur sicher sei, wenn sie ein Opfer gekostet habe, und es wurden Geschichten über den Bau berühmter Brücken in grauer Vorzeit erzählt, für die Menschenopfer gebracht wurden. Der „Eagle" jedenfalls schrieb:

„Wer sein Leben durch Verletzungen verliert, die er sich bei der Ausübung von Wissenschaft oder seiner Pflicht zuzieht, bei der Suche nach technischen Erkenntnissen oder der Ausführung technischer Einzelheiten, ist ein ebenso aufrichtiger und nützlicher Märtyrer wie derjenige, der sein Leben für eine religiöse Überzeugung opfert, und seinem Andenken sollte keine geringere Ehre widerfahren. Fortan betrachten wir das großartige Vorhaben der Brooklyn Bridge als durch das Herzblut seines einzigartigen und beklagenswerten Schöpfers geheiligt und geweiht."

In ganz Brooklyn wehten die Flaggen auf Halbmast, und als die Zeit kam, den Leichnam hinunter zur Fähre zu geleiten, wo sein Weg nach Trenton begann, konnte man nur sehr langsam auf den überfüllten Straßen gehen. Roebling schien tot ein größeres öffentliches Interesse zu erregen als zu seinen Lebzeiten. Seine Ausbildung, sein ganzer

Ehrgeiz, sein Können und die Arbeit seines ganzen Lebens waren auf diese größte aller Brücken gerichtet, aber er hatte nicht lange genug gelebt, um sie zu vollenden. Das war eine Tragödie, die die Menschen sofort verstanden, ganz gleich, wie wenig Interesse sie zuvor für den Mann oder sein Werk gehabt haben mochten.

Und immer noch ist sie schön

Zu Beginn des Frühlings im Jahre 1883, als das Wetter für den Chefingenieur* warm genug geworden war, um ein wenig Zeit draußen im Garten zu verbringen, war die Brücke fertig. Es gab keinen bestimmten Augenblick, keinen besonderen Tag, für den dies zutraf oder den man dafür festlegen konnte. So ist es nicht bei Brücken.

Immer blieb noch etwas fertigzustellen oder ein Detail hinzuzufügen. Die letzten Arbeiten in Cincinnati beispielsweise hatten sich nach der Eröffnungsfeier noch über beinahe sechs Monate hingezogen, und es sah so aus, als ob hier das gleiche geschehen sollte. Aber die Brücke, die er eine halbe Meile entfernt gegen den Himmel ragen sah, war nach allen Regeln der Kunst fertiggestellt. In wenigen Wochen würde sie eröffnet und dem Verkehr übergeben werden.

Es hatte vierzehn Jahre gedauert. In wenigen Wochen war sein sechsundvierzigster Geburtstag. Er hatte etwa ein Drittel seines Lebens mit dieser einen Brücke verbracht, nahezu ebensolange, wie sein Vater für all seine größeren Brücken zusammen gebraucht hatte.

Seine Gesundheit hatte sich gebessert. Je näher das Ende kam, desto besser fühlte er sich. Er konnte sich viel leichter als vorher im Haus bewegen oder in den Garten gehen. Seine Sehkraft war zurückgekehrt. Ein wenig schien es, als ob er selbst von einer langen Reise zurückgekehrt war. Er konnte wieder Zeitung lesen, Nachrichten wie die, daß General George Crook im Frühjahr die Apachen über die Grenze nach Mexiko gejagt hatte, oder daß die Einweihungsparty, die Mrs. William Vanderbilt in ihrem Kalksteinpalast an der Fifth Avenue gegeben hatte, der verschwenderischste und teuerste Kostümball gewesen war, der je in den Vereinigten Staaten stattgefunden hatte (für schätzungsweise 250 000 Dollar), dazu angeblich das größte gesellschaftliche Ereignis der Epoche. Wie die „Times" berichtete, „raubte allein das Kostümproblem männlichen und weiblichen Gesellschaftslöwen für mehr als sechs Wochen den Schlaf und hielt sie während ihrer wachen Stunden

* Washington A. Roebling war Nachfolger seines Vaters und wie dieser ein Opfer der Brücke. Bei Arbeiten an den Fundamenten der Pfeiler in den unter Luftdruck stehenden Senkkästen hatte er sich die Caissonkrankheit zugezogen.

gefangen.“ Abram Hewitt erschien als King Lear, „wobei er immer noch voll bei Verstand war“, wie die Zeitung schrieb, eine Bemerkung, die Washington Roebling zweifellos amüsierte.

Während der Zeit, die er mit der Brücke verbracht hatte, waren das Telefon und das elektrische Licht eingeführt worden (wie hätten sie die Arbeit in den Senkkästen erleichtern können!). Jetzt konnte er nachts Hunderte von elektrischen Lichtern direkt gegenüber am anderen Ufer in den Blocks über New York leuchten sehen, die Edison im vorigen Sommer als erste eingeschaltet hatte, als Roebling in Newport weilte. Es gab nicht mehr nur eine Eisenbahnlinie quer über den Kontinent, sondern vier, und eine fünfte war im Bau. Im Lande lebten jetzt zehn Millionen Menschen mehr als 1869 (Brooklyn war um 180 000 Einwohner, New York um mehr als 200 000 Einwohner gewachsen). Der Büffel auf den Great Plains war nahezu völlig ausgerottet, und Chester A. Arthur hatte im Weißen Haus weitere Wasserleitungen gelegt. Robert E. Lee war tot. Horace Greeley, Jesse James, Brigham Young, Emerson, Crazy Horse, Peter Cooper, sie alle waren schon gestorben. Eine ganze Epoche war verschwunden.

Der Brückenbau hatte nahezu dreimal so lange gedauert, wie sein Vater vorausgesagt hatte, und fünfzehn Millionen Dollar gekostet, was wiederum doppelt soviel war, wie jener geschätzt hatte. Sie hatte zwanzig Opfer gefordert, seinen Vater nicht eingerechnet. Der Preis, den er selbst hatte zahlen müssen, war schon lange beglichen.

Henry Slocum hatte vergeblich versucht, Gouverneur zu werden, hauptsächlich wegen der Brücke. Henry Murphy lag jetzt auch schon unter dem Rasen von Greenwood.

Hätten sie alle die Brücke begonnen, wenn sie 1869 gewußt hätten, was das bedeutete? Das war eine Frage, die weder Washington Roebling noch sonst ein Mensch je würde beantworten können.

Carol Herselle Krinsky*: Das Rockefeller Center

Die bevorzugten Objekte der Kunstgeschichte waren von jeher Kathedralen, Schlösser, Herrenhäuser und Museen, deren architektonischer Zweck allein Schönheit und Großartigkeit ist; Äußerlichkeiten, denen schon bei der Konzeption praktische Erwägungen und finanzielle Rücksichten geopfert wurden. Hinter Bauten dieser Art stand eine ästhetischen Prinzipien gegenüber aufgeschlossene Elite, die ihre Häuser von den sie umgebenden Städten sorgfältig durch Mauern und einen Sittenkodex trennte und schon damit eine isolierte Betrachtung ihrer Besitztümer vorprogrammierte. Bürogebäude allerdings werden schon von der Konzeption her als Teil eines Ganzen betrachtet, in diesem Fall unserer modernen Städte, und auch daran gemessen. Es ist daher unbedingt nötig, auch ihre Wirkung auf die urbane Umgebung einzubeziehen. Sind sie in Planung und Design ungewöhnlich, wie das ja gelegentlich der Fall ist, und in ihrem Wirkungsgrad weitreichend, dann nehmen sie in kapitalistischen Demokratien durchaus jenen Stellenwert ein, der Monumenten traditioneller Institutionen aus anderen Epochen vergleichbar ist.

Der Charakter New Yorks liegt nicht im kulturellen Erbe seiner Ureinwohner, also nicht in einer jahrhundertealten Kultur oder einer Reihe von architektonischen Meisterwerken. Das Wesen New Yorks findet sich nicht in geistiger Tradition, philosophischer Größe oder in der Achtung der etablierten politischen oder sozialen Ordnung. Das Besondere an New York ist vielmehr die bedingungslose Ausrichtung dieser Stadt auf die Zukunft, ihre unablässige Experimentierfreudigkeit und der Versuch, das Beste aus ihrer räumlichen Begrenztheit, den Finanzproblemen, ihrer Stellung im internationalen Wirtschaftsgefüge und ihren internationalen Sozialstrukturen zu machen. Besucher sehen in New York die Verkörperung des materiellen Fortschritts, die geballte physische Kraft des zwanzigsten Jahrhunderts, eine Stadt der Schnellebigkeit, Kompromißbereitschaft und des ehrgeizigen Strebens. Und für ein Projekt, in dem sich all diese Eigenschaften vereinigen, gibt es kein besseres Beispiel als das Rockefeller Center, das praktisch das Herz von New York City bildet. Seine Gründer ließen Büro- und Theaterkomplexe von einer bis dahin nie gekannten Größenordnung bauen und entwickelten eine städteplanerische Gesamtkonzeption, in der Kommerz und Kunst, Pflanzen und Sandstein eine Einheit bilden, wie sie nie zuvor erträumt und wohl vorher auch nie verwirklicht werden konnte. Das Projekt war danach ausgelegt, mehr als die 25 Jahre Bestand zu haben, mit denen Bauspekulanten heute rechnen, und beinhaltete mehr technologische Neuheiten wie Drehbühnen, Hochgeschwindigkeitsaufzüge und modernste Rolltreppen, als je ein ähnliches Vorhaben zuvor und danach. Seine Planer setzten Meilensteine bei der sorgfältigen Planung von Auto- und Fußgängerverkehr, von Grünflächen, Bereichen für Freizeitaktivitäten und Bürozentren. Offene Plätze – sogenannte Plazas – und überdachte Fußgängerpassagen, die im Center die sonst üblichen Bürgersteige ersetzen, sind erst vor kurzem Grundlage einer Neufassung der New Yorker Baugesetze geworden, die dem Bauherrn Anreize liefern sollen, solche Einrichtungen bei der Planung zu berücksichtigen.

Ehrgeiz, Flexibilität, Idealismus im Rahmen von aufgeklärtem Egoismus, konsequentes Management – all das sind unabdingbare Merkmale einer erfolgreichen Wirtschaftskultur, die im Rockefeller Center ihren Ausdruck finden.

Heutzutage können wir durchaus davon ausgehen, daß ein privater Bauherr mit sozialem Gewissen bei einer Planung auf einem größeren Areal eine Gesamtkonzeption vorlegt, die die einzelnen Gebäude einander nach Größe und gestalterischen Merkmalen zuordnet, um jedem ein Maximum an Raum und Aussicht zu geben, und die einen entsprechenden Entwurf zur Regelung des Fußgänger- und Autoverkehrs beinhaltet. Die Bauverordnungen unserer Zeit mögen ihn tatsächlich zwingen, all diese bau-, grün- und verkehrsplanerischen Dinge zu berücksichtigen, doch 1927 waren nur wenige dieser Gesichtspunkte bei kommerziellen Bauprojekten üblich, und das war immerhin das Jahr, als sich die Geschäftspartner von John D. Rockefeller jr. als erste für jene drei Blocks in Midtown Manhattan interessierten, aus denen wenige Jahre später das Rockefeller Center entstand. Aber zumal sich die ökonomischen Perspektiven für das Projekt, das ihnen vorschwebte, noch während des Planungsstadiums grundlegend änderten, waren die Initiatoren des Vorhabens gezwungen, nach neuen, ansprechenderen Erscheinungsformen des riesigen Geschäftszentrums zu suchen, das dort entstehen sollte. Ihre Entwicklungsarbeit auf diesem Gebiet sah spätere Folgeprojekte in Nordamerika und im Ausland vor.

Das Rockefeller Center ist kein Ort, den Menschen nur deshalb aufsuchen, weil dort ihre Büros liegen oder sich ein Theater befindet, das sie besuchen möchten, sondern weil es zu einem Brennpunkt urbanen Geschehens geworden ist. Das Rockefeller Center gilt ja nicht nur als eine der größten Touristenattraktionen des Landes, sondern ist auch ein idealer Ort, um Freunde zu treffen oder draußen unter grünen Bäumen und an Blumenrabatten zu sitzen, was in der näheren und weiteren Nachbarschaft nicht möglich ist. Die Menschen kommen, um den Schlittschuhläufern auf der Plaza zuzusehen, die zu diesem Zweck unterhalb des normalen Straßenniveaus angelegt wurde, oder um Konzerte auf der McGraw-Hill Plaza zu besuchen. Sie tummeln sich in Geschäften, die ausgefallenere und teurere Produkte anbieten als sonst in New York üblich. Das Center hat allgemein zugängliche Plätze, Restaurants, Theater, eine Eisbahn und verschiedene Tanzlokale. Es unterhält gepflegte Lobbys und öffentliche Ruhehallen, bietet unterirdische Fußgänger-Passagen, die viele benutzen, um schneller und vor Witterungseinflüssen geschützt vorwärts zu kommen. Mit anderen Worten, durch sorgfältige Planung und eine konsequente Imagepflege wurde das Rockefeller Center zu einem lebendigen Mittelpunkt zahlreicher Aktivitäten und beschränkte sich niemals nur auf Bürobetrieb und Unterhaltung. Als solches zieht es natürlich Besucher und Einwohner New Yorks gleichermaßen an und ist für sie ein Orientierungspunkt, ein Ort des Verweilens innerhalb einer Stadt, die nach einem monotonen Rasterplan angelegt wurde.

Grenzen der Macht

Natürlich gehörte der Bauherr des Rockefeller Centers, John D. Rockefeller jr. (1874 – 1960), zu den reichsten Männern Amerikas. Heute noch ist das Center Eigentum seiner Söhne, die die Aktien der Firma Rockefeller Center Incorporated halten, von der der Komplex gebaut wurde und die ihn nach wie vor betreibt.

Rockefeller behielt die Kontrolle über das Projekt stets dadurch in der Hand, daß er die Verwaltungsratsmitglieder der Rockefeller Center Incorporated (ursprünglich als Metropolitan Square Corporation gegründet) und der zahlreichen damit verbundenen Holdings und Tochtergesellschaften persönlich auswählte. Rockefeller behielt sich damit die letzte Entscheidung über Ausgaben, Arbeitsplanung und die

Auftragsvergabe an Architekten und Künstler vor, obwohl er sich weder am täglichen Arbeitsfortgang noch an den vorbereitenden Planungen beteiligte. Er besaß eine langjährige Erfahrung als interessierter, aber auch distanzierter Wirtschaftsmanager, der genau wußte, nach welchen Kriterien er Geschäftspartner aussuchen und wie er Verantwortung an Verwaltungsräte und Bauplaner delegieren mußte. John D. Rockefeller jr., der sich eigentlich schon aus dem Geschäftsleben zurückziehen wollte, hatte sich bereits früher als großzügiger Bauherr kühner Vorhaben erwiesen. Eine beachtliche Anzahl seiner Spenden floß in Bauprojekte – so zum Beispiel in die Riverside Church in New York (1927 – 30), in die Restaurierung von Versailles (begonnen 1924), in den Wiederaufbau des kolonialen Williamsburg in Virginia (angefangen 1926) und in die Paul Laurence Cunbar Apartments in Harlem (1926 – 28). Außerdem stellte er Grundstücke und Geld für den Bau von „The Cloisters", für die Rockefeller University und die International House Studentenheime New York-Tokio zur Verfügung. 1946 erwarb er schließlich das Gelände am East River, das er den Vereinten Nationen schenkte und auf dem das UNO-Gebäude entstand.

Über die Finanzlage seiner Projekte war John D. Rockefeller jr. stets bestens informiert, interessierte sich jedoch ebenso für die damit verbundene ausführende Planung. Jeder junge Architekt, der ihm Pläne vorlegte, lernte schnell das Maßband kennen, das Rockefeller stets in der Jackettasche trug und mit dem er zum Beispiel die Innenmaße von Liftkabinen nachprüfte, ohne jedoch den Blick für gut präsentierte architektonische Zeichnungen zu verlieren. Von modernen Stilrichtungen war er nur insoweit angetan, als sie es ihm erlaubten, durch den Verzicht auf überflüssiges Dekor Geld zu sparen. Der Baukunst der Ägypter fühlte er sich aufgrund ihrer zeitlosen Solidität verbunden, der Gotik ihrer religiösen Motive wegen und der Klassizistik vermutlich durch ihre bodenständigen Formen. Er mochte die Bildhauerei des Realismus, und sein Geschmack unterschied sich wohl kaum von dem anderer Wirtschaftsmagnate, deren Idealvorstellung von Geschäftshäusern aus Stahl und Stein in spitzgiebeligen, als Miniaturtempel getarnten Wassertürmen gipfelte.

Allerdings gab es Aspekte des Rockefeller Center Projekts, auf die der Eigentümer und seine Frau wenig oder gar keinen Einfluß hatten. Vor allem war Rockefeller nicht Eigentümer des Grundstücks, auf dem das erste Gebäudeensemble entstand. Es gehörte und gehört noch heute der Columbia Universität. Der Universitätskämmerer, die Anwälte, der Präsident und die Treuhänder, sie alle mußten ihre Zustimmung zum Projektplan und jeder Änderung oder Erweiterung geben. Außerdem entschieden sie, ob der Pachtvertrag regelmäßig verlängert wurde, und waren gleichzeitig Begünstigte dieses Vertrages, falls sich das Projekt als profitabel erweisen sollte.

Ursprünglich einmal hatte das Rockefeller Center den Zweck gehabt, der Metropolitan Oper auf dem Columbia Gelände ein neues Heim zu schaffen. Allerdings gelang es Rockefeller nicht, die Aktionäre der Metropolitan Opera and Real Estate Company, die das Opernhaus betrieb, von seinen Vorhaben zu überzeugen. Als diese amerikanischen Aristokraten ihre Zustimmung zu einer Einbeziehung der Oper in Rockefellers Plan verweigerten, mußte dieser seine gesamte Konzeption ändern.

Auch hatte Rockefeller keinerlei Einfluß auf die Auswirkungen des Börsenkrachs von 1929 und der anschließenden wirtschaftlichen Depression, ebenfalls Fakten, die das Projekt beeinträchtigten. Aufgrund der Depression allerdings war plötzlich ein Heer von arbeitslosen Bauarbeitern verfügbar, die verzweifelt Arbeit suchten und denen, anders als zu Zeiten der Vollbeschäftigung, kaum der Sinn nach Streiks stand. Die Materialkosten waren beträchtlich gesunken, und es konnten günstige Vertragsbedingungen mit den Lieferanten ausgehandelt werden, die sich gierig auf jedes einträgliche Geschäft stürzten. Die meisten amerikanischen Firmen jedoch expandierten in jener Zeit nicht und hatten auch nicht die Absicht, in neue Büroetagen zu ziehen, es sei denn, man machte ihnen vorteilhafte Angebote. Natürlich wirkte sich auch dies auf das Erscheinungsbild und die Finanzsituation des Centers aus. So spiegelt sich die damalige Situation deutlich in den Entscheidungen wider, internationale Mieter anzulocken, in mehreren Gebäuden Klimaanlagen einzubauen, auf dem Areal ein Zollager zu errichten sowie in einigen anderen hundert größeren und kleineren Dingen, von den Mietverträgen bis zur Reinigung der Bürgersteige des Centers.

Als die Metropolitan Life Insurance Company schließlich zustimmte, dem Projekt mit einem Kredit unter die Arme zu greifen, erhielt dieses Unternehmen dadurch auch gewisse Mitbestimmungsrechte. Die Versicherungsgesellschaft brachte nun prompt ihren Hausarchitekten Daniel Everett Waid ins Spiel, der in ihrem Auftrag ein wachsames

Auge auf die Planung haben sollte. Hätte Waid es darauf angelegt, hätte er sicher einen nicht zu unterschätzenden Einfluß auf das Projekt nehmen können. Was die Sicherheitsbestimmungen bei Baumaterial und Konstruktionsformen betraf, war die Versicherungsgesellschaft besonders penibel, und Waids Rat ersparte dem Rockefeller Center wahrscheinlich einige Gerichtsverfahren.

Wichtiger noch als die Beteiligung der Versicherung waren die Auswirkungen der gesetzgeberischen Maßnahmen der Stadt auf das Projekt. Das Baugesetz von New York enthält detaillierte Bestimmungen über Gebäudesicherheit, zu verwendende Baumaterialien und den Risikoschutz von Passanten. So verbot eine Verordnung die Errichtung von Bürogeschossen über Theatern, mit dem Ergebnis, daß der Höhe der Bauten, in denen Theater untergebracht waren, von vornherein Grenzen gesetzt waren. Um den auf diese Weise verlorenen Büroraum zu kompensieren, mußte in anderen Teilen des Komplexes höher gebaut werden. Dadurch variierten die Skyline des Projekts und die Stärke des Fußgängerverkehrs innerhalb des Planungsbereichs. Außerdem verbot das Baugesetz die Verwendung von Betonrahmen, Stahlgerüsten ohne feuersichere Verkleidung oder breiten Glasflächen. Da weder für die Konstruktion noch für die Außenansicht der höchsten Gebäude des Komplexes ausschließlich moderne Materialen benutzt werden konnten, war die Kritik praktisch vorprogrammiert, daß es dem Center an einem expressiven modernen Stil mangele. Andererseits wiederum untersagten die Bestimmungen die Nachahmung von Stilelementen der Renaissance oder ähnliche ornamentale Formen, wenn diese mehr als 50 Zentimeter über die Gebäudefassade hinausragten. Und ferner wirkte sich auf das gesamte Vorhaben natürlich die Gesetzesänderung von 1931 aus, die die Installation von Hochgeschwindigkeitsaufzügen erlaubte. Lifts, die die Passsagiere schneller befördern konnten, verkehrten auch häufiger, transportierten also mehr Personen und arbeiteten demnach ökonomischer als langsame Aufzüge. Das bedeutete wiederum, daß weniger Aufzüge zu installieren waren, also nicht so viel Raum dafür eingeplant und finanziert werden mußte.

Die sogenannte New York City's Zoning Resolution von 1916 und ihre Ergänzungsartikel, die Baugrund und Überbauung in eine vernünftige Relation setzen sollten, hatten auf die Planung des Rockefeller Centers noch weitreichendere Einflüsse. Diese Direktiven schränkten die

Flächennutzung ein, das heißt, während sie in einem Stadtteil nur flache Wohnbebauung erlaubten, waren in anderen Bezirken zum Beispiel lediglich Wirtschafts- und Industriebetriebe, Kaufhäuser, Büros oder andere Zweckbauten zugelassen, wobei einige Gebiete der freien unreglementierten Nutzung vorbehalten blieben.

Ursprünglich war die Zoning Resolution wohl eher aus ökonomischen als aus ästhetischen Gründen erlassen worden. Die wachsende Zentralisierung der Wirtschaft im späten neunzehnten Jahrhundert – die sich in der stetigen Zunahme von Kartellen, Trusts und Großkonzernen manifestierte – hatte zu einer immer stärkeren Konzentration von Geschäfts- und Bürogebäuden in bestimmten Bezirken geführt. Natürlich hätten sich die Wirtschaftszweige auf angrenzende Blocks ausdehnen, sich an den Stadtrand oder direkt aufs Land verlagern können, hätte Anfang des zwanzigsten Jahrhunderts nicht das Bestreben vorgeherrscht, solche Betriebe im Zentrum der Stadt zu belassen. Dafür gab es viele Gründe.

Es war dort zum Beispiel leichter, Personal oder Telefonanschlüsse zu bekommen. Vor dem Ausbau des Personennahverkehrs fehlten den Menschen einfach die Voraussetzungen, sich um Jobs außerhalb der Stadt zu bemühen, und es waren auch noch keine Vororte oder Trabantenstädte entstanden, aus denen die Unternehmen ihre Belegschaft hätten rekrutieren können. Eine zuverlässige Wasser- und Stromversorgung und andere nützliche Einrichtungen waren eben vorrangig nur in der Stadt verfügbar.

Mit dem Anwachsen der Bevölkerung allerdings wurden die dortigen Grundstücke immer wertvoller, so daß Bauherren verstärkt die vertikale der horizontalen Bebauungsform vorzogen, welche erst durch die Erfindung des Stahlgerüstbaus und den Aufzug möglich wurde. Der Hochbau erreichte einen solchen Boom, daß ein Gebäude das andere zu erdrücken drohte, die Bauten ihren Nachbarn Licht und Luft nahmen und damit die Gefahr heraufbeschworen, daß sie den eigenen Grundstückswert drastisch minderten. Hinzu kam, daß ein Wirtschaftszweig den anderen beinahe erstickte.

Damals gab es keine Handhabe, Gerbereien und Zulieferfirmen der Bekleidungsindustrie, die meistens als Familienbetriebe in Heimarbeit arbeiteten, aus der Nachbarschaft eleganter Kaufhäuser fernzuhalten, die deren Produkte verkauften. Diese Situation, die in den einflußreichen vornehmen Kreisen auf Mißfallen stieß, drohte die Grundstückspreise zu drücken. Es mußte auch befürchtet werden, daß Fabriken und Wirtschaftsbetriebe selbst vor den angestammten Wohngebieten dieser Bürgerschicht nicht haltmachen würden. Aus diesem Grund wurden 1916 in New York und bald in jeder größeren Stadt Amerikas – mit Ausnahme von Houston, Texas – gesetzliche Auflagen erlassen, die die Gebäudegröße festlegten sowie Minimalabstände und Verwendungszweck der Grundstücke vorschrieben.

Die Verordnungen über die Nutzungsart machten es dem Rockefeller Center unmöglich, sich über die nördlichen Grenzen des Columbia Grundstücks hinweg auszudehnen, da der Bereich zwischen der 52nd und 55th Street als reine Wohngegend ausgewiesen war. John D. Rockefeller jr. und seine Familie lebten selbst in einem dieser Blocks, und die Annahme ist durchaus zulässig, daß sein Interesse an einem Stadtentwicklungsprojekt mit hohem Qualitätsstandard auch aus dem Wunsch heraus entstanden ist, die Lebensqualität seines Wohnbereichs zu erhalten.

Die Vorschriften zu den Gebäudegrößen besagten zum Beispiel, daß die Höhe eines Baus das X-fache der Breite der Straße, an der er gelegen war, nicht überschreiten durfte. Ferner gab das Gesetz exakte Maßangaben über den einzuhaltenden Abstand an Seiten- und Hinterfronten zwischen den Häusern und verlangte entsprechende Gebäudeeinzüge. Wurde jedoch nur ein Viertel eines Grundstücks überbaut, war jede gewünschte Bauhöhe erlaubt. Diese Direktiven sind die Ursache für die stufenförmige Silhouette jener New Yorker Hochhäuser, die zwischen 1916 und 1961 genehmigt wurden. 1961 trat dann eine umfassende Gesetzesänderung in Kraft.

So waren es nicht nur Gesetze, sondern auch die von diesen geförderten Ansichten, die schließlich das Bauvorhaben beeinflußten, das John D. Rockefeller jr. gegen Ende der fetten zwanziger Jahre in Angriff nahm. Verordnungen und öffentliche Meinung, konservative und symmetrische Stilelemente, charakteristisch für die Jahre seit 1890, ökonomische Erwartungen, die Interessen von Grundstückseigentümern und Geldgebern, technischer Fortschritt auf dem Gebiet der Konstruktion von Aufzügen und Klimaanlagen, die veränderte Wirtschaftslage in den dreißiger Jahren unseres Jahrhunderts – all diese Faktoren formten ein Projekt, das man für das Resultat der Interessen eines einzelnen Mannes hätte halten können.

Organisation und Planung

Die prekäre Lage an der Wall Street Anfang Oktober 1929 hatte keine unmittelbaren Auswirkungen auf die Planung des Rockefeller Centers, und die Arbeiten an dem Bauvorhaben gingen weiter, als hätte der Wirtschaftsboom nie geendet.
Am 1. Oktober unterschrieb John R. Todd den Vertrag, der seiner Firma das Management des Projekts übertrug. Obwohl John D. Rockefeller jr. die letzte Entscheidungsgewalt über Planung und Gestaltung behielt, sollte das Bauvorhaben von zwei Verwaltungsgesellschaften geleitet werden, die wiederum von der eisernen Hand Todds kontrolliert wurden.
Am 22. Oktober präsentierte Todd Reinhard & Hofmeister als die ausführenden Architekten. Gleichzeitig schlug Todd vor, die Architektenfirma Raymond Hood und Harvey Weiley Corbett als Berater für Fragen des Baustils und der Raumplanung zu engagieren.
Die Beschäftigung einer Architektengruppe geschah auch aus der Notwendigkeit des Augenblicks heraus. Es ist unwahrscheinlich, daß damals eine New Yorker Architektenfirma ein solches Mammutprojekt allein hätte durchführen können; zumindest nicht 1929, als die einschlägigen Unternehmen noch dicke Auftragsbücher hatten. Erst während der Depression sollte sich das ändern. Aber vor allem hatte die neue Erscheinungsform der großangelegten Wirtschaftsarchitektur die traditionelle Bedeutung eines einzelnen, federführenden Architekten stark gemindert, denn ein Wolkenkratzer war stets ein Gemeinschaftsprodukt von einem Architektenteam, Bauingenieuren, Statikern, Finanzberatern, Grundstücksmaklern und Bauherren. „Architektur", so schrieb Corbett, „ist mittlerweile sowohl Kunst als auch Geschäft geworden – und heutzutage zufriedenstellende Dienstleistungen anzubieten, erfordert eine effizient arbeitende Organisation, die sich auf weitgefächertes Expertenwissen und guten Geschäftssinn gründet."
John R. Todd war außerordentlich froh, daß das Projekt keine Oper mehr beinhaltete, denn er hatte das Potential des Konzepts auch ohne die Gegenwart eines Opernhauses erkannt. Er vertrat ganz offen die Meinung, daß ein Opernhaus ein toter Punkt gewesen wäre, der eine Wertminderung aller umliegenden Grundstücke bedeutet hätte.
Allerdings konnte sich Todd nicht zu früh freuen. Die Frage war

natürlich, ob Rockefeller es sich bei seinem Ruf leisten konnte, ein rein kommerzielles Projekt zu finanzieren, nachdem ursprünglich alles mit der Unterstützung der Oper begonnen hatte. Wo aber gab es einen anderen Mieter mit Prestige? Ja, was für Mieter gab es überhaupt? Allmählich machten sich die ersten Auswirkungen des Bankenkrachs vom Oktober 1929 bemerkbar. Kaum ein Unternehmen expandierte oder suchte sich neue Büroräume. Die meisten waren froh, überhaupt noch solvent geblieben zu sein. Die Todds und Rockefellers wiederum hatten kaum Interesse an erfolglosen Mietern, die lediglich billigere und kleinere Räumlichkeiten suchten, um zu überleben.

Und damit geriet Rockefeller tatsächlich in eine Krise. Aus bereits vermieteten Räumlichkeiten erhielt er ein jährliches Mieteinkommen von 300 000 Dollar. Zwölfmal soviel mußte er allerdings an die Columbia Universität bezahlen. Je länger er also mit dem Bau neuer Gebäude wartete, desto länger mußte er ein jährliches Defizit in Höhe mehrerer Millionen ausgleichen. Neubauten würden eines Tages Profite machen, was man von den Altbauten kaum erwarten konnte. Nur hatte er noch keine Ahnung, was und für wen er eigentlich bauen sollte.

Raymond Hood fand schließlich die Lösung dieses Problems. Ihn ausgerechnet hatte man wegen seiner Ideen auf dem Sektor der Architektur engagiert, und nun präsentierte er auch noch die alles entscheidende Geschäftsidee. Hood, der für die National Broadcasting Company, die sich bereits in den knapp zehn Jahren ihres Bestehens zusammen mit anderen Rundfunkanstalten in geradezu atemberaubenden Tempo vergrößert hatte, Studios in der Fifth Avenue gebaut hatte, muß gewußt haben, daß deren Expansionspotential noch längst nicht erschöpft war. Er machte daher den Vorschlag, der Radio Corporation of America, der die NBC und die RKO-Filmgesellschaft gehörte, Büroflächen in jenem Gebäude anzubieten, das anstelle des Opernbaus entstehen sollte.

Im Januar 1930 unterbreitete John R. Todd dem Verwaltungsrat einen Plan, der eher von aufgeklärtem Egoismus und Realismus geprägt war als der gestalterisch interessante, aber unpraktische sogenannte Diagonal-Plan. Dieser Entwurf, bekannt als G-3, legte den großen gestalterischen Rahmen des Komplexes fest. Allerdings sollte es vor seiner Fertigstellung noch zahlreiche Änderungen geben. Den Architekten, der den Plan entwarf, kennen wir nicht. Sicher hatten die Architektenfirmen untereinander Ideen ausgetauscht und auch

Direktiven von Todd und seinen Partnern erhalten, die vermutlich die eigentlichen Planer waren.

Neue Kunst und alte Welt

Etwa zur selben Zeit entstanden die Theaterpläne. Die Rundfunkgruppe hatte sich schon rechtzeitig der Mitarbeit von Samuel Lionel Rothafel, Millionen als Roxy bekannt, versichert, der Bühnenshows und Radioprogramme produzierte. Roxy hatte eine ganze Reihe von Filmtheatern geschaffen, die mit ihrem Angebot an Revuen und Filmen enorme Publikumszahlen erreichten. Seinen Namen kannte in den zwanziger Jahren jedes Kind. Im Frühjahr 1930 wurde er Berater der Rundfunkgruppe und schlug vor, zwei riesige Filmtheater zu bauen, das eine als Music Hall für 6 300 Zuschauer und das andere als Kino für 3 500 Besucher.

Roxy war ein Selfmademan, der allen Luxus liebte, den er sich aufgrund seiner Talente als Showproduzent und Geschäftsmann in der Scheinwelt der Theater leisten konnte. Vermutlich stammte von ihm auch die Idee, eine Auslandsreise zu unternehmen, um neue Talente und Anregungen für Theater und Film zu suchen. Jedenfalls bewilligten die Manager eine Reise nach Berlin, Moskau und Leningrad mit kurzen Zwischenaufenthalten in London und Paris. Mitfahren sollten – außer Roxy – O. B. Hanson, technischer Direktor der NBC, der allein 1 700 Patente für radiotechnisches Gerät besaß und in Rundfunkkreisen berühmt war; Peter Clark, der brillante Erfinder von bühnentechnischem Gerät; Gerard Chatfield, der Art Direktor von NBC; Webster Todd, L. Andrew Reinhard und Wallace Harrison, der seine Frau mitnahm. Die Reise sollte im September 1931 beginnen und fast den ganzen Oktober hindurch dauern, und ihre Planung war offiziell darauf abgestellt, den Mitgliedern der Reisegruppe das Studium der deutschen Prinzipien von „Licht, Sonne und Luft" zu ermöglichen, obwohl diese bei der Konzeption des Centers bereits berücksichtigt worden waren. Der eigentliche Zweck der Europatour war es wohl, Theater zu besichtigen, Talente zu suchen und Roxy die Gelegenheit zu geben, mit Max Reinhardt und Konstantin Stanislavsky zu sprechen. Hanson und Chatfield, die gemeinsam die technische Ausrüstung der NBC-Studios in New York, Chicago und Washington entwickelt hatten, besuchten die BBC in London und die Reichs-Rundfunk-

Gesellschaft in Berlin und Hamburg. Sie hatten von den neuen akustischen und schalldichten Ausstattungen der Hamburger Rundfunkanstalten und den modernen Studios gehört, die durch versetzbare Wände in der Größe variabel waren, wie auch von der Möglichkeit, durch die Benutzung mehrerer Studios gleichzeitig eine ganze Skala von Effekten für eine einzige Sendung zu erzielen. Hanson besuchte Rundfunkhäuser in Dresden, München und Stuttgart, während die anderen nach Moskau und Leningrad weiterreisten. Roxy war sehr enttäuscht, als er feststellen mußte, daß Peter Clark in Rußland wesentlich populärer war als er. Die anderen wiederum mußten sich darüber klar werden, daß sie von den Russen nichts lernen konnten; vielleicht mit Ausnahme einiger Effekte, die in der amerikanischen Unterhaltungsszene kaum Verwendung fanden, wie zum Beispiel die Möglichkeit, einen Film allmählich in ein „tableau vivant" übergehen zu lassen. Außerdem stahl man ihnen Pläne, die sie dabei gehabt hatten, und das war sehr ärgerlich.

In Berlin besichtigten sie das Große Schauspielhaus, das Hans Poelzig für Max Reinhardt umgebaut hatte, zwei Rundfunkhäuser und vermutlich mehrere andere Theater wie zum Beispiel das Universum, das von Erich Mendelsohn als Teil eines Geschäfts- und Wohnblocks konzipiert worden war. Außerdem hatten sie sicher von der Gestaltung des Alexanderplatzes gehört, wo einige Jahre zuvor Hochhäuser um einen offenen Platz herum gruppiert worden waren, und vielleicht auch vom Projekt der Brüder Luckhardt im Bezirk Jägerstraße (1927), wo der Versuch gemacht wurde, Verkehrsprobleme planerisch zu lösen. Ferner genossen sie Einladungen unter anderem bei Poelzig, Behrens und Mendelsohn.

Inspirieren konnten die Ideen der europäischen Architekten sie allerdings nicht. Im Gegenteil; auf ihrer Reise sahen sie wenig, was sie hätten gebrauchen können. Die amerikanische Bühnentechnik war mindestens so modern und ausgefeilt wie die europäische. Die Pläne, die sie zu Hause bereits entworfen hatten, bedurften keiner Änderung. Nur für die Music Hall war eine technische Bühnenvorrichtung ausländischen Fabrikats notwendig. Die Traumstadt der Zukunft, die Harrison, Hofmeister und der Graphik-Designer Hugh Ferriss entworfen hatten und deren Skizzen im Januar 1933 veröffentlicht wurden, zeigt gerade verlaufende Promenaden zwischen Schluchten von Terrassenhäusern und Wolkenkratzertürmen, die kaum eine Ähnlichkeit mit der damaligen europäischen Architektur haben. Le Corbusier und Hilberseimer wäre das alles sicher ein Greuel gewesen. Die Europareisenden scheinen mit ihrer Behauptung, Europa habe ihre Arbeit in keiner Weise beeinflußt, durchaus die Wahrheit gesagt zu haben. (Natürlich war die Betonung der Qualität amerikanischer Technik in jener Zeit eines gewissen Isolationismus auch gut für die Publicity.)

Ein Projekt der Moderne

In den Rockefeller-Büros rechnete anfänglich niemand mit einem Ansturm auf die zu vermietenden Immobilien, denn man befand sich in einer Zeit der wirtschaftlichen Depression. Die zukünftigen Mieter mußten umworben werden, und die Planer nutzten alle legitimen Werbemittel, um ein Projekt zu retten, das trotz seiner Popularität zum Scheitern verurteilt schien.

Das vorrangige Mittel, dessen sie sich bedienten, war beinahe eine Erfindung der Rockefeller-Gruppe, nämlich Public Relations auf dem Immobiliensektor. Täglich gaben die Büros Dutzende von Presseverlautbarungen heraus, die dann mit geringfügigen Änderungen überall im Land in Zeitungsartikel eingearbeitet wurden.

Ein Problem bei dieser Art von Öffentlichkeitsarbeit war die Tatsache, daß das Projekt eigentlich noch keinen Namen hatte. Es lief zwar unter der Bezeichnung Metropolitan Square, aber selbst wenn der Opernbau doch noch in das Projekt eingegliedert werden sollte, würde er nicht mehr Mittelpunkt der Anlage sein können, und auch dann würde der Name Metropolitan ebenso wenig Bedeutung haben wie für den Fall, daß keine Oper gebaut werden würde. „Radio City", ein populärer Name für Komplexe dieser Art im Westen, war ebenfalls nicht zutreffend, da das Center einen eher internationalen Charakter hatte und dort Firmen wie Standard Oil und American Cyanamid einziehen sollten. Schließlich standen Rockefeller City oder Rockefeller Center zur Auswahl, und der zurückgezogen lebende Eigentümer stimmte letztendlich zu, dem Projekt seinen Namen zu geben. Die Schreibweise „Center" lieferte der Public Relations Direktorin Merle Crowell erneut Stoff für eine Pressemeldung, in der mit Hilfe eines Lexikographen die amerikanische Schreibweise gegenüber dem britischen „Centre" tiefsinnig gerechtfertigt wurde.

Die Channel Gardens des Rockefeller Center.

Schließlich fand der Name Rockefeller Center überall positiven Anklang; mit Ausnahme bei dem in Philadelphia erscheinenden „Labor Record", der vorschlug, den Namen lieber der Bergwerksstadt Ludlow in Colorado zu geben, wo „heute noch eine Gedenkstätte an jene neunzehn Frauen und Kinder erinnert, die bei lebendigem Leib verbrannten, als Rockefellers Wachmannschaften einen Streik der Bergleute jäh beendeten". Nur wenige Gewerkschaftsorgane äußerten sich derartig zynisch, denn aus der Presse verlautete, daß beim Bau des Rockefeller Centers 75 000 Arbeitsplätze entstehen würden und nach Fertigstellung des Projekts dort 150 000 Menschen Beschäftigung finden sollten. Während der Bauzeit kam es mehrmals zu kurzen Arbeitsniederlegungen, die jedoch durch die flexiblen Vertreter der Geschäftsleitung schnell beigelegt werden konnten. Man verfügte eben über ausreichende Mittel, um Lohnerhöhungen zu verkraften; außerdem waren sie im Endeffekt billiger als jede längere Verzögerung, die finanzielle Einbußen bedeutete.

Im Frühjahr 1933 stand die Nutzung der oberen Stockwerke des RCA-Gebäudes zur Debatte. Für die Belegschaften der im Gebäude untergebrachten Firmen waren bereits eigene Kantinen und eine Küche eingerichtet worden. Im Herbst 1935 kamen durchschnittlich 1300 Besucher täglich und bezahlten 40 Cent pro Person, um sich auf der Aussichtsplattform im siebzigsten Stock zu vergnügen. Dort gaben ihnen Liegestühle und ein Fernrohr das Gefühl, an Bord eines Ozeanriesen zu sein mit nichts als den Wolken über sich. Auch heute noch bietet diese Plattform eine der schönsten Aussichten auf die ganze Stadt.

Zwischen ihr und den Kantinen waren noch mehrere Stockwerke frei. Vorübergehend mietete sich dort eine Graphikergruppe ein, doch die Kunden schienen kaum bereit, bis in das fünfundsechzigste Stockwerk hinaufzufahren, um dort eine Ausstellung anzusehen. Da Clubs und Restaurants in den oberen Etagen von Wolkenkratzern in den dreißiger Jahren sehr populär waren, richteten die Manager des Rockefeller Centers schließlich dort zwei Restaurants ein, den „Rainbow Room" und den „Rainbow Grill". Der Rainbow Room existiert noch genauso, wie er damals von der Innenarchitektin Mrs. M. B. Schmidt gestaltet wurde, und gehört auch heute noch zu den elegantesten Restaurants der Stadt. Vom Aufzug aus betritt man die geräumige Lobby des Etablissements mit ihrem Blick auf den Central Park. Der Raum ist mit

Hilfe von Glaswänden in Nischen eingeteilt, in denen Gruppen bequemer Sessel und Grünpflanzen stehen. Die Nischen haben Spiegeldecken, ein Effekt, der den Eindruck des üppigen Pflanzenschmucks noch verstärkt. In den in den äußeren Ecken gelegenen Nischen spiegelt sich in den Decken zwischen den Pflanzen die Stadt New York, ein gestalterischer Trick, den nicht nur Salvador Dali sehr bewunderte. Am hinteren Ende der Lobby gelangt man über breite Stufen in den eigentlichen Rainbow Room, ein Restaurant mit einer Tanzfläche in der Mitte, über der in die geschwungene, zweistufige Decke Lichtreflektoren eingelassen sind, die dem Lokal den Namen gaben. Nachdem das Restaurant inzwischen mehrmals geschlossen und wiedereröffnet worden ist, bietet der Rainbow Room heute gute Unterhaltung, faszinierende Lichtspiele, riesige Fenster, glitzernde Lüster, eine großartige Aussicht und eine gute Küche. Der Rainbow Grill am westlichen Ende des Stockwerks ist weniger elegant; doch auch hier kann getanzt werden, und dem Gast werden Unterhaltung, Wandbehänge von Picasso (eine neuere Erwerbung) und eine atemberaubende Aussicht auf die Stadt geboten.

Damit war das Rockefeller Center nicht nur Geschäfts-, sondern auch ein elegantes Vergnügungsviertel. Und das ist es noch heute.

Das Rockefeller Center bildet eine harmonische Einheit, die im Gegensatz zu Walt Disneys Phantasieland oder einem akademisch konzipierten öffentlichen Gebäudekomplex nie versucht hat, etwas anderes zu scheinen als sie ist. In seinen Ursprüngen war es ein Geschäftsvorhaben, und dementsprechend dreht sich alles um das zentrale RCA-Gebäude, den Sitz jener Gesellschaften, die Rockefeller vor Verlusten von 3 Millionen Dollar jährlich bewahrten. Der Eigentümer, dem stets zeitlos schöne Architektur – gepaart mit finanziellen Erfolgen – am Herzen lag, hatte einen ausgewogenen und klugen Plan. Die Relationen der Gebäude untereinander sind schlicht und klar, und doch ist die Anlage nicht langweilig. Die unterhalb des Straßenniveaus liegende „Plaza“ zwingt die Besucher, von der augenfälligen Hauptachse abzuweichen, und die abwechslungsreiche Folge von Plätzen, Nischen und offenen Ausblicken, die sich von Saks an der Fifth Avenue bis zum Esson Minipark aneinanderreihen, ist großen gestalterischen Konzepten aus der Geschichte der Architektur vergleichbar.

Betrachtet man New York als eine Art Testfall der westlichen Welt in unserem Jahrhundert, dann war das Rockefeller Center ein kritisches

Experiment, in dem Ideen der modernen Stadtentwicklung auf den Prüfstand gestellt wurden. Die Ergebnisse zeigen einerseits die einschneidendsten Probleme des zwanzigsten Jahrhunderts auf, wie zum Beispiel die Glorifizierung großer Wirtschaftsunternehmen, während der Mensch klein und machtlos im Schatten seiner eigenen Schöpfung steht. Andererseits erkennen wir in dieser urbanen Umgebung die positiven Aspekte städtischen Lebens: nämlich die Vielfalt von Erlebnisangeboten in einer dichtbesiedelten Umwelt, die Fähigkeit des Menschen, die Technologie bis zu einem gewissen Grad zu beherrschen, die Voraussetzungen für einen humanen Arbeitsplatz, wie bereits in den ersten Gebäuden des Centers verwirklicht, die gleichberechtigte Behandlung von Fußgängern und Autofahrern in verkehrstechnischer Hinsicht und vor allem die fruchtbare Kombination von Arbeit und Freizeit innerhalb einer städteplanerischen Einheit.

E.103ST.

Straßenbahnen auf der Lexington Avenue bei der 102nd Street.

ONE
CENT
VAUDEVILL
AND
CRYSTAL HALL
DEVIL'S ISLAND
DREYFUS CASE
SPECIAL TODAY SPECIAL TODAY
THE ACCUSATION
DREYFUS ON DEVIL'S ISLAND
DARKEST RUSSIA
WARD GROSS,
VERYTHING IN
CTURES
Entrance 853 B'way.
GARS
DENTIST
HONEY MAN
MOONLIGHT BAY
GOOD NIGHT MR MOON
IN THE SHADOWS
10¢
DARKEST RUSSIA

Vaudeville Theater für einen Cent in der 14th Street.

Eleganz auf dem Broadway.

Zum Einkaufsbummel auf die Fifth Avenue.

Arbeiter an den Kabeln der Brooklyn Bridge.

Brooklyn Bridge.

OGRAPHER
T & CO.
IMMINGS.
GLASS.
TO LET
LADIES
HAIR DRESSER
27

Die Fifth Avenue nach einem Schneesturm.

Bofinger Bros
SIGNS
EVANS
ALE
BOFINGER BROS.
SIGNS
WINES
LIQUORS

Die 42nd Street in der Nähe der Grand Central Station.

PETTICOATS

Times Square.

Peter Sartorius: Der Platz der Zeiten

Tama, die Magierin und Herrin über die Zeit – wie lange noch wird sie ihre Bühne haben? Es ist, noch, die größte aller Bühnen am Broadway, ein Freilichttheater für Hunderttausende, ein Platz mit einem magischen Klang. Times Square. Das Herz New Yorks. Zumindest der Ort, an dem man, so laut wie nirgendwo sonst, den Herzschlag der Stadt vernimmt. Es ist dieser große, wie eine römische Zehn geformte Platz, auf dem Tama agiert, so wie hier schon ihr Großvater agierte, Jakob der Russe. Tama erzählt uns von ihm, wie er, der Metallarbeiter aus Dnjepropetrowsk, im Jahre 1905 ausgewandert war nach New York, wie er bei einem deutschen Schildermaler namens Strauß angeheuert und diesen überredet hatte, nicht nur Ölfarbe zu verwenden bei der Ausschmückung der Schilder, sondern auch die neumodischen Glühbirnen. Ob Jakob zu den Erfindern der Leuchtreklame zählt, muß dahingestellt bleiben. Aber er machte mit ihr Karriere, wurde schließlich Straußens Partner. Als er 1978 starb, hinterließ er seinem Sohn und seiner Enkelin Tama ein Reich der Illusion und Illumination.

Tama heißt mit vollem bürgerlichen Namen Tamara Starr und ist die Vizepräsidentin der Firma Artcraft Strauss Sign Corporation, welche die meisten der Riesenzeichen fertigt, die den Times Square nach Einbruch der Dunkelheit in eine schillernde, aufregende Bühne der Welt, der Halbwelt und der Unterwelt verwandeln. Die Reklame dort ist derart zum Bestandteil des Platzes geworden, daß jetzt, wo alles bedroht ist, in New York gefordert wird, man müsse sie unter Denkmalschutz stellen, genauer: unter Landschaftsschutz. Den ganzen Times Square müsse man zum urbanen Nationalpark machen, als einen Park des Lichts erhalten, in dem die Farben des Regenbogens in Kaskaden niederstürzen. Die Firma Artcraft Strauss war es, die den berühmten „Camel man“ geschaffen hatte, der in wechselnden Uniformen und Kostümen jahrzehntelang seine Rauchkringel in die Luft blies und um den New York trauerte wie um einen prominenten Toten, als er 1965 von der Bildfläche verschwand. Von Artcraft Strauss stammen fast die ganzen 300 Kilometer Neonröhren, die den Platz erhellen, und auch das gewaltige Coca-Cola-Schild mit seinen 290 Transformatoren und 3 360 Lampen, die rot und grün und weiß zucken und seit mehr als 20 Jahren den mächtigen Schminktupfer des Platzes auf dessen Stirn abgeben.

Folgende Doppelseite: Times Square.

Und auf der Gegenseite, dort, wo sich wie ein spitzes Kinn das Times Building in den Platz hineinschiebt, ist es Tama persönlich, die an jedem Silvesterabend ein Spektakel inszeniert, das eine Viertelmillion Menschen und mehr anlockt. Da stehen sie dann, Sektgläser in der Hand und Champagnerflaschen in den Manteltaschen, in der Winterkälte und starren hinauf zur Spitze des Times Building, wo in der Minute vor Mitternacht eine Leuchtkugel niederschwebt, ein Stern, eine Supernova vor dem Verglühen. Tama, die Magierin und Herrin über die Zeit, läßt, den Arm voller Uhren wie ein maghrebinischer Straßenhändler, das alte Jahr versinken, sekundengenau verlöschen, und das Volk bejubelt ihre Darbietung.
Aber wie lange noch wird man in New York auf diese Weise Silvester feiern können? Wie lange noch wird der Times Square der Platz der Zeiten sein? Wie lange noch wird er im Bewußtsein der New Yorker, nein: ganz Amerikas, ein Ort von geheimem Zauber sein – ein Schnittpunkt nicht nur von Straßenzügen, sondern auch von Träumen und Hoffnungen? Wie lange werden Broadway, Seventh Avenue, 42nd Street und die Straßen mit den nächsthöheren Nummern – wie lange werden sie, um es mit amerikanischem Selbstbewußtsein zu sagen, *the Crossroads of the World* bleiben?

☆

Schon einmal, Mitte der siebziger Jahre, hatte man den Tod des Platzes nahen gesehen, damals, als sich die Nation feingemacht hatte für ihren 200. Geburtstag. Sogar die Hydranten an den Straßenrändern waren liebevoll in den Landesfarben angepinselt worden. Nur den Times Square hatte man gelassen, wie er war – und er war mit seinen billigen Pornoshops, seinen verschwitzten Peepshows und den nach Urin stinkenden Subway-Schächten entsetzlich klebrig. Verwundert hatten wir registriert, daß es der Stadt nicht gelungen war, sich den Unterleib zu waschen.
Es war, noch, die Zeit der großen New Yorker Krise, die Zeit der Depressionen, als die Stadtregierung, verschuldet und gelähmt, New York seinem Schicksal der Verelendung und Verrohung zu überlassen schien. Die Stadt, so hieß es, sei unregierbar geworden, und ein sichtbarer Ausdruck dafür war der Verfall des Times Square, eines Platzes, der einst erfüllt war vom Parfüm der Sarah Bernhardt und von der

GAIETY
For the Woman of Fashion
C/B
A'LA SPIRITE CORSETS
CAFE MADRID
GAIE
THE FORTUNE
MADRID
CHOP SUEY

STUDEBAKER
OUR CITY
"CC" AND GINGER ALE
"CC" GINGER ALE
FLOYD GRANT & CO.
WE BUY OR SELL YOUR FURNITURE
DEFEAT SLANDER
dweiser
DALY
GER

Stimme des großen Caruso, der auf dem Zimmerbalkon des Knickerbocker-Hotels gegen den Straßenlärm ansang, um seine Kehle zu trainieren. Vorbei. Nicht einmal das Knickerbocker existierte mehr, und in anderen Hotels begann man, die Zimmer stundenweise zu vermieten, und die Bell Captains schwangen Schlagstöcke. Doch in den Jahren danach glaubten wir Symptome der Gesundung zu erkennen. Zwar war Jack Dempsey's Spiegelbar nicht mehr vorhanden, unser Ankerplatz für viele Jahre; dafür aber feierte das Knickerbocker-Building seine Wiederauferstehung. Und hatten in der Zwischenzeit nicht auch nette Lokale in den Theaterstraßen rings um den Platz und sogar auf der verrufenen Eighth Avenue aufgemacht, so daß man nicht mehr ins Village fliehen mußte, wenn man einen Theaterabend in einer Bar oder einem Restaurant ausklingen lassen wollte? Und obwohl man immer noch gut daran tat, an den Subway-Einlässen das Portemonnaie festzuhalten und sich die Nase zuzuklemmen, hatten wir doch das Gefühl, wieder freier atmen und uns freier bewegen zu können in der Zirkusluft des Platzes. Wir begannen, an ihr wieder Gefallen zu finden. Roch sie nicht wundervoll nach Abenteuern, nach Attraktionen, nach Sensationen, ja, gewiß, auch nach Verworfenheit, vor allem aber nach Vergnügen? So lange es ihn gibt, ist der Times Square New Yorks Gegenpol zur kalten, lichtlosen Wall Street gewesen. Nie war der Times Square ein Platz der Nadelstreifen, immer ein Platz der weißen Gamaschen, immer eine Bühne der Gaukler, der Gauner und der Gigolos. Und der Sektierer. Und der Eiferer. Und der Prediger merkwürdiger Wahrheiten. Und der Clowns. Mal war der Zirkus prächtig, mal war er erbärmlich schäbig. Aber es war immer Zirkus. Und das ist es, was schon immer die Magie des Platzes ausgemacht hat. Nur: Wie lange noch wird es so sein? Wieder ist der Tod des Platzes angesagt. Und wenn es dazu kommen sollte, wird die Ursache dafür nicht eine Lähmung im Energiesystem der Stadt sein, sondern, ganz im Gegenteil, die Muskelkraft, mit der das New York der achtziger Jahre protzt.

☆

Als wir zum ersten Mal hörten, am Times Square seien die Aufkäufer am Werk, wollten versteinern, einbetonieren, verwüsten, was dessen Milieu ausmacht, glaubten wir es nicht. Wir hielten es nicht für möglich, daß es die Stadt zulassen könnte, daß ein Platz, mit dem sich

so viele Visionen, Phantasien verbinden, in eine Schlucht verwandeln würde ähnlich der Sixth Avenue; daß hier eine Wabenwelt mit hunderttausend aufeinandergeschichteten Bürozellen entstehen könnte, ein Grand Canyon aus Spiegelglas und Spannbeton, in dem nur Leben herrscht, wenn die Zellenbewohner an den Schreibtisch oder nach Hause hasten. Doch dann, vor anderthalb Jahren, waren wir am Times Square vor einem Etwas gestanden, auf das der Begriff Haus nicht paßte, obwohl es in seinem Inneren ein luxuriöses Hotel barg. Was das Auge erblickte, war ungeschlachte Baumasse, ein grauer, mächtiger Elefantenfuß, der in den Times Square getrampelt war und das Morosco, das Helen Hayes und das Bijou, drei Theaterbauten, unter sich begraben hatte – und zudem die ganze Boheme ringsum. Mit einem Male wurde uns bewußt, daß das, was wir für Fiktion gehalten hatten, Realität zu werden begann.
Der Elefantenfuß machte den Anfang, setzte die Spur; vier monumentale Türme aus rostrotem Granit und bleigrauem Glas werden folgen. Sie werden das Times Building umstellen und das Wahrzeichen des Platzes zum Winzling degradieren, wenn es nicht ganz abgerissen werden wird. Zwei Milliarden Dollar will man hier, am Südende des Platzes, verbauen; weit mehr als eine Viertelmillion Quadratmeter Bürofläche wird man schaffen. Und droben, im Norden, wo Tamas Lichterspiel den Platz prägt, gibt es ebenfalls bereits feste Pläne für Verwaltungstürme und Hotelriesen. Die Parzellen, auf denen Wolkenkratzer wachsen können, sind mit solcher Energie zusammengekauft worden, daß es schwerfällt, an ein *Face lifting* des altgewordenen Platzes zu denken. Nein, was die Developers planen, ist eine Totaloperation, nach deren Abschluß der Patient außer seinem alten Gesicht auch seinen Charakter verloren haben wird.

☆

Mr. Papert, was werden wir sehen, wenn wir in zehn Jahren wiederkommen? Frederic Papert, der Visionär, lehnt sich zurück und sagt, man werde dann mit einiger Wahrscheinlichkeit ihn, den Präsidenten der 42nd Street Development Corporation, im Irrenhaus betrachten können. Paperts Geschichte ist die Geschichte einer schillernden Seifenblase. Seine Organisation, ein gemeinnütziges Unternehmen, hat es sich zur Aufgabe gemacht, die 42nd Street, jene große New Yorker

Straße, die flankiert wird von den ehrwürdigen Marmorhallen der Grand Central Station, dem Chrysler-Wolkenkratzer mit seiner funkelnden Haube aus geschupptem Stahl und dem Port Authority Bus Terminal mit seinen endlosen Hallen und Gängen, zur Paradestraße New Yorks zu machen. Vor zehn Jahren faßte man den Entschluß, sie an der Stelle gründlich auszufegen, wo sie einst zu Weltruhm gelangt war, dann aber in Verruf geraten ist: auf dem lediglich einen Häuserblock langen Stück am Times Square zwischen Broadway und Eighth Avenue mit seinen Drogensüchtigen, Dirnen, Gestrandeten und Transvestiten, mit seinen Dieben, Raufbolden und *Chicken hawks*, den Kindsverführern, mit seinen trostlosen Imbißstuben, seinen Sex-Läden und der Kette von Kinos, deren verschmutzte, zerbrochene, nur noch fahles Licht verbreitende Reklametafeln Filme wie „Wet and hard", „Porno Nymph" und „Hot Sex Zone" anpreisen. In missionarischem Eifer wollten Frederic Papert und seine Leute den *Sin Strip* vor der Verdammnis retten.

Wenn wir in den letzten Jahren durch die Straße gingen, hatten wir niemals die Fassaden hochgeblickt, hatten niemals versucht, die Namen zu entziffern, die an den mit Wunden, Narben, Schwären übersäten Mauern in wuchtigen Lettern eingemeißelt sind. Aber jetzt, als wir wiederkamen, um den Times Square an dessen neuralgischem Punkt zu studieren, wurde uns beklemmend bewußt, daß diese schmutzstarrenden Wände einst die Kulissen einer Weltattraktion bildeten, daß die Sex-Höhlen sich in Häusern befinden, die einst die berühmtesten Theater Amerikas waren. Ja, natürlich. Wenn vom *Great White Way* die Rede war, vom lichtüberfluteten Broadway, dann war eigentlich dieses kurze Straßenstück gemeint. So berühmt war die 42nd Street, daß die Theater an der 41st Street und der 43rd Street sich durch ganze Häuserblöcke wühlten, nur um einen Zugang von der 42nd Street zu gewinnen. Hier, an der 42nd Street, warben sie um die Gunst das Theaterpublikums, produzierten sich mit phantastischen Gemälden, warfen sich mit Balustraden und Balkonen in die Brust, zierten sich mit Pilastern und Skulpturen. Es war ein funkelndes Kollier, mit dem die Straße behängt war. Und ein Theater war toller als das andere.

Sie stehen alle noch, wenn sie auch kaum auszumachen sind hinter dem Verfall. Das Victoria, was ist aus dem Victoria geworden? Wie ist es häßlich geworden, baufällig, schmierig: Oskar Hammersteins

Vergnügungspalast mit seinem bewunderten Paradiesgarten auf dem Dach, in dem die Roof Orchestras aufspielten, und dem Theatersaal darunter, in dem man 2 327mal hintereinander „Abie's Irish Rose" gespielt hat. Es war ein Broadway-Rekord, der erst jetzt vom Shubert Theatre mit „A Chorus Line" gebrochen wurde. Und wie armselig sieht das Selvyn aus, das einst mit Stücken von Cole Porter und Noel Coward brillierte! Oder das Liberty, das Haus der Rogers Brothers, das Fred und Adele Astaire zum Weltruhm verhalf! Oder das Harris, in dem John Barrymore seinen Hamlet deklamierte! Oder das Lyric, in dem die Marx Brothers debütierten! Und erst das New Amsterdam mit seinen vernagelten Eingängen! Das New Amsterdam. Es war das berühmteste, das legendärste Theater von allen. 1903 hatte es seine Pforten geöffnet, stilvoll mit dem „Sommernachtstraum". Und wie viele Träume waren es, die hier in Erfüllung gingen, wie viele Karrieren, die hier ihren Anfang nahmen? Die Namen werden voller Ehrfurcht ausgesprochen, wie die von Unsterblichen in einer *Hall of Fame* des Broadway. Ed Winn. Will Rogers. Eddie Cantor. Die Follies. Florenz Ziegfeld schuf hier, was Will Rogers später so kommentieren sollte: „Er nahm Michelangelos Statuen, setzte sie auf Diät, ließ sie abspecken, und dann erweckte er sie zum Leben." Was Ziegfeld mit seinen Geschöpfen machte, war eine Huldigung an das American Girl. Die Ziegfeld Follies setzten Maßstäbe in jeder Hinsicht, sogar was die Saumlänge betraf. Was für eine Sensation, als sie in nur knielangen Badegewändern über die Bühne tanzten!

☆

„Was für Bühnen", sagt Frederic Papert und erzählt, wie er und seine Organisation Werbung zu machen begannen für einen tollkühnen Plan, wie man jenes Geld zusammenkratzte, das den finanziellen Grundstock des Projektes bilden sollte, für die Wiederherstellung der Theaterwelt in der 42nd Street. Nein, bauen konnte man damit nicht, aber Skizzen konnte man anfertigen lassen. Und träumen konnte man mit dem Geld, davon, wie das ganze schmierige Gewerbe der 42nd Street, das Gesindel zum Teufel gejagt und auf den Bühnen das Rampenlicht von früher wieder eingeschaltet würde. Natürlich, auch Bürotürme mußten sein als finanzielle Stützpfeiler des Projektes. Man dachte an das gigantische Kongreßzentrum, das am Hudson empor-

Ein Wolkenkratzer entsteht.

wuchs. Man dachte daran, daß die Kongreßindustrie eine Infrastruktur braucht mit Hotels und Restaurants und Vergnügungsstätten. Und mit Kultur. Und darum dachte man daran, die Theater der 42nd Street zu einem einzigen riesenhaften Palast zusammenzufügen: Wandelhallen, Walkways, überdachte Brücken wollte man anlegen, Ladenpassagen sollten entstehen, Kneipen und Feinschmeckerlokale sollten eröffnen – alles unter einem einzigen riesenhaften Dach. Die 42nd Street vom Broadway bis zur Eighth Avenue sollte ein gigantischer Bau werden, ein Musentempel, wie ihn die Welt noch nicht sah, die Akropolis einer futuristischen Stadt.

Die Seifenblase platzte. Papert wurde das Projekt aus der Hand genommen, von der Stadt, die argumentierte, ein Unternehmen solch riesenhafter Art sei nicht von einer gemeinnützigen Organisation zu bewältigen; die Milliardenaufträge müßten von Stadt und Staat New York vergeben und kontrolliert werden. Der Bau der Türme wurde an die Immobilienfirma Park Tower Reality übertragen, nur daß statt dreier ursprünglich geplanter Wolkenkratzer jetzt plötzlich vier auf dem Programm standen, außerdem ein Einkaufszentrum und ein Hotel. Und die Renovierung der Theater, das Kernstück des alten Projekts? Vom großen Musentempel war schon bald nicht mehr die Rede. Park Tower Reality verpflichtete sich nur zur Sanierung eines geringen Teils der Theaterbauten; ein anderer Unternehmer, ein gewisser Lazar, der sich ebenfalls engagierte, entpuppte sich als ein Schwindler. Jedenfalls: Frederic Paperts Gedankengebäude ist in sich zusammengebrochen. Und nun stehen wir auf den Trümmern seiner Träume. Er selbst hat uns mit einer Taschenlampe den Weg gewiesen, denn in dem Haus, das wir betreten haben, gibt es seit langem keine Lichter mehr. Der Boden ist voll Gerümpel und glitschig vom Wasser, das irgendwo hindurchgesickert ist; an den Wänden hängen Spinnweben. Wir tasten uns zu der Bühne vor, über welche die Ziegfelds gewirbelt waren. Wann gab es hier die letzten Ovationen? Genau 50 Jahre war es her, daß zum letzten Mal eine Bühnenschau das Publikum begeisterte; dann wurde das Haus zum Filmtheater; vor fünf, sechs Jahren lockte es noch Besucher an mit Kung-Fu-Filmen. Und seitdem steht es leer: Das New Amsterdam starb nach langem Siechtum. Nein, nur scheintot sei das legendäre Haus, sagt Frederic Papert, der die Hoffnung nicht aufgegeben hat, daß das Theater wieder leuchten wird. Seine Taschenlampe huscht über Marmorwände, gleitet an der Mahagonivertäfelung vorbei, bleibt

schließlich ruhen auf dem Bildnis einer jungen Frau. Es hat etwas Anrührendes, als Papert sich dem Porträt nähert und dem Mädchen liebevoll den Staub von Stirn und Wangen wischt.

☆

„Übrigens", ruft uns der Wärter am Theaterausgang nach, „was ich noch sagen wollte: Sie sind ein verdammt guter Schauspieler." Das Kompliment gilt nicht Frederic Papert, der nach dem Ausflug in die Vergangenheit an seinem Schreibtisch längst wieder von der Zukunft träumt. Diesmal ist Tony Randall unser Führer, und wir machen einen Streifzug durch die Gegenwart, kommen gerade aus der Music Box, Tonys Lieblingstheater, einem Haus an der 45th Street, das sich in den zwanziger Jahren Irving Berlin für seine Musicals hatte bauen lassen und das überlebt hat, genauso wie der Komponist; beide sind sie mittlerweile zu ihren eigenen Legenden geworden. Vorher waren wir im Shubert Theatre, um die Mittagszeit, als das Haus still und leer und dunkel war. Nichts als Theaterluft wollten wir schnuppern. In der Takelage hinter der Bühne hatten wir gestanden. Und nirgendwo waren Kulissen. Man braucht keine bei Shubert, wo Abend für Abend die gleiche Erfolgsstory erzählt wird. „A Chorus Line." Das Stück kommt mit einer Kollektion von Spiegelwänden aus. Welch ein Glückstreffer! Ein Musical mit so wenig teurem Beiwerk, das seit mehr als zehn Jahren seinen New York Marathon läuft, ohne zu ermatten. Wie viele Schicksale mögen es sein, die mit diesem Stück untrennbar verbunden sind? Für zwei, drei Dutzend Tänzer und Tänzerinnen muß ein Karrieretraum in Erfüllung gegangen sein; seit Jahren leben sie ohne Sorge um ihr nächstes Engagement, und der Finanzier muß Millionär geworden sein. Trotzdem: Die Spekulation mit dem Kunstgeschmack, so heißt es, sei noch risikoreicher als jene mit Wertpapieren, der Broadway ein noch heißeres Pflaster als die Wall Street. Wer zählt die Dramen und Tragödien, die Schwarzen Freitage am Times Square, wenn nichtverkaufte Tickets zerrissen werden mußten wie wertlos gewordene Aktien? Das kommerzielle Theater, sagt Tony später, mache schwere Zeiten durch, und wir haben vergessen zu fragen, ob er generell die Broadway-Bühnen meint oder bloß das Sprechtheater. Er spricht von der großen Krise, und Trauer ist in seiner geschulten Stimme.

Tony speist mit uns bei Sardi's, dem legendären Theaterrestaurant, das auch nicht mehr ist, was es einmal war, dessen Wände aber noch immer tapeziert sind mit den karikierten Porträts ganzer Generationen von Sängern und Tänzern, Heldendarstellern und Komikern des Broadway. Wir sitzen unter Tonys Bild. Denn natürlich hängt auch sein Konterfei an der Wand. Aber der berühmte Spaßmacher hat schon lange nicht mehr am Broadway gespielt, Hollywood ist sein Arbeitsfeld geworden, später wurden es die Fernsehstudios von New York. Doch darin liegt es nicht allein, daß der Broadway für ihn heute seine Bedeutung verloren hat. Man habe, sagt er, keine Dramatiker mehr von Rang im Lande und niemanden, der sich finanziell engagieren wolle; nicht einmal über ein großes Ensemble verfüge man in New York, und es sei bezeichnend, daß man gezwungen sei, das Royal Shakespeare Theatre aus London in die Stadt zu holen, wenn man Klassiker auf die Bühne bringen wolle. In New York, ausgerechnet in New York, wo Shakespeare einst so wunderbar gespielt wurde wie nirgendwo sonst auf der Welt, wo das Publikum vor den Darstellern kniete in Anbetung.

☆

Die wievielte Krise des Times Square? Zählen wir nach. Die erste kam über den Times Square, als das Kino erfunden wurde. Oder war es gar keine Krise? Bauten nicht die Kinoleute erst die ganz großen Theater? Aber genau das war es eben. Die 42nd Street brach auseinander; die alten schönen Theater waren zu zierlich und zu unbequem und zudem nicht darauf eingerichtet, Wasserfälle von den Wänden rauschen zu lassen. Nicht einmal Burlesque durfte man bieten, das erotische Theater war untersagt. Toulouse-Lautrecs Welt konnte sich am Times Square nicht offen zeigen. So begannen sich erste Metastasen der Fäulnis zu bilden, die man jedoch zunächst nicht registrierte, denn Tamas Großvater Jakob ließ den Platz heller denn je erstrahlen. Das Bühnenvolk begab sich auf Wanderschaft, bewegte sich den Platz hinauf, ließ sich nördlich der 42nd Street in Nebenstraßen des großen Platzes nieder. Bis zur nächsten Krise.

Sie kam mit der Erfindung des Fernsehens und brachte das plötzliche Ende einer ganzen Reihe noch funktionierender Bühnen und den schleichenden Tod der großen Kinos. Die Ära des Pornos begann – der Filme, die man, noch, nicht frei Haus geliefert bekommen konnte. Mit

Folgende Farbabbildungen: Konkurrenz der Lichter: Empire State Building, Fifth Avenue, World Trade Center.

Trotz der traditionellen Fassade der erste Skyscraper mit Stahlgerüst: das „Flatiron" Building, 1902 errichtet.

dem Porno kam die Prostitution und mit der Prostitution das Verbrechen. Sex und Crime. Auf den Stadtplänen, auf denen New Yorks Polizisten mit Nadeln die Stellen abzustecken pflegen, die eine besonders hohe Kriminalitätsrate aufweisen, mußte man dort, wo der Times Square liegt, die Nadeln gleich bündelweise einstechen – wie in ein Geschwür. Und eigenartigerweise verlor der Platz dennoch nicht seine Magie. Er führte – und auch das gehört eben zu seinem besonderen Zauber – stets einen zähen Überlebenskampf. Noch immer gab es Theater, auch wenn es längst nicht mehr 85 waren wie 1937, in der Blüte des Times Square; noch immer gab es Kinopaläste, auch wenn man es aufgegeben hatte, von ihren Wänden Wasserfälle rauschen zu lassen.
Die nächste Krise: die der Gegenwart. Oder ist es wieder mal gar keine Krise? Wie sollte man es eine Krise nennen, wenn die klassische Pornoindustrie am Times Square Rückzugsgefechte führt? Das Video ist erfunden worden, und wen gelüstet es noch nach den streng riechenden Kabinen in den Sexbuden? Es wäre wirklich keine Krise, wenn die Tänzer und Tänzerinnen des Showbusiness in die Lücke springen würden. Aber so ist es nicht. Der Times Square muß weiter seinen Überlebenskampf führen, diesmal gegen die Männer und Frauen mit den dünnen Aktenkoffern in der Hand und den Anwälten im Schlepptau, gegen die Verwandlungskünstler, die aus dem großen Zirkus eine Büromaschine machen wollen, gegen den Druck des großen Geldes, dem die Kunst nicht standhalten kann.

☆

Auch Büropaläste können von einer faszinierenden Eleganz sein, und auf den Schwarzen Diamanten in der eleganten Park Avenue trifft das ganz besonders zu. Dunkles Glas. Marmor, lindgrüne Bäume in einem himmelhohen Foyer. Hier hat die Park Tower Reality ihren Sitz, die Gesellschaft, welche die vier Türme am Times Square, neben dem Times Building, bauen wird. Was immer von Park Tower Reality in der Vergangenheit in New York errichtet worden ist, fand die Beachtung, sogar die Bewunderung der Architekturkritik. So werden auch die vier Riesen am Times Square schöne Wolkenkratzer werden, zumal als Architekt der große alte Philip Johnson gewonnen werden konnte. Kein Wunder, daß Veronica Hackett stolz ist auf das Projekt. Sie ist die

Vizepräsidentin der Firma, und die Türme am Times Square nennt sie das größte städtebauliche Projekt seit der Errichtung des Rockefeller Center, das vor einem halben Jahrhundert ein ganzes Stadtviertel dramatisch verändert hat.

Klick! Es ist auf der Spitze des Schwarzen Diamanten, wo wir mit einem Schlag begreifen, daß der Times Square in Zukunft nie mehr sein kann, was er so lange war und noch heute ist. Es geht gar nicht darum, daß Elefantenfüße wie das neugebaute Luxushotel den Platz zertrampeln. Man hatte den Bau genehmigt, damals, nach der Krise der Stadt, weil man mit Gewalt ein Zeichen von Potenz setzen wollte, und diesen architektonischen Fehler wird man nicht mehr wiederholen. Das Stichwort lautet anders, und Miss Hackett hat es gegeben. Rockefeller Center! Das Rockefeller Center ist ein wunderschöner Komplex, einer der schönsten in der Riesenstadt, eine Familie von mächtigen Häusern, die eine Atmosphäre der Ästhetik, der Anständigkeit, der Ruhe und des Reichtums schaffen. Die Eislaufbahn auf der Plaza ist immer blendend weiß, und die Schleifen der Schlittschuhläufer sind gestochen sauber. Das Rockefeller Center ist ein Ort, der keinen Staub verträgt, ein Platz der klaren Linien, eine aseptische Welt inmitten der Unordnung Manhattans. Der Times Square hingegen hat immer die Unordentlichkeit der Stadt repräsentiert, ist immer ein staubiger Platz gewesen, auch in seiner Hochzeit. Es sind zu viele Menschen, die sich auf den *Crossroads of the World* begegnen, als daß dort Sauberkeit herrschen könnte. Kein Basar ist frei von Schmutz, und der Times Square ist nun einmal der große Marktplatz. Und nun wird Miss Hackett die Putzkolonnen schicken. Das große Saubermachen wird beginnen. Der Platz, so sieht es aus, wird daran sterben.

☆

Was der Platz braucht, ist nicht ein Deodorant, sondern ein neues Parfüm, auch wenn es aufdringlich sein sollte. Er kommt nicht aus ohne einen Hauch Verruchtheit. Woran das Milieu in der Vergangenheit gelitten hatte, war bloß, daß aus dem Vamp eine Vettel wurde. Und nun schlägt der Perpendikel in die Gegenrichtung. Die Subway-Stationen – eine Schande nicht nur für den Times Square, sondern für die ganze Stadt – werden von Park Tower Reality gründlich überholt, nein, mehr: Man wird sie völlig neu gestalten, damit das Heer der Arbeitsbienen in den neuen Büros geruchsfreie Zu- und Abfahrtswege haben wird. Läden werden die Pfade säumen, vollgestopft mit den Accessoires der Middle Class; Cafeterias, funktional eingerichtet für den Massenbetrieb, werden öffnen, und Hunderte von Aufzügen, berieselt mit leiser Musik, werden lautlos auf und nieder gleiten. Und hier, in dieser Atmosphäre sollen, wie bisher, Menschen Ausgelassenheit, Vergnügen, Abenteuer suchen?

In Amerika gibt es nicht nur die Begriffe *white collar* und *blue collar*, mit denen Kopf- und Handarbeiter voneinander unterschieden werden. Es gibt auch den Ausdruck *open collar* – gemünzt auf die Touristen. Die *Open-collar*-Industrie, das Service-Gewerbe, ist in New York ein einträglicher Wirtschaftszweig, und am Times Square arbeitet sie in Sonderschichten rund um die Uhr. Acht bis zehn Millionen Menschen im Jahr sind es, die sich, trotz allem, von dem Platz angezogen fühlen; eine dreiviertel Milliarde Dollar im Jahr nimmt man dort ein, sei es durch den Verkauf von Theatertickets oder den von Peepshow-Münzen. An warmen Abenden ist der Platz übersät mit Menschen, und in den Straßen ertönt das berühmte Konzert der Autohupen. Vielleicht ist das, was den Platz noch immer so attraktiv macht, das Bewußtsein, auf einer historischen Bühne zu stehen, in eine Welt der Legenden eingetreten zu sein, einen Ort erreicht zu haben, wo sich Fiktion und Realität, Wahrheit und Schwindel mischen. Der Laden dort an der Ecke – ist er wirklich die Instrumentenhandlung, in der Jimi Hendrix und die Beatles ihre Gitarren kauften? Das Geschäft mit dem Flitterzeug dort drüben – stimmt es wirklich, daß der Besitzer einst Fannie Brice das Kostüm anpaßte – und, viel später, auch Barbra Streisand, als sie in „Funny Girl" Fannie Brice spielte? Der Hocker in der Bar in der dunklen Seitenstraße – saß auf ihm wirklich der alte Irving Berlin oder der junge George Gershwin und schlug mit dem Cocktailrührer den Takt für ein Erfolgsstück?

Wenn erst die Riesen aus Stein stehen und der Platz von Staub und Unrat befreit ist, dann werden auch die Legenden rausgefegt worden sein – und mit ihnen die Phantasie aus den Köpfen der Besucher. Und nie mehr werden die Lichter so verlockend leuchten. Tama, die Magierin und Herrin über die Zeit, wird es schwer haben, ihr Lichterspiel zu inszenieren, auch wenn Bauvorschriften erlassen worden sind, die es verbieten, daß die Türme mit glatten, senkrecht aufsteigenden Fassaden versehen werden. Das Problem wird nicht sein, daß man keine Verankerungsmöglichkeiten für die Leuchtreklame finden wird, sondern daß die Glitzerwelt nicht mehr hierher paßt. Sie hat nur ihren Sinn im Gewirr der alten Häuser, die sich am Platz wie die Wagen des fahrenden Volkes versammelt haben. Nur auf die flachen Dächer passen die rostigen Stellagen, auf welchen sich die Riesentafeln trotzig dem Wind der Zeit entgegenstemmen. Ja, Tama wird sich eine neue Bühne suchen müssen.

☆

Ein verrückter Platz. Noch! Wir sitzen in Lindy's Restaurant beim Frühstück, durch eine Glaswand getrennt von der 42nd Street. Und plötzlich kracht ein Körper gegen die Scheibe, und zwei uniformierte Männer fliegen hinterher. Polizeiknüppel dreschen auf den Körper ein, der schließlich reglos liegenbleibt. Eine Frau holt sich die Handtasche, die der Niedergeschlagene umklammert hielt. Und dann kommt das Serviermädchen und bringt die Spiegeleier. Sie wirft einen Blick nach draußen auf den Körper und die Polizeibeamten vor der Scheibe. Und dann sagt sie, fast triumphierend: „Ladies and gentlemen, that's entertainment."

John-Ed Croft nennt sie Papp-Apartments.
In der Dunkelheit des frühen Morgens sehen die drei großen Kartons unter dem Mauervorsprung eines Bürohochhauses Ecke Third Avenue und 48th Street lediglich wie Verpackungsabfälle aus. Drinnen allerdings schlafen drei Personen.
Draußen ist es eiskalt – um minus 10° C. Der Wind rüttelt heftig an Pappwänden, läßt nach, um schließlich noch beharrlicher nach jeder Ritze und Fuge zu suchen.
In ganz New York haben sich Menschen ohne Zuhause in alle verfügbaren Zwischenräume verkrochen, ihre Hoffnungen nach ein wenig Wärme auf den Gitterrosten von Dampfschächten ausgebreitet, ihre Schachtelzellen gegen die erste Frostnacht des Jahres aufgestellt.
Mr. Crofts Karton steht an der Südseite der St. Patricks Kathedrale. Früher nächtigte er stets unter den ausgebreiteten Armen der Christusfigur auf der Bronzetür. „Vor dem Portal kann ich nicht mehr schlafen. Die Geschäftsleute von der Fifth Avenue haben sich beschwert. Ich bin angeblich nicht gut für den Tourismus“, erklärt er.
Sich auf diese Weise durchzuschlagen, ist erträglich – wenn auch nur knapp – für Mr. Croft zum Beispiel, der 49 Jahre alt und Künstler ist und es eigentlich vorzöge, die Nächte in der Nähe seiner Bilder zu verbringen, die er in einem Versteck im Central Park untergebracht hat. „Vor circa zwei Monaten haben sie mir den Schlafsack geklaut. Seitdem hause ich in meiner Pappschachtel. Das ist nicht das schlechteste. Die eigene Körperwärme verhindert, daß man erfriert – auch wenn man ein paar Luftlöcher reinschneidet.“
An den Wochenenden sei es problematischer, an solche Unterkünfte heranzukommen, berichtet Mr. Croft weiter. „Schlechte Nächte für Schachteln“, sagt er. „Wird ja nirgends gearbeitet.“ Aber dieses Problem liegt zunächst noch in der Zukunft; Straßenleute können sich den Luxus des Planens kaum leisten.
Allmählich dämmert der Morgen. Manny Rosario reckt sich. Wenn er sich nicht rechtzeitig aufmacht, geht ihm das Frühstück durch die Lappen.
Mr. Rosario hat Schwierigkeiten, sich zu erinnern, an welchem Tag sich ihm genau wo die nächste Ration zum Überleben bietet. Sein Leben wird durch das Straßenmuster New Yorks bestimmt.

„Montags Ecke 45ste und Third Avenue, da kriegste Frühstück“, erzählt Mr. Rosario, Alter 33, schließlich. „Montags zum Lunch ist die Ecke 60ste und Park Avenue angesagt. Da ist wieder so ’ne Kirche. Welche ist mir egal.“

Folgende Doppelseite: Auf den Straßen ein Leben?

An diesem Morgen – donnerstags – gibt es Frühstück Ecke Lexington und 55ste – und zwar bei der „Central Synagogue“.

Wie seine Gefährten der Straße ist Mr. Rosario ständig auf Achse. Sein täglicher Weg führt ihn kreuz und quer durch die Stadt von Mahlzeit zu Mahlzeit, zu der Stelle, wo er seine Habseligkeiten versteckt hat, zum öffentlichen Bad, zu dem Geschäft, wo er die Konservendosen einlösen kann, die er sammelt. Dabei ist die Chance natürlich gering, ein Leben wieder auf die Reihe zu kriegen.

Zwei Jahre geht das jetzt so, erklärt Mr. Rosario, seit dem Tag, an dem die Teppichfabrik, in der er als Lagerarbeiter beschäftigt war, nach New Jersey umgezogen ist. „Ich hab’ meinen Job und meine Wohnung verloren“, sagt er. „Meine Klamotten und die Stereoanlage hab’ ich Freunden gegeben. Als ich dann gar nichts mehr hatte – Mann, da fühlst du dich fast schon tot. Mit ein paar Sachen in der Tasche bin ich dann losgegangen – und immer nur gegangen.“

Der Grand Central Terminal ist mittlerweile so etwas wie der Dreh- und Angelpunkt in Mr. Rosarios Wanderleben geworden. Nachdem er an diesem Tag den Lunch hat ausfallen lassen, will er einen Freund besuchen – „Marvin Enoch, glaub’ ich, heißt er“ – von dem er gehört hat, daß er im Veterans Administration Hospital in der First Avenue liegen soll.

Mr. Rosario wandert die Third Avenue entlang und erzählt dabei, daß er mehrmals versucht habe, die eisernen Fesseln der Straße abzuschütteln. Gelegentlich hatte ein Freund ihm Geld vorgestreckt, damit er Stoppuhren kaufen und sie zum doppelten Preis von 5 Dollar wieder verkaufen konnte.

„Aber sie haben mich drei Tage eingelocht, weil ich das Zeug auf der Straße verkauft habe, ohne ’ne Lizenz zu besitzen“, erzählt er. „Mann, es gibt Leute, die sind die geborenen Faulenzer. Andere dagegen wissen gar nichts mit ihrer Zeit anzufangen. Die alten Leute zum Beispiel, die müssen ständig was zu schaffen haben. Aber was soll ich machen? Die Lizenz kostet 200 Dollar. Und klauen ist nicht mein Fall. Leben und leben lassen ist meine Devise.“

Im Veteranenhospital findet die Empfangsdame keinen Mr. Enoch in

CARNEGIE HALL
SAT. & SUN. SEPT. 12 & 13

ihrer Patientenkartei. Mr. Rosario läuft zum Grand Central Terminal zurück.

Dort sitzt wie üblich Roberto Verduna im Wartesaal. Und Ray Morales ist auf einen Sprung vorbeigekommen.

Das Widersinnige am Leben der Obdachlosen ist, daß man langsam dazu verdammt wird, mehr oder weniger gar nichts zu tun, wenn man nicht gerade in den Krallen der Logistik gefangen ist. Der Grand Central Terminal avanciert immer mehr zu einem Treffpunkt der Jugendlichen, wo man feiern und Krawall machen kann. Für die Alten und Verwirrten ist es ein Ort, an dem sie selbst im Gezeitenstrom des Tages Inseln der Einsamkeit bleiben.

Mr. Morales, 28 Jahre alt, aus Staten Island, lebte auch mal ein Jahr auf der Straße. „Dann habe ich einen Freund getroffen, der mir von einem Job als Wachmann erzählt hat“, berichtet er. „Ich hab’ meine Mutter angerufen, und die hat gesagt: ‚Du hast einen Job. Komm heim.‘“

„An meinen freien Tagen gehe ich immer noch hierher“, sagt Mr. Morales. „Der Grand Central ist mein zweites Zuhause. Wenn ich Millionär werde, kaufe ich mir eins von den großen Häusern und laß’ meine Freunde drin wohnen.“

Seine Geschichte ist die rühmliche Ausnahme.

Mr. Verduna, 29, ist Flüchtling aus Kuba. Er wurde nach seiner Ankunft aus Miami vor acht Monaten obdachlos. „Ich bin Schweißer“, sagt er. „Als sie mit dem Bau eines Wolkenkratzers in der Lexington Avenue angefangen haben, habe ich mich nach einem Job erkundigt. Sie haben mich einen Test machen lassen, und ich hab’ bestanden. Dann mußte ich zur Gewerkschaft. Die wollten 250 Dollar von mir. Ich schlug vor, das von meinem ersten Lohnscheck abzuziehen, aber das wollten sie nicht.“

„Wenn man mal auf der Straße gelandet ist“, behauptet Mr. Rosario, „dann kann man sich nicht so einfach um einen Job bewerben. Zu allererst wollen sie eine Adresse haben. Arbeitest du als Bote, kriegst du 160 Dollar brutto. Das macht circa 140 Dollar auf die Hand. Das billigste Zimmer kostet 75 oder 85 Dollar die Woche. Danach hast du noch 65 Dollar für Essen und Kleidung. Tja, da bleibst du eben wieder auf der Straße.“

Und das sind noch die mit heilen Gliedmaßen und gesundem Verstand. In der Ecke des Wartesaals schlägt sich eine Frau ständig auf den Schenkel und schreit: „Schert euch raus! Raus hier!“

Eine alte Frau mit geschwollenen, wunden Füßen sitzt auf einer Treppenstufe. Sie trägt Petticoats aus Plastikmülltüten. „Zwanzig Jahre bin ich jetzt hier – seit 1961", sagt sie und merkt gar nicht, daß ihr offenbar ein paar Jahre abhanden gekommen sind. „Ich mach' da keine große Sache draus."

Karen McCarthy, die behauptet, 21 zu sein, aber wie 17 aussieht, ist seit zwei Tagen auf der Straße. Für sie ist es eine große Sache.

Sie sitzt allein auf einer Bank. Es ist Nachmittag. „Hier draußen ist es hart", erklärt sie. „Ich habe Angst. Zwei Nächte habe ich nicht mehr geschlafen. Mir graut vor dem Einschlafen. Ich hab' gesehen, wie ein Kind ein anderes, schlafendes Kind beklaut hat."

Miss McCarthy ist von zu Hause fortgelaufen. Sie kommt aus New Jersey, mehr will sie nicht sagen. Das war vor zwei Wochen. „Ich hatte 700 Dollar, aber das Geld ist mir schnell ausgegangen. Zimmer sind teuer."

Sie erzählt, daß sie mit ihrer Stiefmutter Probleme hatte. „Meine Mutter ist gestorben, und mein Vater hat wieder geheiratet. Mit meiner Mutter hab' ich mich sehr gut verstanden. Ein paar Monate nach ihrem Tod hab' ich die Neue nackt im Zimmer meines Vaters gefunden. ‚Dein Vater und ich heiraten', hat sie mir eröffnet. Dabei hat sie gewußt, wie sehr ich meine Mutter geliebt habe."

Eine Weile bleibt sie noch stumm sitzen und starrt ins Leere, dann taucht sie in der Menge unter.

Schmerzliche Erfahrungen haben auch Lee Stringer auf die Straße getrieben. Am späten Nachmittag, als die Kälte erbarmungloser zupackt, kommt er mit seiner Tüte voller gesammelter Konservenbüchsen in den Wartesaal.

Mr. Stringer, 37 Jahre alt, war Werbetexter und hat noch bis vor 4 Monaten in der East 96th Street gewohnt. „Innerhalb von ein paar Monaten sind mein Geschäftspartner, mein Bruder und mein Vater gestorben, und dann hat sich mein Freund eine Kugel durch den Kopf gejagt. Da war das Maß voll. Mir ist alles gleichgültig geworden. Ich bin einfach nicht mehr ins Büro gegangen."

„Es war einfach, das Gefühl zu haben, man sei wer, als ich noch elegante Anzüge trug", erklärt er. „Aber ich habe gelernt, mich jetzt auch ohne den ganzen Firlefanz so zu fühlen. Die Leute glauben, wenn man kein Geld hat, dann müsse mit dem Charakter was nicht stimmen. Aber Charakter allein garantiert noch keine volle Brieftasche. Im Gegenteil.

Oft ist es umgekehrt.“ Mr. Stringer weigert sich, ein Obdachlosenasyl zu betreten. „Das ist wie im Gefängis. Keiner respektiert einen“, behauptet er. „Lieber übernachte ich im Park, in Schaumgummi eingewickelt. Die Selbstachtung ist doch alles, was einem geblieben ist.“

Und selbst die ist in Gefahr, wenn die Bahnpolizei ihre stündliche Razzia im Wartesaal veranstaltet. „Die Polizei“, klärt Mr. Rosario mich auf, „sagt dir: ‚Verschwinde. Du hast keine Fahrkarte.‘ Manchmal sind sie gemein. Sie stoßen dich rum, legen dir Handschellen an. Wenn ich sie sehe, ziehe ich Leine.“

Die Razzien der Polizei sind sinnlos. Genausogut könnten sie versuchen, Rauch in Tüten zu packen. Und so herrscht im Wartesaal die ganze Nacht über ein ständiges Kommen und Gehen.

Draußen auf der Vanderbilt Avenue beginnt sich trotz der Kälte bereits die Schlange für die Essensausgabe der „Coalition for the Homeless“, einer Art Obdachlosenhilfe, zu formieren. Obwohl es noch gut anderthalb Stunden dauern wird, bis der Lieferwagen kommt. Und wegen der Kälte füllen sich auch die Sonderbusse zu den Obdachlosenasylen der Stadt.

Miss McCarthy, das schmale junge Mädchen, das gerade zwei Tage auf der Straße ist, schlendert vorbei; ein schäbig aussehender Mann hat den Arm um ihre Schultern gelegt.

Gegen halb zwei Uhr morgens, nachdem der letzte Vorortzug abgefahren ist, macht die Polizei die letzte Razzia und treibt die Obdachlosen aus dem Bahnhof.

Ein gebeugter alter Mann, der allein auf dem Boden gekauert hatte, rappelt sich auf, greift nach den Einkaufstüten mit seinen Habseligkeiten, nimmt sechs in die eine und ebensoviele in die andere Hand, schlurft zwanzig Schritte mit seiner Last, stellt sie ab und ringt nach Luft. Dann ergreift er wieder seine Tüten, stellt sie nach zwanzig Schritten erneut ab, um zu verpusten, und keucht schließlich hinaus ins Freie.

Welfare Hotel – Hotel zur Barmherzigkeit. Mittags wird in dem einst prachtvollen Ballsaal des Prince George Hotels das Essen ausgegeben. Unter verzierten Säulen und vergoldeter Decke deutet Kathleen Greenwood auf einen Stapel Backformen aus Alufolie. „Wer will noch einen Nachschlag Lasagne?“ ruft sie den 150 Müttern mit Kleinkindern zu, die schweigend an den langen Metalltischen essen.

Mrs. Greenwood hilft der „Coalition for the Homeless“, einer von sechs städtischen und privaten Hilfsorganisationen, die den 455 obdachlosen Familien im Prince George, dem größten Wohlfahrtshotel der Stadt, physische und psychische Hilfe gewähren.

„Ich habe auch kein Zuhause mehr“, erzählt Mrs. Greenwood, die mit Ehemann und vier Kindern das Zimmer 1118 bewohnt. „Der Raum ist klein, und sobald man saubergemacht hat, hat man nichts mehr zu tun. Soll ich vielleicht die ganze Zeit fernsehen? Da gehe ich doch lieber runter und helfe im Ballsaal aus. Jedenfalls kriegt man so keine Depressionen.“

Für die 1 700 Hotelbewohner erfüllt der alte Ballsaal rund um die Uhr viele Funktionen: mal ist er Speisesaal, mal Wohnzimmer, dann wieder Basketballhalle oder auch Tanzfläche.

Das Jahrhundertwende-Hotel ist ihr Zuhause. Seine kleinen Zimmer werden im Durchschnitt von Frauen mit drei oder vier Kindern bewohnt. In seinen Gängen patrouillieren Wachmänner mit Schlagstöcken und Funksprechgeräten. Vor seinem Eingang an der East 28th Street Nummer 14 liegen die Blocks von Midtown-Manhattan.

Vom Ballsaal aus gelangt man direkt in die Hotellobby, dessen reichverzierte Holztäfelung noch intakt, aber durch Graffiti und handgeschriebene Hinweise verunstaltet ist. Ein kleiner Kiosk in einer Ecke verkauft Zigaretten, Süßigkeiten und Pampers.

Die Wachmänner der Hotelleitung führen rund um die Uhr Kontrollen am Eingang durch, halten wahllos Besucher an und beschimpfen zwischendurch Teenager, die zurückfluchen.

Im zweiten Stock bieten Sozialdienste vom frühen Morgen bis zum Abend Programme an. Ihre Büros sind in Räumen mit Namen wie „Windsor Room“ untergebracht.

Von den Kindern erfährt man, daß woanders in dem zwölfstöckigen Gebäude ein schwunghafter Handel mit Drogen betrieben wird; und zwar meistens nachts und vor allem im sechsten Stock. Selbst die Zehnjährigen scheinen die Nummern jener Zimmer genau zu kennen, in denen Hasch geraucht oder Kokain geschnupft wird. Eltern berichten, daß ihre Kinder gesehen hätten, wie die Polizei Drogenhändler und Einbrecher durch die Gänge gejagt habe.

„Mein kleiner Junge kommt vom Flur immer mit den kleinen Kokainfläschchen im Mund oder in den Händen“, erzählt eine Mutter. „Ich darf ihn keinen Augenblick aus den Augen lassen.“ Nicht alle Mütter sind so aufmerksam. Kurz nach zwölf Uhr an diesem Tag tauchen drei Kinder von 7, 4 und 2 Jahren im Büro der „Soforthilfe“ auf, einem Programm des städtischen Arbeitsamtes. Ihre Mutter hat sie allein im Zimmer zurückgelassen. Seit wann, weiß niemand. Nachbarn hatten ihnen zu essen gegeben. Ein Sozialarbeiter ruft die Großmutter der Kinder in Brooklyn an, die sich bereit erklärt, die drei bei sich aufzunehmen.

Ein Zimmer für eine vierköpfige Familie kostet im Prince George Hotel 53 Dollar pro Tag oder 1 600 Dollar im Monat. Die Stadt und der Staat New York zahlen 25 Prozent, für den Rest kommt der amerikanische Staat auf. Neben dem Sozialamt sowie der Schulbehörde, die die Einweisung und den Transport in die jeweiligen Schulen organisiert, ist die auffälligste Organistion im zweiten Stock die sogenannte Kinderhilfe, die verschiedene Programme anbietet.

In einem Zimmer beaufsichtigt die Lehramtskandidatin Esther Cesareo Vierjährige beim Spiel in einer Spielzeugküche. „Bei uns lernen sie, wo Löffel und Gabeln hingehören“, erklärt sie. „Aber natürlich haben sie oben keine Küchen.“

Oben in den Räumen stehen kleine Kühlschränke, aber das Kochen ist nicht erlaubt. Die meisten Familien haben allerdings Warmhalteplatten und bereiten Mahlzeiten über dem Waschbecken im Bad und auf dem Toilettendeckel zu. Eine Mutter demonstriert, wie sie ein gegrilltes Käsesandwich in Folie mit Hilfe eines in eine Schublade gezwängten Bügeleisens zustandebringt.

Am Nachmittag bekommt der Hotelmanager, Eric Singh, davon Wind, daß ein Reporter im Hotel ist, und bietet sich für einen Rundgang an, „um zu zeigen, daß ich ein anständiges Haus leite“. Im elften Stock führt er die feuersicheren Stahltüren vor, die gerade eingebaut werden. Ein Jahr zuvor war ein dreijähriges Kind bei einem Brand im zehnten Stock gestorben. Die Kinder haben das Unglück nicht vergessen. Es ist ein Thema ihrer Zeichnungen, die an den Wänden hängen.

Mr. Singh und ein Assistent halten den Lift in verschiedenen Etagen an, klopfen an Türen, zeigen in den Zimmern und Suiten die Betten, Schränke und privaten Badezimmer, die das Hotel stellt.

Sie fragen die Frauen in den Räumen, ob sie mit ihren Unterkünften zufrieden sind, und ernten nur positive Antworten, mit einer Ausnahme: eine Mutter kehrt unerwartet zu ihren Kindern zurück und platzt mitten in die Inspektion. „Eric“, beginnt sie und baut sich, die

Hände in die Hüften gestützt, vor Singh auf. „Was gedenken Sie eigentlich gegen die Mäuseplage zu unternehmen?"

In einem Zimmer, wo Schülern bei den Hausaufgaben geholfen wird, schreibt Maryann Alamo, zehn Jahre alt, auf einen gelben Block. Gelegentlich hebt sie den Kopf und bittet Megan Missett von der Kinderhilfe, bestimmte Wörter zu buchstabieren.

„Das Hotel mag ich nicht", schreibt Maryann. „Die Leute hier benehmen sich schlecht, und das ist nicht nett, weil die, die hier arbeiten, einen dann rauswerfen und dann steht man auf der Straße und ist furchtbar traurig."

Nachdem das Mädchen gegangen ist, erzählt Miss Missett von anderen Kindern, die ihrem Kummer über das würdelose Leben ohne Zuhause nicht auf diese kreative Weise Luft machen können. „Viele Kinder hier wissen, wie man in ein Zimmer oder ein Geschäft einbricht", sagt sie. „Und trotzdem sind sich alle darüber klar, daß mein Portemonnaie in meiner Handtasche steckt, und ich bin bisher nur einmal bestohlen worden – von einem Mädchen. Im Grunde sind es alles sehr nette Kinder – nur eben schrecklich zornig."

Unten im Ballsaal treffen sich 98 Kinder im Alter von 6 bis 12 Jahren zu dem Freizeitprogramm nach der Schule, das die Kinderhilfe organisiert. Sie spielen Basketball und Billard, turnen auf Matten und springen Seil. Eine Keilerei bricht aus. Ernie Richardson, der Leiter des Programms, stürmt quer durch den Ballsaal, packt die Schuldigen beim Kragen und zerrt sie in die Lobby, um ihnen eine Standpauke zu halten.

Gegen acht Uhr klopfen Shawn Gibson, 12 Jahre alt, und Lamont Miles, 11 Jahre alt, an die Scheiben der Autos, die draußen auf der 28th Street an der Ampel halten müssen, und hoffen auf Almosen. Es ist kalt und windig, und die Jungen haben keine Mäntel. Schließlich gehen sie auf einen Hamburger und eine Tasse heiße Schokolade in den Coffee Shop an der Ecke.

Shawn ist seit einem Jahr, Lamont seit 7 Monaten im Prince George. Beide mögen das Hotel lieber als die Asyle, die sie ebenfalls kennengelernt haben. Es gibt weniger Vorschriften, sagen sie, und wenigstens ein bißchen Privatsphäre.

„Aber es läuft 'ne ganze Menge mit Weibern und Drogen", erklärt Lamont. „Meine Mutter mag das gar nicht." „Meine Mutter möchte Weihnachten unbedingt raus und hat meinen Stiefvater gebeten, uns ein Haus zu besorgen", sagt Shawn.

Dekorativ, lebenswichtig und gefährlich: Manhattans Feuerleitern.

Mr. Richardson sieht müde aus. „Im April und Mai war es schlimm hier", erinnert er sich. „Teenager haben Leute niedergeschlagen, Handtaschen geklaut, Taxis ausgeraubt und so weiter. Jetzt gehen mehr Polizisten Streife und wir haben mehr Freizeitprogramme für die Jugendlichen. Einige Geschäftsleute haben angefangen, unseren Halbwüchsigen Jobs beim Abladen von Lastwagen zu geben. Jetzt ist es besser."

„Die Nächte sind immer noch schlimm", fährt Mr. Richardson fort. Bis zum frühen Morgen toben Kinder in den Gängen. „Wenn man sie fragt, was sie da draußen treiben, antworten sie, daß ihre Mutter Besuch von einem Freund hat und sie erst wieder ins Zimmer dürfen, nachdem der gegangen ist. Am nächsten Morgen fragt man sie, weshalb sie nicht in der Schule sind, und kriegt die Antwort, daß sie den Bus verpaßt haben. Viele Eltern haben keine Uhr."

Am nächsten Morgen fährt der erste Schulbus um 7 Uhr 30 vor. Die Kinder, deren Eltern wollen, daß sie ihre alte Schule weiterbesuchen, fahren mit der U-Bahn. Aber die meisten Kinder gehen in die Schulen der Nachbarschaft, wo die Mitschüler sie „Hotelfrüchtchen" nennen, wie ein Junge erzählt.

Eine Schwesternhelferin, Andrea Berne, kommt um 9 Uhr, schließt ein Untersuchungszimmer auf und stellt fest, daß es ungeheizt ist. Fröstelnd mustert sie die Umgebung und erklärt: „Hier können sich die Kinder nicht ausziehen." Nach möglichen Fällen von Kindesmißhandlung befragt, erwidert sie, daß bisher keine derartigen Vorkommnisse offiziell gemeldet worden seien; aber man habe deutliche Anzeichen früherer Gewaltanwendung und auch von Vernachlässigung beobachtet.

Zwei Stunden später taucht ein siebenjähriges Mädchen auf, das sich weinend das Ohr hält. Das Untersuchungszimmer ist eiskalt. Nachdem sie das Mädchen untersucht hat, beschließt Miss Berne, es zur Behandlung ins Bellevue Krankenhaus zu schicken. Auf die Frage, ob es einen Mantel habe, schüttelt das Mädchen nur den Kopf. Die Soforthilfe schickt einen.

Als das Mädchen das Hotel auf dem Weg ins Krankenhaus verläßt, kommen Kathleen Greenwood und andere von der Obdachlosenhilfe herein. Sie tragen Warmhalteboxen mit Aluformen voller Essen in den Ballsaal, wo bald das Mittagessen serviert wird. An diesem Tag gibt es Weißfisch.

MASSAGE
SERVICE
WHAT

Marilyn Webb: Aufwärts mit der U-Bahn

Eine journalistische Momentaufnahme aus dem Magazin „New York“ 1987 von typischen Problemen der New Yorker U-Bahn mit Rück- und Ausblicken.

Folgende Farbabbildungen: Im Central Park gibt es immer viel zu sehen.

Grüne Lunge, Freilufttheater einer Weltstadt: der Central Park in der Pracht des Herbstes.

Eines Tages im vergangenen Februar drängte sich der achtunddreißigjährige Brooklyner Bernard Weiss während der morgentlichen Rushhour in einen U-Bahnzug nach Manhattan. Er stand an der Tür und las Zeitung, als der Zug den Bahnhof Bergen Street verließ. Plötzlich gingen die Türen auf und zwei Personen drohten hinauszufallen.

„Das Mädchen kriegte ich an der Hand, den jungen Mann an der Hose zu fassen“, berichtete Weiss später den Reportern. „Dabei habe ich das Gleichgewicht verloren und konnte mich mit dem Fuß gerade noch an einer Sitzlehne einhaken.“ Andere Passagiere zogen die drei schließlich wieder in den Wagen, während der Zug weiterraste. Die Türen von vier der acht Wagen hatten sich geöffnet und blieben es noch gut zwei Minuten, bis der Zugführer endlich merkte, was passiert war, und die Bahn zum Stehen brachte.

Die beiden zuständigen Beamten der Verkehrsbetriebe, Robert Kiley, Chef der Metropolitan Transportation Authority (MTA), und David Gunn, Präsident der New York City Transit Authority (TA), schworen hoch und heilig, dem Türenproblem sofort Abhilfe zu schaffen. Doch einen Monat später forderten die Abgeordneten Oliver Koppell und Jerrold Nadler Gunn und seine hohen Beamten auf, bei einem öffentlichen Hearing Rede und Antwort zu stehen.

Nadler behauptete, die Türen hätten sich nie geöffnet, wenn die TA die Verbesserungsvorschläge von einem ihrer Chefingenieure durchgeführt hätte, die dieser bereits 18 Monate zuvor entworfen habe. Statt dessen jedoch, sagte Nadler, sei der Ingenieur wegen „unbilligen Betragens“ entlassen worden, und bis zum Tag vor dem Hearing habe man überhaupt nichts unternommen, um die Situation zu verbessern. Dann allerdings gab Gunn eine Art Reparaturfahrplan bekannt, demgemäß jedoch die letzte Tür erst 1990 ausgewechselt sein wird.

Bis jetzt gab es in diesem Jahr schon 60 Zwischenfälle mit nicht funktionierenden Türen in fahrenden Zügen; 1985 waren es noch 38, 1984 öffneten sich 51 Türen, und 1983, ein Jahr, bevor Kiley und Gunn ihre Posten übernahmen, nur 21.

„Nach dem Hearing ist für mich klar, daß Gunn und Kiley, was ihre Absichten betrifft, die Türen so schnell wie möglich in Ordnung zu bringen, das Blaue vom Himmel gelogen haben“, erklärt Nadler, der die beiden früher unterstützt hat. Außerdem stellte sich heraus, daß die

FUJI

Türen erst die Spitze des Eisbergs von Problemen ist, die den beiden blühen.

Seit Februar stehen Kiley und Gunn unter Beschuß. Nadler, Koppell und Senator Franz Leichter haben sie mit dem Argument angegriffen, sie setzten die Sicherheit der Fahrgäste mutwillig aufs Spiel. Die Transportgewerkschaften haben für 200 000 Dollar eine Zeitungskampagne gestartet, in der der Rausschmiß von Gunn und seinem Stab gefordert wird. Sanford Russell, vom Gouverneur als unabhängiger Sachverständiger zur Überprüfung der MTA eingesetzt, beschuldigt Kiley, Gunn und ihre Leute, horrende Gehälter zu kassieren, lax im Umgang mit ihren privaten Transportvertragspartnern zu sein und Verkehrsstatistiken zu frisieren, um die Dienstleistungen positiver erscheinen zu lassen als sie sind. Was geht da eigentlich vor?

1981 hatte der Staat New York einen Fünfjahresplan über 8,6 Milliarden Dollar zur Sanierung der kranken MTA bewilligt. 5,6 Milliarden Dollar davon waren allein für die U-Bahn vorgesehen. Mittlerweile ist das Geld fast verbraucht, und der MTA-Vorstand wird noch in diesem Herbst im Rahmen eines weiteren Fünfjahresplans erneut 8,3 Milliarden Dollar fordern. Wobei er keinen Zweifel daran läßt, daß in den kommenden zwanzig Jahren pro Jahr eigentlich eine Milliarde Dollar nötig wäre, um das New Yorker U-Bahnsystem von Grund auf zu sanieren. Natürlich haben Summen dieser Größenordnung auch Auswirkungen auf die Fahrpreise, die seit 1980, als ein Ticket noch 50 Cents kostete, viermal erhöht wurden; mittlerweile haben sie sich verdoppelt.

Als das Kiley-Gunn Team vor circa 3 Jahren die Leitung der New Yorker U-Bahn-Betriebe übernahm, hat es ein schweres Erbe angetreten. Schlamperei, kostspielige Geschäfte und Skandale hatten die sowieso schon angeschlagene U-Bahn beinahe zugrunde gerichtet. Davon abgesehen sahen sich Kiley und Gunn mit starken Gewerkschaften konfrontiert, während ihnen selbst bereits der Ruf vorausgeeilt war, eine kompromißlos anti-gewerkschaftliche Einstellung zu vertreten. „Wir kämpfen mit den Gewerkschaften praktisch um die Macht über die U-Bahn", erklärt ein Spitzenbeamter der MTA unumwunden.

Die Gewerkschaften wiederum behaupten, die Kiley-Gunn-Administration sei so damit beschäftigt, den Gewerkschaften das Genick zu brechen, daß sie darüber die Sicherheit von Beschäftigten und Fahrgästen vergesse.

Jetzt, da die Beschlüsse über neue Zuwendungen für die U-Bahn in den gesetzgeberischen Organen des Staates zur Debatte anstehen, ist der richtige Zeitpunkt gekommen, die Rollen von Kiley und Gunn zu durchleuchten und ein paar entscheidende Fragen zu stellen: Hat sich der Service verbessert? Warum sind die Kritiker so aufgebracht? Wird genug für die Sicherheit von Beschäftigten und Fahrgästen getan? Sollten Kiley und Gunn ihre Posten behalten?

Was man neuerdings über die U-Bahn liest und hört, klingt längst nicht mehr so alarmierend wie noch vor einiger Zeit. Unfälle mit tödlichem Ausgang und Brände auf den Hauptstreckenlinien haben deutlich abgenommen. Seit Kiley und Gunn die Leitung der Verkehrsbetriebe übernommen haben, gibt es auch weniger Kollisionen oder Entgleisungen aufgrund fehlerhafter Streckeninspektionen. Die Hälfte aller U-Bahn-Züge, das sind etwa 3 000 Wagen, sind mittlerweile von Graffiti gereinigt. 794 von 1375 neuen Wagen wurden in Betrieb genommen und 200 weitere sind bestellt. Über 60 Meilen des Streckennetzes sind modernisiert worden.

Trotz alledem kommt es immer häufiger vor, daß Wagen die Bahnhöfe nicht auf ihrer vorgesehenen Strecke verlassen und daß andere sich von selbst abkoppeln, und wenn man den Kritikern glauben darf, dann kann fehlerhaftes neues technisches Material zum Versagen von Bremsen, Kupplungen und Streckensignalen führen.

Das System krankt noch immer an allen Ecken und Enden. Obwohl die Fahrgastzahlen in den vergangenen zehn Jahren konstant bei einer Milliarde Personen gehalten werden konnten, werben private Bus-, Kleinbus- und Taxiunternehmen immer mehr Passagiere ab. Städte wie Toronto oder Paris verfügen über ruhige, saubere U-Bahnen, während die New Yorker noch immer mit gravierenden Verspätungen, Ausfällen, Schmutz, Kriminalität, Bränden, Graffiti, fehlerhaften Anzeigetafeln und Klimaanlagen und mittlerweile überhöhten Fahrpreisen leben müssen.

Der Mann, der alledem für ein Jahresgehalt von 150 000 Dollar Abhilfe schaffen soll, sitzt in seinem Büro vor Modellen alter Postkutschen, seinen Pressesprecher rechts neben sich. Robert Kiley, 51 Jahre alt, hat bereits eine Verwaltungskarriere beim CIA hinter sich, wo er sogar als Assistent von Direktor Richard Helms fungierte, bevor er 1974 die Leitung der Bostoner Verkehrsbetriebe übernahm, um anschließend – 1979 – als Industrieberater in die freie Wirtschaft zu gehen. David

Gunn, 49 Jahre alt, war Kileys Verwaltungsdirektor in Boston gewesen und ging dann 1979 als Leiter der Verkehrsbetriebe nach Philadelphia. Von dort holte Kiley ihn für ein Jahresgehalt von 140 000 Dollar nach New York.

„Eine Menge der Probleme, vor denen wir heute stehen, sind eine alte Erblast, die auf mangelnde Instandhaltung und schlechtes Management zurückzuführen ist", behauptet Kiley. Dieses Erbe geht wohl auf Robert Moses' Konto. Noch in den fünfziger Jahren war das New Yorker U-Bahnnetz das sicherste und effizienteste im ganzen Land. Das Übel begann damit, daß Moses, der Schöpfer des New Yorker Straßensystems, die Gelder, die für den Unterhalt der U-Bahn bestimmt waren, für Parkplätze und Brücken mißbrauchte.

1966 führte die Konfrontation zwischen Bürgermeister John Lindsay und dem halsstarrigen Gründer der Transportarbeitergewerkschaft TWU, Mike Quill, zu einem sehr großzügigen Lohnabschluß. Zwei Jahre später kam es zur Frührentenregelung für Transportarbeiter nach zwanzig Jahren, die der Stadt eine horrende Rentenlast und der TA ein gravierendes Defizit an qualifiziertem technischen Personal bescherte. Als die Stadt 1975 von der Finanzkrise erfaßt wurde, waren die Kassen für den Unterhalt der U-Bahn leer.

Nach Lindsays folgenschwerer Auseinandersetzung mit Quill setzte der Staat New York den MTA-Verwaltungsrat ein. Heute ist Kiley unumstrittener Boss, der keinem politischen Beamten direkt verantwortlich ist. Der Verwaltungsrat der MTA (14 Mitglieder) tritt einmal monatlich unter seinem Vorsitz zusammen.

Kiley bezeichnet Gunn als einen sehr unkonventionellen Kollegen. An einem Montag im August verläßt Gunn das Büro der TA in Brooklyn, um mich auf eine Führung durch das U-Bahnsystem mitzunehmen. Wir nehmen einen Zug nach Fulton, steigen in die Linie 2 zur 42nd Street um, fahren anschließend mit der Nummer 7 zum Grand Central Terminal, zurück Richtung Downtown mit der Nummer 4 und wechseln erneut zur A-Line in Fulton. Er überprüft jeden Wagen auf Graffiti. Den neuen Wagen gilt Gunns besondere Liebe, obwohl sie von seinen Amtsvorgängern Richard Ravitch (MTA) und John Simpson (TA) in Auftrag gegeben wurden.

Während wir auf den Bahnsteigen warten, erfahre ich alles über die vorbeifahrenden Züge und Wagen. Die Nummern 1 (West Side IRT) und 6 (Lexington Avenue Line) fahren die nagelneuen kanadischen

„Bombardier"-Wagen. Die Nr. 4 auf der Lexington Line ist mit zwei Jahre alten japanischen Kawasaki-Wagen ausgestattet, und die roten Wagen von Nr. 7 auf der Flushing Line sind Gunns erklärte Lieblinge – überholte R-36iger im traditionellen Eisenbahnrot. 100 der 225 neuen französischen Westinghouse-Amrail-Wagen sind auf der BMT Line in Dienst gestellt worden, und weitere 200 wurden in Auftrag gegeben. Gunn, in Boston geboren und Harvard-Absolvent der Betriebswirtschaft, ist seit seiner Jugend ein ausgesprochener Eisenbahnfan und hat schon für verschiedene entsprechende Gesellschaften in mehreren Bundesstaaten gearbeitet. Alte Petroleum-Eisenbahnlaternen zieren sogar seine Wohnung.

In der 42nd Street schließlich erkennt ihn eine Dame. Sie kommt auf uns zu und schimpft: „Glauben Sie ihm nichts! Unsere U-Bahnen stinken zum Himmel!" Am Vortag hatte sie bis Brooklyn zwei Stunden gebraucht. Gunn ist sichtlich gedrückter Stimmung.

Vor zwanzig Jahren legte ein U-Bahnwagen durchschnittlich circa 34 000 Meilen zurück, bevor er außer Dienst gestellt werden mußte. Und das sind statistische Daten, an denen Experten ablesen, wie intakt ein U-Bahnsystem an sich ist. Ein technisch einwandfrei funktionierendes System sollte eine Lebensdauer von 25 000 Meilen haben. Als Kiley seinen Posten übernahm, lag die durchschnittliche Lebensdauer der Wagen bei nur 8 000 Meilen. Diese hohe Reparaturanfälligkeit kostet nicht nur Zeit und Geld, sie bedeutet auch, daß ständig eine große Anzahl von Zügen nicht einsatzfähig ist, daß es häufig zu Verspätungen und damit zu übervollen Zügen kommt und daß das Sicherheitsrisiko erhöht ist.

Die Anzahl jener Züge, die in den frühen siebziger Jahren Haltestellen einfach überfahren haben, betrug knapp 13 000. 1983 waren es fast 34 000, und drei von zehn Zügen hatten Verspätungen von über fünf Minuten. Das ist die schlechteste Statistik der jüngsten Vergangenheit auf diesem Sektor.

Im Jahr 1984 war der Zustand der New Yorker U-Bahn so desolat wie noch nie zuvor in ihrer Geschichte. Trotzdem hatten Kiley und Gunn ihren Vorgängern gegenüber einen entscheidenden Vorteil: sie verfügten über mehr Geld als jede vorherige Verwaltung und über neue Züge und Streckenabschnitte, die von jenen nämlich bereits in Auftrag gegeben worden waren. Gunns Aufgabe war es, dafür zu sorgen, daß die neuen Streckenabschnitte und Wagen sicher in das bestehende

System integriert wurden, und er machte es sich außerdem noch freiwillig zu seiner Aufgabe, die Wagen von Graffiti zu befreien.

Gunn holte ein eigenes, hochdotiertes Management-Team nach New York, setzte durch, daß der Staat New York 1200 neue Verwaltungsstellen im Angestelltenverhältnis schuf, um eine Rechtfertigung für seine Manager zu haben, und begann schließlich, sich mit den Gewerkschaften anzulegen, was viele geplagte U-Bahnfahrer begrüßten. Er übernahm die Kontrolle über die Aufgabenverteilung, die Stellenbeschreibungen und die Überstundenplanung.

In der Folge sahen die Gewerkschaften sowohl das Streikrecht ihrer Mitglieder beschnitten als auch den Schutz gegen Risiken am Arbeitsplatz nicht mehr gewährleistet. Das „Taylor Law“, 1967 im Staat New York verabschiedet, spricht Beamten das Streikrecht ab, doch die Gewerkschaften behaupten, es habe ihnen die Hände auch in anderen Bereichen gebunden. „Jeder Arbeiter, der 1980 noch gestreikt hat“, erklärt der Pressesprecher der TWU, Peter Lynch, „mußte 1000 bis 1800 Dollar Strafe bezahlen.“ Die Gewerkschaftskasse sei zusätzlich mit insgesamt 1,2 Millionen Dollar belastet gewesen. Ihre Mitglieder könnten sich einen Streik daher gar nicht mehr leisten, wie Lynch weiter ausführt. Und da alle Auseinandersetzungen daher nun in Gesprächen oder durch Schiedsgerichtsprozesse beigelegt werden, fallen für die Gewerkschaft häufig Verfahrenskosten an.

Allerdings war die Frage der Sicherheit am Arbeitsplatz von den Gewerkschaften früher nie aufgeworfen worden. Während der Finanzkrise hatten sie im Tausch gegen viele der Arbeitsplatzregelungen, die mittlerweile abgeschafft wurden, ihre Forderungen sogar heruntergeschraubt. Erst als Gunn gegen diese gewerkschaftlichen Regeln anging, haben die Gewerkschaften die Diskussion über die Sicherheit ins Feld geführt.

Bürgermeister Koch befürwortet die Leistungen des Teams Kiley-Gunn und behauptet öffentlich, es gebe Anzeichen für drastische Änderungen zum Positiven im U-Bahnsystem. „Die meisten hätten die Sache längst hingeschmissen, denn eigentlich erwartet man von ihnen Unmögliches“, sagte er wörtlich. Gouverneur Cuomo dagegen hat seine Vorbehalte. Seiner Meinung nach sollte Gunn, der weit genug gegangen sei, seinen Konfrontationskurs mit den Gewerkschaften revidieren und mehr auf Kooperation setzen.

Die Reparatur- und Service-Werkstätten der New Yorker U-Bahn muten beinahe wie Schwerindustriebetriebe an. Die Züge der IRT-Linien werden in der 207th Street in der Bronx überholt. Eine Werkstatt auf Coney Island versorgt die IND und BMT Linien. Beide könnten aus einem Film über den Zweiten Weltkrieg stammen, mit riesigen Werkhallen, in denen 2 000 Mechaniker an Zügen arbeiten, deren Wagen zum Teil 38 Jahre alt sind.

Wenn man durch diese Hallen geht, fühlt man sich beinahe zwergenhaft klein. Jede Abteilung ist eine Mini-Fabrik, mit Hunderten von Untergestellrahmen, Räder und Motoren nach oben, gestapelten Kupplungen und über Vertiefungen lagernden Wagenkästen. „Die Technik ist hier 1940 stehengeblieben", sagt Gunn dazu.

Wenn die TA neue Wagen kauft, der Stückpreis liegt bei 1 Million Dollar, dann müssen diese erst einer Reihe von Funktions- und Belastungstests unterzogen werden, bevor sie in Dienst gestellt werden können. Der letzte Test ist ein 30tägiger ununterbrochener Einsatz, der ohne gravierende Panne überstanden werden muß. Als Gunn 1984 seine Stelle bei der TA antrat, waren 325 silberfarbene japanische Kawasaki-Wagen des Models R-62 gerade dabei, ihre dreißigtägige Belastungsprobe zu beenden. Es waren die ersten Züge in der Geschichte der New Yorker Subway, die im Ausland hergestellt worden waren.

Die Kawasaki-Modelle waren als Folge des skandalösen Desasters mit den 1049 R-44 und R-46 Modellen angeschafft worden, die heute noch auf den A- und F-Linien verkehren. Jene Wagen, in den siebziger Jahren angeschafft, erwiesen sich als Nieten. 1977 war ein schwerer Unfall passiert, der zum Teil auf einen defekten R-46-Wagen zurückzuführen war, und der Anklagen wegen Korruption und Verdunklung und den Rücktritt zahlreicher Spitzenbeamten der TA nach sich zog.

Obwohl sich die japanischen Züge mittlerweile als die langlebigsten und am wenigsten reparaturanfälligen erwiesen haben, hat eine in letzter Minute erlassene Verordnung des Staates New York die Auswahl der TA praktisch so beschränkt, daß vorerst nur noch die französischen Modelle erworben werden können. Steve Polan von der MTA erklärt das damit, daß bei einer Kaufoption die französischen Wagen sofort bestellt werden können, während man nicht sicher sei, ob auch die Japaner die Lieferfrist einhalten würden, was diese wiederum jedoch behaupten.

Noch ärgerlicher ist vielleicht der Umstand, daß die TA noch immer dabei ist, ihr Ingenieursteam auszuwechseln, und dabei durch das niedrige Gehaltsangebot nicht mit der freien Wirtschaft konkurrieren kann.

Die kanadischen und französischen Fabrikate im Dienst der U-Bahn sind aufgrund fehlerhafter Teile nur bedingt einsatzbereit. Neben anderen Problemen kranken sie beide an Kupplungen und Bremsen von fragwürdiger Qualität, die überwiegend von der Firma Westinghouse Air Brace Company (WABCO) stammen. Dieses Unternehmen, 117 Jahre alt, wurde in den späten sechziger Jahren von American Standard Inc. aufgekauft. Seitdem, so behaupten Gewerkschaftsfunktionäre, habe sich die Qualität der WABCO-Produkte ständig verschlechtert.

In den vergangenen Jahren ist es immer häufiger vorgekommen, daß Züge Wagen verloren haben. Während es 1984 noch neunmal vorkam, gab es 1985 schon zehn dieser Fälle, und bis zum September dieses Jahres haben sich bereits 25 Wagen auf diese Weise selbständig gemacht. Im vergangenen Frühjahr saßen fast 1000 Fahrgäste unter dem East River fest, nachdem sich mehrere Wagen vom Zug gelöst hatten.

Gunn hat Hunderte von fehlerhaften Teilen ausbauen lassen und unterstützt WABCO bei der Reparatur. So ganz sicher ist allerdings niemand, daß die geflickten Teile im Endeffekt auch einsatzfähig sind. Von American Standard hört man dazu lediglich, man arbeite eng mit der TA zusammen, und die Sicherheit der Fahrgäste sei nicht gefährdet.

„Die Eisenbahn stirbt", erklärt Gunn. „Seit dem Zweiten Weltkrieg ist die Zahl der Beschäftigten von 1,4 Millionen auf mittlerweile 300 000 gesunken." Die meisten der 10 000 Wagenkupplungen wurden von der Firma WABCO gefertigt, und Konkurrenz ist kaum zu fürchten.

Seit Kiley und Gunn im Amt sind, wurde der Bau von 60 Meilen neuer Gleisstrecke überwacht – vermutlich die größte Leistung des Gespanns. Noch vor drei Jahren war der Zustand der Schienen katastrophal – nach einem Inspektorenbericht war es zu dem traurigen Rekord von zwanzig Entgleisungen gekommen. Die TA hatte eigentlich die Aufgabe, die Strecken zweimal pro Woche zu überprüfen, schaffte das 1984 jedoch nur bei einem Viertel der gesamten Gleisstrecke. 1985 wurden wenigstens sämtliche Hauptverkehrsstrecken zweimal wöchentlich inspiziert. Ende letzten Septembers schließlich waren 400 gefährliche Streckenabschnitte repariert. Mittlerweile werden sämtliche alten Gleisabschnitte vollständig erneuert, so daß sich die Gefahr von Entgleisungen und Kollisionen entscheidend verringert.

Für den Fahrgast ist der wohl zuverlässigste Maßstab der Funktionstüchtigkeit der U-Bahn jene Statistik, die die Anzahl der Züge aufzeigt, die fahrplanmäßig und ohne Störungen verkehren. Denn je mehr Züge unterwegs sind, desto häufiger werden die Strecken befahren, so daß die Fahrgäste weniger Wartezeiten und überfüllte Wagen in Kauf nehmen müssen.

Mißt man die New Yorker U-Bahn an dieser Statistik, so muß man feststellen, daß sich die Lage seit 1983 verschlechtert hat. Etwa 200 von 6 000 Zügen täglich verkehren nicht mehr fahrplanmäßig (1983 waren es noch 150). Ganz offensichtlich wirkt es sich gerade hier besonders negativ aus, daß die TA im Verlauf ihrer Neuorganisation ungefähr 800 Wartungsmonteure verloren hat.

TA-Sprecher John Cunningham dagegen macht vielmehr den gestiegenen Sicherheitsstandard für diese Verzögerungen verantwortlich, denn nach den neuen Vorschriften werden Züge einfach vorübergehend aus dem Verkehr gezogen, wenn Mängel auftreten. Trotzdem bleiben auch immer mehr Züge auf offener Strecke liegen als je zuvor, etwa 135 pro Tag. Laut Cunningham sind die häufigen Gleisarbeiten ebenfalls eine Ursache für Verspätungen.

Ein anderer Grund diverser Verzögerungen sind Brände, die plötzlich auf der Strecke in den Wagen ausbrechen. Während die TA die drastische Verschlechterung in diesem Bereich damit erklärt, daß schlicht mehr Zwischenfälle gemeldet würden als früher, widerspricht hier der von der Regierung eingesetzte „Generalinspekteur“ der U-Bahn, Russel, ganz entschieden. Er macht allein die auch durch Personalmangel verursachte nachlässige Wartung der Züge dafür verantwortlich. Auch wenn die TA behauptet, die Brände bedeuteten heute kaum noch eine Gefahr für die Fahrgäste, so müssen diese deshalb trotzdem Verspätungen in Kauf nehmen.

Schlimmer noch sieht die Pannenstatistik der Züge aus. Die durchschnittliche Meilenzahl, die ein Zug zwischen zwei ernsthaften Schäden zurücklegt, wird immer geringer. Während Kiley die Zahlen zu beschönigen versucht, gibt Russel unumwunden dem überalterten Wagenpark der U-Bahn die Schuld.

Folgende Doppelseite: In der U-Bahn.

Sicher sind andererseits auch Verbesserungen des Service zu verzeichnen. Gunns energisch durchgeführte Kampagne gegen Graffiti und den Schmutz in den Bahnen blieb entgegen aller Skepsis nicht ohne Erfolg. Mittlerweile ist die Hälfte aller U-Bahnen „sauber". Eine regelrechte Reinigungs-Armada ist ständig unterwegs, um die Wagen nach jeder Tour gründlich zu säubern. Die am schlimmsten betroffenen Züge werden sogar durch eine chemische Waschanlage geschickt. Einige Depots bewachen ihre sauberen Wagen nachts mit Wachmännern und Hunden.

Bis jetzt sind die Linien 4 und 7, die Expreßlinien E, F, N und JFK sowie die Pendelzüge auf der 42nd Street vollständig gereinigt. Die Linien B, K, M wie auch 3 und 5 dagegen gehören zu den schmutzigsten im ganzen Land. „Wir haben eine U-Bahn mit zwei Gesichtern", erklärt Gene Russianoff, der Justitiar der „Straphangers* Campaign", einer Bürgerinitiative. „Der eine Teil besteht aus sauberen, funktionierenden Zügen, der andere aus hoffnungslos veraltetem Schrott." Dasselbe gilt übrigens für die dazugehörigen Bahnhöfe; 26 werden gerade renoviert, andere sind halbverfallen. Weitere 19 Stationen sollen im Rahmen des nächsten Fünf-Jahres-Plans erneuert werden.

*Stehplatzinhaber in einem Zug oder Bus

Ganz allgemein, so hört man von Kiley und Gunn, könnten die Verbesserungen erst ab 1989 oder 1990 spürbar werden. Dann nämlich sollen sämtliche Züge entweder neu oder vollständig überholt sein.

In diesem Sommer eskalierte der Streit über die Sicherheit am Arbeitsplatz U-Bahn auf besonders häßliche Weise. Hinter den Reparaturhallen auf Coney Island steht eine 23 Millionen Dollar teure automatische Zugwaschanlage, in der die Graffiti-verschmierten Bahnen mit hochgiftigen Chemikalien völlig gereinigt werden sollen. Die Anlage faßt bei jedem Waschdurchgang einen kompletten Zug mit acht Wagen. Leider steht sie öfter still, als daß sie in Betrieb ist; denn die Firma, die sie erstellt hat, konnte bisher – trotz wiederholter Reparaturen – kein einwandfreies Funktionieren garantieren.

Gunn hatte sich ehrgeizige Ziele gesetzt. Bis Oktober 1986 sollten 3 000 Wagen von Graffiti befreit sein. Eines Tages im Juli jedoch rissen die Kabel der Waschanlage aus den Halterungen, während die Anlage lief. Um die Arbeit in Gang zu halten, befahl der zuständige Aufseher den Zugführern, die Züge durch die Anlage zu lenken.

Die Männer allerdings weigerten sich, innerhalb der mit toxischen Chemikalien arbeitenden Waschanlage in ihren Zügen zu bleiben.

8
off the do

ROCKWAY PK
EIGHTH AVE

Während der ersten drei Tage nach dem Vorfall wurden fünf Zugführer suspendiert, die sich der Aktion widersetzt hatten. Am zweiten Tag kreuzte George McDonald, der Sicherheitsbeauftragte der TWU, am „Tatort“ auf.

„Was ist, wenn ein Fenster bricht? Wie kann sich der Man da drinnen bei euch bemerkbar machen, habe ich gefragt“, erinnert sich McDonald. „Die Antwort lautete: ‚Gar nicht. Wenn der Zug hält, sehen wir nach.‘ Die Anlage ist nicht dafür konstruiert, daß die Züge bemannt sind.“ Am vierten Tag endlich wurde die Anlage gestoppt, nachdem McDonald mit einer Klage wegen Verletzung der Arbeitsschutzgesetze gedroht hatte.

Aber warum hat die TA überhaupt versucht, die Zugführer zu zwingen, durch die Anlage zu fahren?

„Das habe ich mich auch gefragt“, sagt Gunn dazu. McDonald allerdings glaubt, die Gründe zu kennen. „Die meisten Zugführer gehören ethnischen Minderheiten an. Sie haben Verätzungen an Armen und Händen, wagen es jedoch nicht, Schadensersatzansprüche zu stellen, weil sie um ihren Arbeitsplatz fürchten.“

Die TWU hat mit den örtlichen Mitgliedern eine Kampagne gegen die angebliche Mißachtung der Arbeitsplatzsicherheit durch das Management inszeniert und bisher sogar Unterstützung durch offizielle Stellen erfahren. Carlin Meyer, in leitender Funktion der Abteilung für Arbeitsrecht im Justizministerium, behauptet öffentlich, es sei seit Jahren Usus gewesen, die Sicherheit der Beschäftigten der Betriebsbereitschaft der Züge unterzuordnen.

Kiley und Gunn entgegnen, es würde alles Menschenmögliche für die Sicherheit der Beschäftigten getan. Sie haben eine Abteilung geschaffen, die sich ausschließlich damit befassen soll, eine Neuheit in der Geschichte der U-Bahn. Darüber hinaus haben sie zahlreiche weitergehende Sicherheitsvorschriften erlassen. Allgemein scheint man jedoch der Meinung zu sein, das sei immer noch zu wenig, und man müsse vor allem in jenen Bereichen besondere Vorkehrungen treffen, wo die Arbeiter mit toxischen Substanzen in Berührung kommen.

Was die Sicherheit der Fahrgäste betrifft, so ist wohl das Problem der sich während der Fahrt selbsttätig öffnenden Türen charakteristisch für die heutige Situation. Seit vergangenem Frühjahr warnen Tausende von Schildern die Fahrgäste davor, sich gegen die Türen zu lehnen.

Und bis jetzt ist noch niemand aus einem fahrenden Zug gefallen. Aber die Türen öffnen sich weiterhin, selbst in nagelneuen Wagen.
Heutzutage ist es allerdings weniger wahrscheinlich als vor zehn oder fünfzehn Jahren, daß ein Fahrgast bei einem schweren Unfall – wie zum Beispiel beim Entgleisen eines Zuges, bei einer Kollision oder einem Streckenbrand – zu Schaden kommt. Aber Ausstattungsmängel, die zu Problemen wie jenen Türen, sich losreißenden Wagen und zu den Motorbränden führen, könnten durchaus noch tödliche Unfälle provozieren. Wie schnell man dieses Risiko reduzieren kann, hängt sehr davon ab, inwieweit die TA neue Teile prüft und überwacht.
Die Kriminalstatistik des Jahres 1985 zeigt, daß man in der U-Bahn weniger gefährdet ist als auf der Straße. Aber das gegenwärtige Management der TA, die zusammen mit der Stadt auch für die Bahnpolizei verantwortlich ist, kann auch mehr Beamte auf Streife schicken. Der Einstellungsstopp von 1975 für die Bahnpolizei hatte die Beschäftigungszahl bis zum Jahr 1980 auf 2 500 reduziert. Danach hat eine regelrechte Woge an Einstellungen die Zahl wieder drastisch auf 4 000 erhöht, obwohl es mittlerweile keine merkliche Verschlechterung der Kriminalstatistik gegeben hatte.
1985 hatte sich die Sicherheit der Fahrgäste vor Raub und Vergewaltigung im Vergleich zu 1981 etwas verbessert, nicht allerdings hinsichtlich tätlicher Angriffe. In den ersten neun Monaten von 1986 ist die Verbrechensrate in der U-Bahn wieder gestiegen.
„Auch die Stadtpolizei muß in diesem Jahr mit einer verstärkten Kriminalität fertig werden", erzählt Bill Murphy, der Sprecher der Bahnpolizei. „Und dafür wird allgemein der steigende Mißbrauch von Kokain verantwortlich gemacht." Besonders in Queens und Brooklyn nehmen die Diebstähle von Handtaschen und Schmuck stetig zu, so daß die TA in diesen Bezirken wieder mehr Beamte als Zugbegleiter und auf Streife in den Bahnhöfen eingesetzt hat.
Seit Gründung der MTA im Jahre 1968 hatten die meisten Management-Teams jeweils nur zwei Jahre lang Zeit, sich zu bewähren. Kritiker haben das zum Anlaß genommen zu sagen, Kiley und Gunn hätten ihre Chance gehabt und sie vertan. Doch eine Organisation wie die New Yorker U-Bahn zu sanieren, ist eine langfristige Aufgabe. Kiley und Gunn sollten die Möglichkeit haben, den Eindruck ihrer ersten Jahre zu revidieren.
Nach dem Vergleich des U-Bahn-Systems von heute mit jenem von

Der Kreislauf der Kunst: das Guggenheim Museum.

vor zehn Jahren befragt, gibt Gene Russianoff von der „Straphangers Campaign“ wohl die treffendste Antwort: „Ob's schlechter oder besser geworden ist, ist mir piepegal ... so wie's ist, ist es verheerend.“ New Yorks U-Bahnen haben wohl noch eine lange Durststrecke vor sich.

When your're alone and life is making you lonely, you can always go downtown" – vorausgesetzt natürlich, du stehst auf der Liste –, vorzugsweise der A-Liste, versteht sich.

Hinter dem Steuer eines Porsche – oder wahlweise eines Sherman Panzers – durch den aufregenden Strudel der Schickeriaszene zu rollen und New Yorks Welt der Jungen, Begnadeten und Abgebrannten zu begaffen, ist schließlich keine Kunst, aber um das rein touristische Aha-Erlebnis hinter sich zu lassen und von der Downtown-Elite akzeptiert zu werden, gilt es, ein paar tausend klitzekleine Regeln zu beachten. Erstens, merke: Regeln gibt es gar nicht; du kleidest und benimmst dich ganz so, wie 's dir gerade behagt. Zweitens, kehre stets den zornigen Revoluzzer heraus, aber geh nie soweit, daß es deiner Karriere schaden könnte. Misch dich mit einem Stück Altmetall auf der Schulter in die Menge, aber bitte nur, wenn das Ding einfach „geil" aussieht. Laß dich stets von einer wahnsinnig dynamischen Kreativität treiben – anstatt eine Bierdose aus dem Fenster zu werfen, solltest du einen Ohrring draus zaubern. Und vor allem: sei möglichst schnell gelangweilt; sobald ein Trend einschlägt, den du selbst initiiert hast, überlasse das Absahnen jemand anderem und konzentriere dich tunlichst auf die nächsten drei Trends. Sieh zu, daß du immer zur absoluten Avantgarde gehörst, auch wenn's teuer werden kann.

Die Downtown-Szene ist verdammt schnellebig; glaubt man, gerade einen Club entdeckt zu haben, der ein heißer Tip sein könnte, ist prompt eine Pizzeria draus geworden. Aber das ist kein Beinbruch. Wenn man noch fünfzehn Minuten wartet, wird sie sicher auch wieder zur Bar. Der Bedarf an Dauer-Stimulanzien ist so groß, daß Friseure ihre Salonwände mit der neuesten Kunst schmücken und Galerien die ihren im Bedarfsfall eben mit Haaren. Clubs werden zu Ausstellungsräumen, die Büros der „American Legion" zu Clubs umfunktioniert, und das einzige, worauf du dich verlassen kannst, ist, daß du dich auf gar nichts verlassen kannst. Um der Abwechslung willen verwandeln sich Rollschuh-Discos praktisch über Nacht in Travestie-Bars, und niemand beschwert sich, solange die Getränkegutscheine nicht ausgehen. Ein Etablissement mit dem Namen „Area" gründet seinen Ruf hauptsächlich darauf, daß sein Genre und die Dekoration alle fünf bis sechs Wochen komplett geändert werden. Dadurch entsteht jeweils derselbe gute alte Schuppen in Grün.

Andere Clubs wechseln das Interieur sogar jeden Abend. Einer dieser Läden schöpft sein Leitthema jeweils aus der Geschichte der Menschheit, so daß man von der biblischen Party am Montag bis zur Fete des Jahres 2010 am nächsten Sonntag alles mitmachen kann. Allerdings sollte man in diesem Fall darauf achten, für jede Epoche das richtige Kostüm zu haben, wenn man nicht selbst auf dem Müllhaufen der Geschichte landen möchte. Außerdem darf man natürlich nie die warme Jacke für Vito Brunos „Illegale Treffs“ an so ungewöhnlichen Lokalitäten wie Subway-Eingängen oder Brückenpromenaden vergessen. Diese exzentrischen Open-air-Veranstaltungen bieten vertrautes Exterieur und prompten Beginn – denn alle kommen pünktlich, weil man eben weiß, daß die Party um Mitternacht ausgehoben wird. Vorher allerdings werden den Leutchen noch gute neunzig Minuten erstklassigen Nervenkitzels geboten.

Downtown-Parties sind ein wahres Aufputschmittel für die Sinne. Würde man eine Ratte aus ihrem gewohnten Laborkäfig in einen echten Downtown-Club verpflanzen, das arme Tier hätte sicher von all den phantastischen Eindrücken schnell eine schwere Psychose. Für echte Downtown-Clubhasen allerdings sind das alte Hüte ... sie wollen mehr. Tanzen allein verbreitet tödliche Langeweile; besonders heutzutage, wo eigentlich niemand mehr tanzt; und mit Video-Monitoren im Hintergrund kann es ohnehin nervig sein, besonders, wenn man einen Videoclip nicht mag und einem schon deshalb die Füße unweigerlich einschlafen. Aber mit Videos, Live-Bands, Modeschauen und Raumkunst als Kulisse können die Leute eben manchmal tatsächlich bis zum nächsten Gratis-Cocktail bei Laune gehalten werden. Die Clubs, in denen sich all diese Elemente finden, sind eine Art Mikrokosmos im exotischen Mischmasch, der sich Downtown nennt, ein Dauer-Kabarett der besten Nummern, das um Mitternacht beginnt und zu Ende ist, wenn allen danach ist.

Diese Quecksilber-Qualität hat Downtown seinen schillernden Glanz verliehen, denn sowohl Insider als auch Outsider verausgaben sich total, um einen Trend zu entdecken, der auch noch morgens um halb sechs Gültigkeit haben könnte. Downtown hat die Phantasie der Öffentlichkeit derartig in seinen Bann geschlagen, daß es einigen schon genügt, diesen Zirkus der bärtigen Modeopfer, aufgeblähten Fabelwesen und unglaublich akrobatischen Kreativitätsfans aus der Ferne zu beobachten – jedenfalls ist das weit weniger aufreibend. Das restliche Amerika findet die Vorstellung einfach faszinierend, daß es eine Szene gibt, in der offenbar jeder ein Künstler, Musiker, Designer oder „Beauty Stylist" (besser gesagt Friseur) ist und ausgesprochen ungewöhnliche Arbeitszeiten hat – nämlich vorzugsweise nachts. Natürlich haben sich die Medien gierig auf die Eigentümlichkeiten dieser Szene gestürzt, sie glorifiziert und damit aus den gesellschaftlichen „outcasts" von gestern die Mode- und Trendgurus von heute gemacht. Das war nicht immer so. Abgesehen von einer gelegentlichen Notiz über jemanden mit rosafarbenen Haaren in den Klatschspalten der Zeitungen dämmerten die Downtowner lange Zeit sich selbst überlassen in der relativ obskuren Welt der Lower East Side vor sich hin. Doch sobald die einstigen Außenseiter ins Licht der Publicity rückten, wurde ihr Freak-Image zum Freak mit Talent aufpoliert – mit gemischtem Erfolg. Zwar wurden die fellinesken Charaktere schließlich allgemein akzeptiert, doch unter dem Deckmäntelchen der gesellschaftlichen Anerkennung schlich sich der nackte Kommerz ein. Die Gegenden der Lower East Side, die sie kreiert hatten, wimmelten plötzlich von ganz und gar nicht kreativen Geschäftemachern und geldgierigen Grundstücksmaklern. Das ist eines der Paradoxe der Downtown-Szene – je mehr sie akzeptiert wird, desto weniger präsentiert sie sich als klar definierbare Einheit und sieht sich Kräften von außen ausgesetzt, die sie dem finanziellen Zugriff derer entreißen, die sie ursprünglich geschaffen haben. Im Sommer 1984 brachte „People" einen Artikel über die Szene, und die Mieten stiegen. Im Sommer 1985 hat „Life" das Thema aufgegriffen, und die Szene war reif für den Massenkonsum. Es ist eigentlich ein Wunder, daß noch immer Kreativität geliefert wird. Trotz ihres oberflächlich anti-autoritären Habitus haben eine Menge „Downtown-people" nichts dagegen, daß ein Glanz von Berühmtheit auch auf sie fällt und sie so die Chance erhalten, in das „restliche" Amerika aufgenommen zu werden, auch wenn das bedeutet, daß ihr Milieu etwas von seinem Funk-Appeal verliert. „Gesellschaftliche Anerkennung" lautet der Schlachtruf vieler, während sie ihre Zeitungsausschnitte in hübsche kleine Alben einsortieren.

Der ewige Kampf zwischen Revoluzzertum und Karriereambitionen macht Downtown zu einem Klima, in dem Flatterhaftigkeit gedeiht wie nirgends sonst. Die Tatsache, daß täglich eine völlig neue Legion von Künstlern, Musikern und Designern aus dem Boden schießt – wo sie nur alle herkommen? –, zwingt zur pausenlosen Kreativität. Versucht man nicht ständig, das Ohr am Puls der Zeit zu haben, kann man auch als Zwanzigjähriger plötzlich zum alten Eisen gehören und sich mit den Alt-Freaks zum Tatterkränzchen treffen, was vermutlich attraktiver klingt, als es ist. Aber selbst die Alt-Szenarios haben sich die Patina des Semi-Chic zugelegt – und scheinen sich auf glamourösere Weise selbst zu zerstören denn je. Zum Glück sind sie gegenüber den Künstlern in der Minderheit, und diese wiederum sind es gegenüber denjenigen, die sich für ihre Kunst interessieren. Die Neugierde auf die Szene hat so fiebrige Höhen erreicht, daß, als Cyndi Lauper – die Rockkönigin mit dem Fetzenlook und den grellen Farben – der Welt eröffnete, ihre phantastisch scheußlichen Ensembles stammten aus abgewrackten Klamotten der Billigläden von Downtown, ein regelrechter „Run“ auf diese lange geschmähte Ladengegend stattfand, weil sich dort plötzlich alle selbst ihre ureigensten Häßlichkeiten zusammenstellen wollten. Und kaum begannen Keith Haring und Jean Michel Basquiat, einst die bösen Buben mit öffentlich-aggressiver Kreide und Sprühdose, fünfstellige Preise für ihre Kunstwerke zu verlangen, stand die gesamte Downtown-Szene Kopf. Plötzlich war es nicht mehr nur chic, sondern auch profitabel, dazuzugehören, und das machte die Szene schicker denn je.

Eigentlich ist Downtown inzwischen so chic, daß es nicht mehr nur „downtown“ ist. Es ist zu einem Feeling, einem Stil, zu einer Sensibilität geworden, die in die Pop-Kultur eingedrungen sind, gleichgültig, wo sie beheimatet sein mag. Die Downtowner handeln sich in den Gegenden hinter der 14th Street mittlerweile keine blutigen Nasen mehr ein, ja sie sind sogar noch bis zur 23rd Street verhältnismäßig sicher. Kaufhäuser präsentieren Downtown-Stil in den Auslagen. Große Illustrierte bringen Glamour und Mode von Mademoiselle Downtown, während Avantgarde-Publikationen von der Avenue A zur Madison Avenue katapultiert werden. Neuerdings erscheinen frühere Persönlichkeiten der Subkultur in MTV-Videos, und Enfants Terribles des East Village werden internationale Superstars.

Plötzlich ist aus der Szene etwas geworden, das Zyniker mit einer riesigen Haring-Leinwand voller gesichtsloser Kreaturen vergleichen könnten, die sich gegenseitig füttern, bis alle ausgesaugt sind. Allerdings ist wenigstens die Leinwand von fünfstelligem Wert.

Wie locker und brüchig die geographischen Parameter der Szene sind, begreift man erst, wenn man erfährt, daß einer von Laupers Downtown-Qualitätskleiderläden Mimi's „Screaming" auf der Upper West Side ist. Seit die Mietspirale eine große Anzahl junger Künstler aus der Lower East Side treibt, ist Downtown allmählich überall dort, wo diese Leute Wohnungen zu vernünftigen Preisen finden, selbst wenn das Hoboken, New Jersey, Long Island City oder Queens sein sollte – Gegenden die die Szene noch vor ein paar Jahren schlicht zum Kotzen fand.

„Downtown" ist ein so sagenhafter Gemütszustand, daß man, solange für die öffentlichen Verkehrsmittel noch keine Gästeliste existiert, zum Reisen lediglich ein „token" * braucht.

* Einwurfmünze für das Drehkreuz in der U-Bahn, gilt als Fahrkarte

Die fünfzehn Gebote

Das sogenannte „Club-Verhalten" ist eine komplexe, ziemlich abgefeimte Wissenschaft mit ureigenen Spielregeln und Philosophien, wobei man letztere entweder im Laufe einer jahrelangen Erfahrung im Umgang mit Cocktail-Stäbchen oder schlicht durch gesunden Menschenverstand plus einer Prise aufgeschnappter Weisheiten erwirbt. Und je mehr man weiß, desto besser ist man gegen eine mögliche Karriere und gesellschaftlichen Selbstmord gerüstet, zwei Aktionen, die man schließlich beide ungern ohne das passende Kamerateam im Hintergrund startet. Damit kommen wir zu der grundlegenden Frage: Warum geht man überhaupt aus? Die Antwort lautet schlicht, aber ergreifend: Publicity. Es gibt Leute, die gehen aus, weil sie ihre Namen und Konterfeis gern in den Klatschspalten der Zeitungen wiederfinden, und das sind normalerweise dieselben, die sich später beklagen, man nehme sie in ihrer speziellen Berufssparte nicht ernst. Aber es schickt sich eben für einen Neurochirurgen nicht, allabendlich massenweise Mai Tai's in sich hineinzuschütten und kokett mit den Schirmchen zu spielen, während er das aufgemotzt exotische Hühnchen in der Hoffnung zerlegt, für seine Person auf Seite 6 der „New York Post" ein paar Zeilen herauszuschinden. Er sollte sich lieber an die medizinischen Fachzeitschriften halten.

Weitere Gründe, die eigene Behausung zu verlassen, sind unter anderem folgende:

1. Abgeschleppt zu werden. Dieses zeitlose Gesellschaftsspiel stellt die

grundlegende Daseinsberechtigung der Clubs dar und hält sie in Schwung. Wer allerdings die Tanzfläche allein als Paarungsfeld benutzt, legt sich die verdienten Fußangeln. Das Meer potentieller „Dates" ist deprimierend genug, um dem lebenslangen Zölibat anheimzufallen. Sind sie leicht zu haben, muß man damit rechnen, daß sie an einem Abend schon mehr Partner umarmt haben als man selbst im ganzen Leben, oder es handelt sich um so umwerfende Schönheiten, daß sie unbedingt an die Leine gehören. Wie auch immer, ihr frenetisches Wimperngeklapper erzeugt sicher eine Druckwelle, die dich rücklings wieder auf die Straße befördert. Diejenigen allerdings, die nicht zu haben sind, gehören bestimmt nicht zu dem Club, dem du angehörst, also brauchst du dich erst gar nicht anzustrengen.

2. Geschäfte aufreißen. Je offensichtlicher man darauf aus ist, desto offensiver ist man und hat dementsprechend Erfolg. Du kannst nicht einfach ausgehen, nach allen Seiten offen sein und aufs Beste hoffen. Nimm dir fest vor: „Heute mache ich Kontakte." Und dann begehst du jede Gemeinheit, die dazu nötig ist.

2. Sich amüsieren. Auf eigene Verantwortung, mein Freund.

Wenn schon mal klar ist, warum man ausgeht, steht praktisch auch fest, mit wem man sich zusammentut. Ist Publicity angesagt, sind es natürlich Fotografen, Journalisten und VIPs. Zu nicht allzu attraktiven Singles, vorzugsweise mit verächtlich schmollendem Zug um den Mund, solltest du dich gesellen, wenn du auf Dates scharf bist. Leute mit Toupets sucht man sich als Gesellschaft für angehende Geschäfte. Keine der oben genannten Personengruppen ist allerdings angesagt, falls man sich amüsieren möchte. Aber auch dafür gibt es Spielregeln, nämlich die Fünfzehn Gebote von Downtown, auf einem Clip-Brett für Gästelisten eingraviert und der gesamten Gemeinde vom Dach der Danceteria überreicht:

1. Sage stets zuerst „Hallo". Wenn du nämlich wartest, daß die anderen es tun, kannst du die ganze Nacht warten und vergeudest wertvolle Zeit, die du nutzen könntest, um jemand anderem „Hallo" zuzurufen. Deine Bereitwilligkeit, den ersten Schritt zu tun, beeindruckt die anderen und macht sie gleichzeitig schuldbewußt. Dieses Schuldgefühl kann dir später nur zugute kommen, wenn du nämlich mindestens einen größeren Gefallen aus den Herrschaften herauskitzeln möchtest.

2. Sage nie „Was gibt's Neues?" oder „Wie geht's?". Das sind die ödesten Fragen in der westlichen Zivilisation. Wenn Leute auch nur ahnen,

daß du eine davon stellen willst, verlassen sie in panischer Hast den Saal. Es ist ratsamer, statt dessen auf etwas subtilere Art und Weise Informationen aus den anderen herauszuholen, ohne die eigene Ignoranz preiszugeben. Eine Möglichkeit zum Beispiel ist die Formulierung: „Haben Sie schon gehört, was gestern im Palladium passiert ist?" – und dann wartest du einfach ab, daß sie dir was übers Palladium erzählen.

3. Sei euphorisch, aber sabbere nicht. Vom rein ästhetischen Standpunkt aus ist sabbern ausgesprochen unappetitlich und erfordert oft eine chemische Reinigung. Zuviel Euphorie kann ebenfalls unangenehme Folgen haben, deshalb sollte man sie nur dann an den Tag legen, wenn etwas Wahres dahintersteckt. Siehst du überhaupt keine Möglichkeit, ehrlich überschwenglich zu sein, dann nippe lieber nur schweigend an deinem Drink und nicke mit dem Kopf wie die Buddhas, die manche Leute auf der Hutablage ihrer Autos spazierenfahren.

4. Rede nie schlecht über jemanden, es sei denn, andere hätten damit angefangen. Und selbst dann sollte man es in rhetorisch geschickte Formen kleiden wie zum Beispiel: „Sie ist irgendwie vulgär, finden Sie nicht?" Dann macht man eine Pause, als erwarte man tatsächlich eine Antwort.

5. Achtung! Nur inoffizielle Statements abgeben! Das gilt besonders für abgeschmackte Bemerkungen wie: „Das ist jetzt ganz inoffiziell, aber wie heißen Sie eigentlich?" Die Hälfte des Club-Publikums schreibt nämlich Bücher.

6. Man flechte stets eigene Erfolge in die Unterhaltung ein. Sag zum Beispiel: „Ihr Kleid ist einfach zauberhaft. Es erinnert mich verblüffend an ein Bild, das ich gerade gemalt habe. Ich habe übrigens zur Zeit eine Ausstellung in der Frank Bernaducci Galerie laufen. Hier ist eine Einladung für die Vernissage."

7. Ist dein Gegenüber wichtig, lenke das Thema wieder auf das Kleid bzw. seinen Aufzug. Wenn nicht, müssen wir uns fragen, weshalb du dich überhaupt mit ihm abgibst.

8. Trage stets hohe Absätze. Auf diese Weise kann man jeden sehen, der da ist. Und sollte einen jemand unhöflich anrempeln, laß ihn deinen Absatz spüren bis aufs Blut.

9. Frag bitte nicht jeden, ob er Getränkemarken hat. Sonst merkt nämlich auch der Dümmste, daß du keine hast.

10. Kein Fishing for Compliments bitte! Das zeigt leider nur, wie

unsicher du bist. Wenn den Leuten was gefällt, dann sagen sie's dir schon. Wenn nicht, dann sagen sie's auch. Solltest du das Gefühl haben, sie könnten gleich beleidigend werden, wechsle sofort das Thema und behaupte, sie sähen fabelhaft aus. Die Beleidigung bleibt ihnen prompt im Hals stecken. Verlaß dich drauf.

Folgende Doppelseite: Fischverkäufer am unteren Broadway.

11. Ist jemand offensichtlich auf Komplimente aus, dann gib sie ihm in Gottesnamen, aber trage dabei so dick auf, daß kein Zweifel an deiner Unaufrichtigkeit besteht. Sag zum Beispiel: „Sie sehen einfach phaaantaaastiiiisch aus!" und grinse dabei so verächtlich, daß jeder weiß, dir ist fast schlecht und du bist sauer, weil man dich zum Lügen zwingt.

12. Laße massenweise unauffällig Namen fallen, aber bitte nur, wenn es gute Namen sind und du Einzelheiten mitliefern kannst. Also sag gefälligst nicht: „Ich treffe mich morgen mit Mick zum Lunch", sondern: „Morgen hole ich um Viertel vor eins Mick Jagger ab. Wir wollen in der Bar Lui „Vitello Speciale" essen, das ist doch sein Lieblingsgericht." Selbst wenn das eine unverschämt knallharte Lüge ist, klingt es wesentlich glaubwürdiger.

13. Ertappt man dich irgendwo zu früh am Abend, dann dreh den Spieß rum und frage: „Was machst du denn schon so früh hier?" Und dann: „Also ich bin immer schon um die Zeit da. Es ist so viel angenehmer, bevor der ganze Schrott hier reindrückt. Weniger kann gelegentlich mehr sein, n'est-ce pas?" Auch hier ist gute Rhetorik der Schlüssel, und wenn man 's auf französisch sagen kann, um so besser.

14. Gib niemals zu, daß du etwas nicht weißt. Fragt jemand: „Hast du schon gehört, daß die Danceteria an den Ex-Mann von Tina Turner verkauft werden sollte, das Geschäft aber in letzter Minute aufgeflogen ist?", dann gähnst du und antwortest: „Ja, natürlich", auch wenn du bislang keine Ahnung davon hattest.

Aber vor allem merk dir eins: Halte dich nicht sklavisch an irgendwelche Regeln. Bleib locker. Sei ganz du selbst. N'est-ce pas?

CARO

Es gab da diesen Witz, den mein Cousin meinem Bruder Robert erzählte, als der fünf Jahre alt war. Der ging so: „Dick, DickDick und ZwickMich saßen in einem Boot. Dick und DickDick fielen raus. Wer blieb übrig?" Und mein Bruder sagte: „Zwickmich", und mein Cousin zwickte ihn. Als dann mein Bruder nach Hause kam, sagte er zu meiner Mutter, er wolle ihr einen Witz erzählen. „Dick und DickDick saßen in einem Boot. Dick und DickDick fielen raus. Wer blieb übrig?" „Niemand", sagte meine Mutter. Mein Bruder wiederholte den Witz, und als meine Mutter wieder „niemand" sagte, trat mein Bruder sie. Seitdem sind zwanzig Jahre vergangen ... Ich war immer älter als mein Bruder, und meine Mutter erzählt heute noch von seiner Wut über ihre falsche Antwort. Er hatte ihr nur das antun wollen, was ihm angetan worden war. Jetzt lebe ich also in New York, und hier dreht sich alles um die Wohnungssituation. Ich hatte eine kleine Wohnung in einem alten Apartmenthaus in der Upper West Side, aber sie war zu teuer, und etwas Billigeres zu finden, war völlig unmöglich. Überhaupt lief es nicht besonders gut für mich. Ich meine, ich könnte nicht gerade behaupten, Geld zu verdienen. Ich hatte mir gedacht, du ziehst einfach nach New York und verkaufst deinen Schmuck – ich arbeitete mit Gummi, lackierten Seepferdchen und kleinen James Bond-Figuren aus Plastik als Ohrring – aber wie sich herausstellte, waren etliche andere Mädchen schon vor mir drauf gekommen. So kam es, daß ich aufgab und Stashua erzählte, daß ich nach Hause gehen würde, um mit meiner Mutter zu leben. Stash und ich waren seit sechs Monaten zusammen. Er meinte, wir könnten ja versuchen, zusammenzuwohnen.

Seit ungefähr einem Jahr leben wir jetzt in seiner Wohnung im Village. Das Zimmer ist groß, aber er hat einen Haufen Kram – Kisten und Wandschränke voller Papiere. Schließlich wohnt er seit zehn Jahren hier, und nach seiner Scheidung hat er sechs Jahre lang mit niemandem zusammengelebt. Allmählich gewöhne ich mich daran. Morgens räume ich ein bißchen auf, gehe mit seinem Dalmatiner Andrew raus, komme zurück, poschiere Stash zwei Eier, backe Rosinenbrötchen und koche ihm Kaffee mit viel Zucker. Normalerweise meldet sich um diese Zeit der Pförtner über die Gegensprechanlage, und ich muß runter, um ein Paket abzuholen, oder ich laufe zum Laden, um Zigaretten oder sonstwas zu besorgen. Dann geht Stash arbeiten. Er ist ein Künstler.

Er ist Künstler, arbeitet selbständig und kann deshalb anfangen, wann er will. Nur in letzter Zeit war er immer schon um zehn weg, da er unter Druck ist, die Sachen rechtzeitig zur Eröffnung seiner Ausstellung in einer Galerie in der siebenundfünfzigsten Straße fertigzukriegen. Ich sehe mir ein paar Soap Operas im Fernsehen an und trinke eine zweite Tasse Kaffee. Dann plane ich normalerweise das Abendessen. Es könnte zum Beispiel Cornish Wildhuhn mit Orangenglasur, Curryreis und Spargel geben oder Fettuccine Alfredo mit Knoblauchbrot und Salat – nichts zu Ausgefallenes. Dann gehe ich mit Andrew zum Supermarkt, binde ihn draußen an und gebe die leeren Flaschen ab. Stash mag Coca Cola, Cracker Jacks, und Marshmellows ißt er direkt aus der Tüte.

Nun ja, ich gewöhne mich daran. Er beschwert sich immer noch heftig, wenn ich Make up auf dem Klodeckel liegen lasse. Bis ich ihn mal darauf hinwies, daß er in seine katholische Kindheit zurückfällt, sagte er immer „Eleonor, schau dir diese Sünde an." Was geht ihm sonst noch auf die Nerven? Wenn mir beim Abwaschen etwas Fett auf den Fußboden tropft – dort, wo ich mit der Bratpfanne zum Mülleimer gegangen bin –, dreht er durch. Genauso mit Kleidung – wenn ich irgendwo Klamotten rumliegen lasse, oder wenn er was nicht finden kann, nachdem ich es gewaschen habe.

Wenn ich das falsche Deodorant kaufe, klärt er mich fünfzehn Minuten lang darüber auf, weshalb er kein Antitranspirant, sondern nur Deodorant benutzt. Antitranspirant verstopft die Poren und verhindert das Schwitzen, was ungesund ist – während Deodorant nur den Geruch kaschiert. Na ja, es ist schließlich sein Apartment, und wenn wir uns streiten, beschleicht mich manchmal diese Panik: wo könnte ich denn sonst hin? Ich habe ein paar Freundinnen in der Stadt. Die eine vermietet ihr zweites Zimmer für 650 Dollar im Monat. Die andere hat ein dreijähriges Baby, und gegen Kinderbetreuung oder so etwas würde sie mich bestimmt auf ihrer Couch im Wohnzimmer schlafen lassen – aber wäre das ein Fortschritt? Außerdem will ich ja lernen, mit einem Mann auszukommen.

Also, es passierte folgendes. Ich ging ohne Stash zu einer Party. Es ging ihm nicht besonders gut, und ab und zu versuche ich, etwas ohne ihn zu machen. Das ist für mich wahnsinnig schwierig. Viel lieber gehe ich mit ihm weg. Wenn er seine ganzen Freunde begrüßt, kann ich mich im Hintergrund halten, ab und zu lächeln, und keiner erwartet, daß ich viel sage. Neulich kam beispielsweise in einem Nachtlokal ein Typ zu uns rüber. Der redete eigentlich überhaupt nicht mit mir, sondern mit Stash – über Geschäfte und ihre Baseballmannschaft. Was könnte ich schon dazu sagen? Ich habe nichts zu sagen.

Jedenfalls, es war eine Einzugsparty für Mona und Phil, ein Pärchen. Eigentlich kannte ich sie kaum. Mona hatte Geld von ihren Eltern, und sie hatten gerade ein neues Apartment in der vierzehnten Straße gefunden, 1500 Dollar im Monat – ein echter Glückstreffer, sechster Stock in einem Gebäude ohne Fahrstuhl. Phil war Tischler, deshalb konnte er die Toilette und sonstige Installationen selbst einbauen. Die meisten ihrer Klamotten und Kisten waren noch nicht ausgepackt. Ich saß auf der Couch, trank eine Margarita und hörte Monas Vater und Mutter zu, die von ihrer Reise nach China erzählten. Die Reisegruppe sollte in irgendeinem Luxushotel in Peking wohnen, man zog Lose, und Monas Eltern gewannen. Darum durften die beiden in der Prachtsuite mit vollausgerüsteter Bar übernachten.

Als ich ihnen lange genug zugehört hatte, drehte ich mich um – neben mir saß ein total atemberaubender Mann und aß Kentucky Fried Chicken. Mona und ihr Mann Phil hatten zwar die Soße selbst gemacht, aber da sie mitten im Umzug waren, hatten sie einfach bei Kentucky Hühnchen gekauft und in einem mit einem Tuch ausgelegten Korb angerichtet. Ich aß nichts, ich hatte schon für mich und Stash Abendessen gemacht. Da es ihm nicht gut ging, war es eine einfache Mahlzeit gewesen – selbstgemachte schwarze Bohnensuppe, Makkaroni mit Käse und ein kleiner Salat. Zuerst war ich irgendwie ärgerlich, als ich mitbekam, wie dieser Typ gebratenes Hühnchen aß und mich dabei anstarrte. Ich fand nämlich, daß er a) mit seinen grünen Augen und seinem lockigen schwarzen Haar viel zu gut aussah und daß er b) wahrscheinlich ein Schauspieler war, weil es so aussah, als spiele er die Dinnerszene aus Tom Jones nach – ein alter Film mit Albert Finney. Stash behauptet immer, ich hätte Arme wie ein Kutscher, und als dieser Typ mich ansah und dabei einen mickrigen Hühnerflügel aß, fühlte ich mich unwohl. Ich wollte ihm eigentlich bloß klarmachen, daß er mit diesem Theater aufhören und ein ganz normaler Mensch sein kann. Er stellte sich vor, und wir redeten. Seit wer weiß wie langer Zeit war es das erste Mal, daß ich mit einem anderen Mann sprach. Stash ist halb Pole, halb Italiener, und darum hält er nicht viel von Gesprächen zwischen den Geschlechtern. Dieser Typ hieß also Mikell. Er kam aus Südafrika und schrieb Romane, die mit Politik zu tun hatten – deshalb war er vor einiger Zeit aus dem Land geworfen worden. Sie haben ihn eigentlich nicht direkt rausgeworfen, sondern nur die Arbeit beschlagnahmt, an der er gerade saß. Ich fragte ihn, ob er Jimmy Gwynne kennt, der aus Cape Town kommt, und natürlich kannte Mikell Jimmy. Sie hatten sogar vor sechs Jahren in London zusammen gewohnt. Er war mit Millie zur Party gekommen. Millie wollte ich immer mal kennenlernen, weil sie eine der wenigen erfolgreichen Malerinnen in New York war. Also sagte ich Hallo zu Millie, und es stellte sich heraus, daß wir zum selben College gegangen waren. Sie hatte aber ihren Abschluß acht Jahre vor mir gemacht. Es kam mir gar nicht in den Sinn, daß Mikell und Millie zusammen waren, ich dachte, sie seien einfach zur gleichen Zeit zur Party gekommen. Egal, Millie ging zu den anderen, und Mikell unterhielt sich weiter mit mir. Ich gab also Mikell meine Anschrift und Telefonnummer, ohne zu erwähnen, daß ich mit jemandem zusammenlebe. Ich muß dazu sagen, daß ich zu diesem Zeitpunkt nicht die geringsten Hintergedanken hatte. Stash ermunterte mich immer, ein selbständiges Leben zu führen. Dieser Mikell hatte Augen, die einen ganz krank machten – grüne Teiche, wie man sie nie sieht und niemals sehen will: wenn er einen ansah, wurde einem in den Knien weich, was mich wütend machte. Ich reagierte einfach nicht – ich meine, ich ließ es nicht zu, daß meine Knie weich wurden. Ich unterhielt mich einfach so mit Mikell, als ob er eine meiner Freundinnen wäre. Wenn ich mir 's recht überlege, konnte ich mich überhaupt nicht mehr anders mit jemandem unterhalten.

Ein paar Tage später, Stash war schon arbeiten gegangen, rief mich Mikell an und wir verabredeten uns auf einen Kaffee. Wie sich herausstellte, wohnte er nur ein paar Ecken weiter. Ich saß in der hintersten Ecke der White Horse Tavern, und hoffte, daß mich niemand durch die Scheibe erkennen und Stash alles melden würde oder so.

Mikell trat ein. Unglaublich weiße Zähne (dort drüben in Südafrika müssen sie irgend etwas ins Wasser tun), und diese Augen – strahlendes Grün (vielleicht trug er ja Kontaktlinsen). Ich konnte es nicht glauben. Er hatte ein Exemplar seines Romans für mich mitgebracht. Er war bereits in England veröffentlicht und Mikell suchte einen amerikanischen Verleger. Der Roman hieß „Registered Alien“. Nach einer Weile mußte ich ihm erklären, daß ich mit jemandem zusammenlebte, und Mikell fragte mich, wie es lief. Ich sagte okay, daß ich davon träumte, eines Tages soviel Geld zusammenzuhaben, daß ich ausziehen könnte. Ich erzählte ihm, daß ich mit Stash ganz gut auskam, daß er aber nie Besuch haben wollte, daß wir keine Couch, sondern nur ein Bett hätten und daß sein Kram überall rumlag, die Wohnung seit zehn Jahren nicht gestrichen worden war und ich davon träumte, eine richtige Wohnung zu haben – vielleicht mit einer kleinen Terrasse und Geranien, und dann gäbe es bei mir ab und zu Dinnerparties mit acht oder zehn Gästen.

Es stellte sich heraus, daß Mikell mit Millie zusammenlebte. Sie hatten sich in Los Angeles kennengelernt. Millie war wegen einer Ausstellung dort gewesen und Mikell hatte dort gelebt und Drehbücher für eine Filmproduktion gelesen. Mikell hatte Millie nach Südafrika eingeladen, dort lernte sie seine Mutter kennen, und sie kamen wirklich gut miteinander aus. Mikell nahm Millie zu ein paar Zulu-Bekannten mit; und sie tanzte mit ihnen; sie blieben die ganze Nacht auf und tranken irgendein selbstgemachtes Gebräu – Millie war begeistert. Als Millie nach New York zurückflog, bot sie Mikell an, er könne bei ihr einziehen – New York, die Stadt der Verlage. Mikell sagte ja, sie vertrugen sich bestens, es gab nur das eine Problem, daß sie sich immerzu stritten. Die Situation war die: Millie hatte eine Eigentumswohnung, und ihr ehemaliger Freund hatte, als sie verlobt waren und dachten, sie würden heiraten, die Wohnung nebenan gekauft. Sie hatten die Zwischenwände eingerissen, und Millies Ex-Freund vermietete jetzt seinen Teil zu einem so günstigen Preis an Mikell, daß der es sich leisten konnte, in New York zu leben, obwohl er völlig pleite war – und das war der Ort, wo er sein wollte. Millies ehemaliger Freund vermietete seine Hälfte der Wohnung zu so einem Spottpreis an Mikell, weil es ein Vermögen gekostet hätte, die Wände zwischen den beiden Apartments wieder aufzubauen, und Millie sich strikt weigerte, mit einer völlig fremden Person zusammenzuwohnen. Glück für Mikell, daß Millie ihn nicht für einen völlig Fremden hielt, sonst hätte er nach Los Angeles und zu seinem Job zurückkehren müssen, wobei das das Letzte für ihn war.

Wir beide saßen einfach so da. Mikell legte seine Hand auf meine. Da war eigentlich nichts Erotisches dabei. Wir saßen an einem Holztisch in der White Horse Tavern, sahen einander an, saßen da. Wir waren beide in der gleichen Situation. Vielleicht wäre es anders gewesen, wenn einer von uns eine eigene Wohnung gehabt hätte. Nicht etwa,

daß Mikell Millie nicht sehr gern gehabt hätte – er mochte sie sehr. Aber sie stritten sich dauernd, und abends durfte er nicht alleine fort. Millie hatte kaum mal Lust wegzugehen, und Mikell hätte gerne etwas von der New Yorker Szene mitbekommen, wo er doch endlich hier war.
Als wir gingen, ließ ich Mikell den Kaffee bezahlen. Er sagte, er würde mich bald wieder anrufen. Ich sagte ihm, er solle nur zwischen elf und eins anrufen, weil ich dann sicher sein könne, daß Stash weg wäre. Ich bat ihn, seinen Roman zu signieren. Er schrieb, „Für Eleonor am Fluß, mit Liebe Mikell". Woraufhin ich sagte, „schreib mir doch deine Nummer auf, für den Fall, daß ich dich anrufen muß."
Es gab überhaupt keine Heimlichtuerei. Ich wollte ihn wie eine Freundin haben, und deshalb erzählte ich Stash auch von der Verabredung mit Mikell. Ich hatte mir überlegt, daß es zwischen mir und Mikell nie klappen könnte, weil wir beide in der gleichen Situation steckten, aber im Quartett könnte Millie meine Freundin sein und Stash mit Mikell beispielsweise Pool spielen gehen. Es ist wichtig, auch in einer Beziehung für neue Leute offen zu sein, neue Freunde zu suchen, und wenn du in einer Beziehung steckst, ist es am einfachsten, wenn die neuen Freunde auch ein Paar sind.
Stash hatte fast einen Nervenzusammenbruch. Zwei Tage sprach er überhaupt nicht mit mir, dann brüllte er, ich solle ausziehen, damit ich endlich mit dem Kerl schlafen könne und wie ich es wagen könnte, Liebesbriefchen von irgendeinem Kretin nach Hause zu bringen.
Ich sagte, „Stash, ich hätte dir doch nichts davon erzählt, wenn da irgendwas wäre. Ich habe Mikell die ganze Zeit erzählt, wie großartig du bist, und er redete nur über Millie."
Stash sagte, „Hör mit diesem Unsinn auf, so fängt's doch immer an – man geht aus und erzählt sich von seinen Beziehungen, und dann steigt man zusammen ins Bett. Vielleicht ist's besser, wenn wir Schluß machen", sagte er. „Ich fange an, mich mit dir zu langweilen."
So ging's den ganzen Tag. Ich fing an zu weinen. Ich sagte, „Wenn du willst, daß ich gehe, dann bleib ich nicht. Du weißt, wie sehr ich dich liebe, und ich kann deine Reaktion einfach nicht verstehen." Ich sagte, „ich dachte mir, daß du dich mit diesem Typen gut verstehen würdest – er will deine Bilder sehen, und ich dachte, ich könnte mit ihr befreundet sein."
„Mit wem?" fragte Stash.

Funktionalität oder Schönheit?

„Der Freundin", sagte ich.
Stash sagte, „willst du, daß ich sie anrufe und mit ihr ausgehe? Willst du das? Schön. Du machst das ja alles aus Unsicherheit. Was hasse ich wohl an dir am meisten?"
„Daß ich unordentlich bin?" sage ich.
„Nein."
„Meinen Charakter?"
„Nein", sagte er. „Deine Unsicherheit. Das ist es, was ich am meisten hasse. Du bist so verdammt unsicher. Warum hörst du nicht endlich damit auf?"
Da kam ich nicht mit. Gut, ich bin unsicher, aber ich konnte da wirklich keinen Zusammenhang sehen. Daß ich mit einem Mann zum Kaffee verabredet war, ist doch kein Beweis für diese Charakterschwäche. Ich heulte den ganzen Sonntag, und Stash ging mit seinen Freunden Baseball spielen.
Um halb eins rief Mikell an. Ich versuchte heiter und glücklich zu klingen. Er war wirklich klug, und ich konnte mir gar nicht vorstellen, wie Millie es anstellte, sich mit ihm zu streiten. Ich wollte ihn auf einen Kaffee treffen, aber meine Augen waren ganz verquollen. Ich konnte ihm einfach nichts vormachen, und ich erzählte, daß die letzten drei Tage die reine Hölle gewesen waren, daß Stash durchgedreht war, weil ich mit einem Mann Kaffeetrinken gegangen war.
Mikell sagte, „bei mir war 's das gleiche. Sie hat völlig ihren Verstand verloren."
Schweigen. Ich sagte, „gut, wir sehen uns morgen auf einen Kaffee."
Er sagte, „ich kann nicht. Wie wär's mit Mittwoch?"
Ich sagte, „ich ruf dich am Morgen an, ich weiß nicht genau, ob ich's schaffe."
Schweigen. Er sagte, es wäre besser, wenn ich ihn nicht anriefe.
Einmal trafen wir uns noch. Es war wirklich traurig. Dann sah ich ihn zufällig auf der Bank. Millie war dabei, und sie lächelte mich ganz merkwürdig an. Ich war ohne Make up, und ich trug meine spitz zulaufende Brille mit kleinen Kristallen an den Ecken. Vielleicht erkannte sie mich nur halb, denn das letzte Mal, als sie mich gesehen hatte, auf der Party, hatte ich Kontaktlinsen getragen und haufenweise Schmuck um – Sachen wie meine James-Bond-Ketten und mein Ohrringset. Als Millie zum Bargeldautomaten ging, kam Mikell zu mir rüber und fragte, ob ich nach der Bank nach Hause ginge.

Zum Glück war Stash nicht da, als ich nach Hause kam, und Mikell rief ein paar Minuten später an. Wir redeten nur kurz. Mikell sagte, es wäre am besten, wenn wir für eine Weile nichts voneinander hörten. Er sprach ganz leise. Ich sagte, „aber Mikell, ich muß dich treffen, wie könnten wir sonst unsere verrückte, leidenschaftliche Affäre fortsetzen?"

Es gab einen Augenblick des Schweigens.

„Nur ein Scherz", sagte ich.

Danach betete ich immer, daß das Telefon nicht klingeln soll, wenn Stash nachmittags zu Hause war.

Ich bemühte mich, die Wohnung sauber zu halten. Meine Mutter lebte außerhalb der Stadt in einer Zweizimmerwohnung. Zu ihr hätte ich nicht fliehen können. Um halb acht stand ich auf, um mit Andrew runter zu gehen. Alles lief okay. Stash kaufte mir einen Mantel – leuchtend orangener Wollstoff mit einem grünen Samtkragen. Nicht gerade mein Traummantel – ich hätte wahrscheinlich einen etwas weniger auffälligen genommen. Aber es war schön, einen neuen Wintermantel zu haben.

Meine Freundin Abby rief mich aus Boston an. Sie war völlig hysterisch. Folgendes war passiert. Seit ein paar Jahren lebte sie mit diesem Typen zusammen. Er war Art Director bei einer Werbeagentur, und sie unterrichtete bei Simmons – ein guter Job mit Festanstellung. Aber das Haus, ein altes, selbst renoviertes Sandsteinhaus an der hinteren Bucht, gehörte Roger. Er hatte seinen Job verloren und verlangte nun, daß sie finanziell etwas beisteuern sollte, aber er wollte sie trotzdem nicht heiraten. Und genau da tauchte plötzlich Abby's alte Flamme wieder auf. Er wollte, daß sie nach New York zieht und mit ihm zusammenlebt.

„Was willst du tun?" sagte ich.

Abby sagte, daß Boston und Roger sie langweilten, obwohl diese alte Flamme, Bruce, ein Arsch wäre. „Ich könnte doch in New York mit Bruce zusammenleben", sagte sie, „und einmal die Woche zum Unterricht nach Boston fliegen, und vielleicht lerne ich ja jemanden in New York kennen, der mir lieber ist als Bruce." Ich sagte, „Abby, tu's nicht. Früher wurden Hochzeiten von den Eltern arrangiert, und selbst wenn der Kerl ein Arsch war, hattest du wenigstens die Sicherheit der Ehe, keiner konnte dich einfach auf die Straße setzen. In der heutigen Welt herrscht das Sklavensystem, und wenn du mit diesem Typen in New

York lebst, wirst du der Sklave sein."
„Ich hab mich dran gewöhnt, daß Roger für mich kocht", sagte sie. „Meinst du, ich würde für Bruce kochen müssen?"
Sie wußte schon alles über meine Abendmenus, die hektischen täglichen Vorbereitungen. „Ja", sagte ich. „Du müßtest für Bruce kochen. Was machst du wohl, wenn ihr zwei euch streitet und er dir sagt, du sollst abhauen? Mit deinem Gehalt wirst du hier nie ein Apartment finden."
„Ich weiß, daß Bruce ein Langweiler ist," sagte sie. „Aber ich dachte mir, daß ich solange mit ihm zusammensein könnte, bis ich jemand anderen gefunden hab."
Ich sagte, „Abby, vergiß das Ganze. Glaub bloß nicht, daß es hier besser wäre." Da ich kaum was über die Situation mit Roger wußte, hatte ich ihr das eigentlich nicht sagen wollen, aber was sie erzählte, klang gar nicht so übel. Ich sagte, „wenn du mit Bruce zusammenlebst, wirst du der Sklave sein. In anderen Städten ist das anders, aber da sind die Mieten nicht so hoch. Roger hat nicht die gleiche Macht über dich, weil du immer damit drohen kannst auszuziehen, um dir in Boston deine eigene Wohnung zu nehmen."
„Das wußte ich nicht", sagte sie. „Ich werd mir alles nochmal überlegen. Bist du ganz sicher, daß in New York keine Männer zu haben sind?"
„Es gibt Frauen", sagte ich. „Es gibt Hunderte von Frauen. Sie durchstreifen die Stadt, und alle Männer sind entweder schwul oder gehören selbst zur Klasse der Sklaven. Der einzige Ausweg besteht darin, reich zu werden, damit du dir selbst eine Wohnung mieten kannst – dann kannst du deinen eigenen Sklaven nehmen; einen, der arm, aber gefügig ist."
„Die Frauen, die da herumstreifen – sind sie attraktiv?" sagte Abby.
Ich merkte, sie hatte nicht zugehört. „Abby", sagte ich. „Das ist New York. Sie lassen sich für hundertsiebzig Dollar die Haare schneiden und tragen schwarze Ledergürtel mit Schnallen aus purem Silber."
„Ach so", sagte sie. „Und wie geht's sonst so?"
„Stash und ich vertragen uns sehr gut", sagte ich. „Er hat mir gerade einen neuen Wintermantel gekauft. Aber ich mach jetzt lieber Schluß. Ich muß mit Andrew runtergehen."
Nachdem ich aufgelegt hatte, dachte ich darüber nach, was ich Abby hätte erzählen sollen: das ist so, Dick und DickDick sind rausgefallen und alles, was in New York übrigblieb, ist Zwickmich. Aber ich bin mir

nicht so sicher, daß sie das verstanden hätte. Ich erinnerte mich daran, daß mein Bruder Roland, als er fünf war, kleine Stiefel mit Stahlkappen trug. Damit trat er meinen Cousin, nachdem der ihm den Witz erzählt und ihn gezwickt hatte. Mein Cousin war richtig wütend über das Benehmen von Roland, und er rief meine Mutter an, um sich zu beschweren. Er hatte einen dicken blauen Fleck. Meiner Mutter war das peinlich: Irgendwas mußte falsch daran sein, wie sie ihre Kinder erzog. Heute ist Andrew irgendwo in Texas Facharzt für Gynäkologie und Geburtshilfe.

THINK!
HUSBAND
"LIB"
HUSBAND'S
"LIB"
THE NEW YORK HILTON
SIGN HERE FOR
HUSBAND
LIBERATION
WE WANT OUT
OF THE KITCHEN
WOMEN WORKING
MEALS NOT PREPARED
KIDS UNSUPERVISED
CHILD ABANDONMENT
GENERATION GAP
BIBLE
KIDS DON'T EVEN KNOW WHAT THE "10" COMMANDMENTS ARE: EXODUS 20TH CHAPTER
HARRY BRITTON ERIE, PA.
DOWN WITH WOMENS "LIP"
SOUR WIFE?

New York, der Bundesstaat, der die amerikanische Version des Wohlfahrtsstaates konzipiert und entwickelt hat, hat sich den größten Teil des letzten Jahrzehnts mit dem Gedanken befaßt, ob das wirklich eine so gute Idee war, und gleichzeitig versucht, sie am Leben zu erhalten. Eigentlich wollten die New Yorker sich den Problemen gar nicht stellen. Aber sie waren durch den 1975 drohenden Bankrott – zunächst der Stadt und dann des Bundesstaates – dazu genötigt. Die Finanzkrise erzwang scharfe und schmerzhafte Kürzungen der Regierungsausgaben. Es gab Entlassungen einer ungeheuren Zahl von Angestellten, weit mehr, als andere Städte oder Staaten überhaupt je eingestellt hatten. Die verbleibenden Hunderttausende von Bediensteten konnten sich nicht länger auf die mehr als großzügigen Einkünfte freuen, die sie in der vorausgegangenen Dekade tarifvertraglich herausgeschlagen hatten. Die Sozialfürsorge wurde von 1974 bis 1981 eingefroren, obwohl die Lebenshaltungskosten rapide stiegen.

Jeder dieser schmerzhaften Schritte wurde von einer großen Bandbreite von Politikern aus beiden Parteien und vielen anderen getragen, Gewerkschaftsführern, Geschäftsleuten und den Aufsichtsräten der riesigen Pensionskassen des öffentlichen Dienstes. Gelegentlich durch Wahlen unterbrochen, nahmen sie die unangenehme Aufgabe in Angriff, die Sozialgesetzgebung auf die Ausmaße zurückzuschneiden, die New Yorks Privatwirtschaft tragen konnte. Gegen Ende des Jahres 1982 hatte es den Anschein, daß die New Yorker den Wohlfahrtsstaat nicht endgültig loswerden wollten, denn sie wählten Mario Cuomo zum Gouverneur, der sein wohl profiliertester Verteidiger in der amerikanischen Politik ist. Aber die nur knappe Niederlage des Geschäftsmannes Lewis Lehrman war zugleich ein deutliches Signal dafür, daß man einen Wohlfahrtsstaat mit strenger Disziplin und skeptischer Prüfung wollte.

Die New Yorker erkannten, wenn auch ein bißchen spät, daß Bevölkerung und Wirtschaftskraft New Yorks sich nicht mehr so darstellten wie zu der Zeit, als der Wohlfahrtsstaat geschaffen wurde. New York ist nicht mehr – wie während der zwanziger Jahre – der führende Einwanderungshafen. Die heutigen Immigranten sind zumeist Lateinamerikaner und Asiaten, und deren Traumziel ist Los Angeles. Von

1880 bis 1924 war New York die Nummer eins unter Amerikas Einwanderungsstädten, ebenso das reichste urbane Zentrum und eines der ökonomisch kreativsten. Die meisten der jährlich Hunderttausende von Immigranten (mit Ausnahme von 1914–18) kamen über New Yorks Ellis Island in die Vereinigten Staaten, und viele blieben in New York. Die Bedürfnisse und Forderungen dieser Einwanderungsbevölkerung formten die Politik der Stadt und den Wohlfahrtsstaat, den sie hervorbrachte.

Um dies zu verstehen, muß man New York im Jahre 1910 betrachten. Manhattan, überfüllt mit Einwanderern, hatte 2,3 Millionen Einwohner. Heute sind es 1,4 Millionen, zumeist einkommensstarke Singles. Große Familien waren in alten Mietskasernen zusammengepfercht. Die hygienischen Gegebenheiten waren erbärmlich, die Arbeitsbedingungen in den Lofts und Reihenhausfabriken, wo sehr viele Immigranten arbeiteten, wurden schrecklich, wie das Triangle-Feuer von 1911 zeigte. In der Lower East Side lebten die Juden aus Osteuropa, in Little Italy die Süditaliener, in Hell's Kitchen die katholischen Iren, in Yorkville die Deutschen. Manhattans Aristokratie der Yankees, Holländer und deutschen Juden waren auf ein paar Blocks an der Fifth Avenue und am Central Park sowie in Enklaven wie Gramercy Park zusammengedrängt. Der größte Teil Manhattans bestand aus Slums. Die äußeren New Yorker Bezirke, kurz zuvor durch die U-Bahn mit Manhattan verbunden, waren zumeist noch unbesiedelt. Man begann gerade erst, die niedrigen Apartment-Komplexe zu bauen, welche die Immigranten aufnehmen sollten.

Die politisch stärkste Kraft New Yorks war die Demokratische Partei, überwiegend von den irischen Katholiken der Tammany Hall geführt, wenngleich üblicherweise Protestanten an der Spitze herausgestellt wurden. Aber Tammany* hatte Mühe, die neuen Einwanderer zu repräsentieren. Viele Italiener waren Republikaner und mieden aus eben diesem Grund katholische Kirchen mit irischen Priestern; viele Juden waren Sozialisten oder zumindest Sympathisanten. Zwei Jahre später sollte Eugene Debs* bei den Präsidentschaftswahlen von 1912 rund 900 000 Stimmen erhalten, und es war keineswegs so klar wie heute, daß sich in den USA keine starke sozialistische Partei wie in England, Frankreich und Deutschland entwickeln würde. Und dann brach 1911 das Triangle-Feuer aus; mehr als einhundert zumeist jüdische Textilarbeiter kamen in einem der ausbeuterischen Textil-

* Tammany Society, 1789 gegründeter Ursprung der Demokratischen Partei in New York; Versammlungsort: Tammany Hall, geht auf ein indianisches Wort zurück; heute Synonym für politische Korruption

* Kandidat der 1901 gegründeten Socialist Party

betriebe um, weil die Notausgänge verriegelt waren. Die Antwort auf die Forderung nach Staatseingriffen hieß Al Smith, ein obskurer Tammany-Mann, Sohn eines irischen Einwanderers und ein Politiker, der mehr als jeder andere die amerikanische Wohlfahrtsstaatspolitik formte. Er verband seine Abhängigkeit von der Demokratischen Partei der Iren mit dem Eintreten für die fortschrittlichen Ideen über Staatseingriffe und Unternehmertum, die von den Juden und anderen verlangt wurden. Viermal wurde er zum Gouverneur gewählt, und wenn er kein Katholik gewesen wäre, hätte man ihn noch zum Präsidenten gemacht. Smith erließ Gesetze zur Lohnfrage und zu den Arbeitsbedingungen, er setzte einen Mindestlohn durch, sorgte für staatliches Engagement in der Stromerzeugung und baute das beste gepflasterte Straßennetz des Landes.

Die Blütezeit des New Yorker Wohlfahrtsstaates herrschte unter zwei Republikanern, dem Gouverneur Nelson Rockefeller und dem Bürgermeister John Lindsay, der übrigens später zu den Demokraten übertrat. In ihrer Zeit stiegen die Steuern ebenso erheblich wie die Zahl der öffentlich Bediensteten, deren Gehälter und Pensionen. Man ging Verpflichtungen ein, die keiner bezahlen konnte, Rockefellers Stadtentwicklungsgesellschaft etwa oder Lindsays Schuldverschreibungen für laufende Ausgaben. Sie hatten große Ambitionen. Rockefeller war ein bedeutender Bauherr mit vielen Verdiensten, und Lindsay hatte tiefes Mitgefühl mit den Armen und Schwarzen. Aber wie viele andere saßen beide dem gefährlichen Trugschluß auf, daß New York sich alles leisten könne, was seine politischen Führer wünschten.

Die von Rockefeller angehobenen Steuern hielten neue Industrien von der Stadt fern und entmutigten die Wirtschaft im übrigen Staat. Und Lindsays Steuer- und Rassenpolitik führte zu einer Zuwanderung von etwa einer Million Menschen und der Abwanderung der Mittelschichten aus New York City und dem Bundesstaat. Die Einwohnerzahl New Yorks, die zwischen 1880 und 1940 viel schneller als im nationalen Durchschnitt gestiegen war, verringerte sich in den siebziger Jahren um eine Million. Einige der Gründe dafür waren eher vorteilhaft: das Ende der Zuwanderung aus dem schwarzen Süden und aus Puerto Rico, als die Billiglohn-Jobs stark abnahmen und, nach 1975, ebenso die Sozialfürsorge, wie auch die Überalterung der Bevölkerung und in manchen Gegenden die Verdrängung von Familien durch wohlhabende Singles. Aber einige der Gründe bedeuteten auch eine Schwächung von

Produktivität und Wohlstand im Bundesstaat. Mit dem Beginn der achtziger Jahre scheinen sich New Yorks wirtschaftliche Probleme ein wenig entspannt zu haben. Die Bevölkerung des Staates nahm von 1980 bis 1982 wieder zu. Die Arbeitslosenquote blieb trotz der Rezession unter dem nationalen Durchschnitt. New York scheint eine Zukunft als solider Staat mit hohem Einkommensniveau zu haben. Manhattan erlebte einen Boom als Bürostadt und blieb das Zentrum von Finanzen, Mode, Unterhaltung und Medien aller Art. Und es bleibt der unbestrittene kreative Mittelpunkt der Nation, trotz aller Beschränktheit einiger Manhattaniten von der Sorte, die Woody Allens Filme bevölkern. Die umliegenden Randgebiete verzeichnen eine bemerkenswerte Zuwanderung aus Lateinamerika, dem östlichen Mittelmeerraum, Asien und sogar aus Rußland – Kolumbianer und Salvadorianer, Koreaner und Chinesen, Griechen und russische Juden –, die den vergreisenden und vor sich hindämmernden Gemeinden wieder einen Schuß Vitalität und eine jüngere Generation zugeführt haben.

Gleichzeitig stammt die Mehrheit der Bevölkerung von New York City aus der weißen Mittelklasse. Wenn sie zwar beispielsweise Mietpreiskontrollen unterstützt, die kurzfristig den Mietern nützen, langfristig aber zum Verfall des Hausbestandes beitragen, hat sie doch auch sehr viel verantwortungsbewußter die Kürzung der Gehälter im öffentlichen Dienst, die Aufhebung vorgegebener Rassenquoten und eine intensive Verbrechensbekämpfung gefordert. Unter Bürgermeister Edward Koch gehören die verschwenderischen und modischen Programme John Lindsays der Vergangenheit an. Das hat Koch für die Schreiber von „Village Voice“ zu einem roten Tuch gemacht, und auch für andere, die sich in ihren hochpreisigen Apartments für die Speerspitze des Proletariats halten. Aber während bei den Vorwahlen der Demokraten die linken Stimmen in New York auffällig hoch liegen, sind sie bei allgemeinen Wahlen hier nicht zahlreicher als in anderen Bundesstaaten auch.

Der derzeit amtierende Bürgermeister Edward Koch hat einen liberalen Hintergrund. Er löste seinerzeit den Tammany-Hall-Führer Carmine de Sapio als Distriktsvorsitzenden in Greenwich Village ab. Aufgewachsen ist er jedoch in Brooklyn. Und seine Ansichten als Bürgermeister scheinen mehr von seiner Jugend in den erdverwachsenen Außenbezirken geprägt zu sein als von seiner aktiven Zeit im

Eine Okkasion vor der Börse.

flatterhaften Manhattan. Als er 1977 für das Amt kandidierte, trat er für die Todesstrafe und gegen das Rassen-Quotierungssystem ein, versprach harte Verhandlungen mit den öffentlich Bediensteten und Kürzungen des Budgets und schlug Mario Cuomo. Im Amt brachte er die schwarzen und puertoricanischen Führer gegen sich auf und hielt das Budget erfolgreich im Rahmen der Möglichkeiten. Die einzige Ausnahme war der Haushalt, den er 1982 zusammenschusterte, als er für den Gouverneursposten kandidierte. Dieser Wahlkampf war nicht charakteristisch für ihn, und vielleicht blieb er auch deshalb erfolglos. Koch ist gebildet und lebenserfahren. Er kann Ethnologen verblüffen und Zwischenrufer schlagfertig zum Schweigen bringen. Er ist so eine Art quintessentieller Bürgermeister und gehört ebensowenig nach Albany wie Jimmy Carter in die Bronx. Die Einwohner der City von New York gaben ihm bei den Gouverneurs-Vorwahlen eine so winzige Mehrheit, daß man daraus nur den Schluß ziehen kann, sie wollten ihn als Bürgermeister behalten, was er vermutlich für lange, lange Zeit bleiben kann.

Midtown

Der fünfzehnte Kongreßwahlkreis in New York ist einer derjenigen, die 1918 erstmals festgelegt und wenigstens seit den dreißiger Jahren als „Seidenstrumpf-Distrikt" bekannt wurde. Er schließt die meisten Wolkenkratzer des mittleren Manhattan ein und reicht im Süden jetzt bis zur City Hall. Die Lower East Side mit ihren Hochhäusern für ältere Juden gehört dazu, eine Erinnerung an die Zeit vor siebzig Jahren, als diese Gegend voller junger Immigranten mit ihren großen Familien war. Er schließt auch die Mittelklasse-Wohnanlagen von Stuyvesant Town, Peter Cooper Village und den malerischen Platz des Gramercy Park ein. Und schließlich gehören die Teile von Manhattan dazu, die es zu einer Weltstadt machen, der nur Paris und London das Wasser reichen können. Das ist die Gegend, wo die wirklich Reichen leben, einkaufen und sich amüsieren. In den Apartmenthäusern mit Blick über den Central Park und an der Park Avenue, in den neuen Gebäuden an der Fifth Avenue, bevölkert mit Brasilianern und Franzosen, die vor Ausbeutung und Steuern geflohen sind, in den Stadthäusern am Sutton Place, hier wohnen die reichsten Menschen der Welt in einem Glanz, den sich die meisten nicht einmal vorstellen können.

YOU CAN PUT 100 PEOPLE IN MODERN OFFICES FOR $4,200 PER MONTH
•New building in Wall Street
•Recently built installation
•Mostly open space with steel and
•Glass partitions
•Executive bathroom – paneling
•Supplementary Air-Conditioning
•Large kitchen unit
contact
Barrett Stern or Thomas M. Curtis
Vice President
582-8000
WALL

Schriftsteller haben sich seit Jahren die Finger wund geschrieben, um diesen Teil New Yorks sozial, kulturell oder auch materiell zu beschreiben. Es ist einfacher, ihn politisch darzustellen, weil nicht jeder wählen geht, wie sonst überall auch, und diejenigen, die es tun, relativ ähnliche und leicht zu charakterisierende Einstellungen haben.

Die meisten Wähler des Stimmbezirkes leben in der Upper East Side, zwischen Central Park und dem East River zwischen der 50. und der 90. Straße East. Das ist die Gegend, bei der wir sofort an die Superreichen denken, obwohl sie nur einen sehr kleinen Teil der Bevölkerung ausmachen. Sie drängen sich an der Fifth, Madison und Park Avenue und am Sutton Place zusammen, wo sie schon vor siebzig Jahren lebten, als der Rest der East Side voller Fabriken, Brauereien und deutscher Immigranten in Yorkville war. Jetzt sind die Fabriken abgerissen und die Reihenhäuser zunehmend durch Hochhäuser ersetzt, zumeist mit den schmutziggrauen Ziegeln gebaut, die wohl New Yorks billigstes Baumaterial sein müssen. Und darin wohnen glänzend ausgebildete, zumeist alleinstehende junge Professionals und Angestellte. Es ist die größte Ansammlung von Singles in Amerika. Das sind die Leute, die Manhattan zum Zentrum für Gedrucktes aller Art, für das Unterhaltungsgewerbe, für Rundfunk und Fernsehen und für die gesamte Kommunikationsindustrie machen. Und sie sind es, die jeden Samstag Bloomingdale's überfüllen, immer auf der Jagd nach dem letzten Schrei und der neuesten Mode. Das sind auch diejenigen, die man in Woody Allens „Annie Hall" und „Manhattan" sehen kann. Es sind die Typen, die den Kampf des New Yorker Lebens lieben – den Kampf, in der schmutzigen und staubigen New Yorker Luft immer sauber und bestens gekleidet zu bleiben, modische Frisuren unbeschädigt durch den Wind zu tragen, immer die heißesten Urlaubsziele und das neueste kleine Restaurant anzusteuern.

In den fünfziger Jahren waren sie nur ein kleiner Teil der Bevölkerung Manhattans und beherrschten lediglich einen der sechs Wahlbezirke, den „Seidenstrumpf-Distrikt", der sich im Osten an den Central Park anschließt. Heute hat Manhattan kaum noch Slums. Nur noch zwei Wahlbezirke und der größte Teil eines weiteren befinden sich auf der Insel. Die Upper East Side dominiert im fünfzehnten und die Upper West Side sowie Greenwich Village, in den dort vorherrschenden Einstellungen gar nicht so verschieden, wie man meinen könnte, haben das größte Gewicht im siebzehnten Wahlbezirk. Ihre politischen

Grundrichtungen kann man als ausgesprochen liberal in kulturellen und außenpolitischen Fragen bezeichnen, in wirtschaftlichen eher gemäßigt liberal bis konservativ angehaucht. Die Weltanschauung dieser Wählerschaft ist vermutlich einflußreicher, als ihre bloße Zahl vermuten lassen könnte, da sie durch die Medien verbreitet wird und weil sie sich häufiger wandelt als anderswo. Denn es gibt eine beständige Umschichtung der Bevölkerung dieses Wahlbezirkes. Schließlich heiratet auch mancher Single und zieht in die Vororte, mancher Professional wechselt in eine andere Stadt. Andere junge und reiche Einsame ersetzen sie, Menschen mit einem ähnlichen Hintergrund, aber anderen Erfahrungen und manchmal auch anderen Einstellungen.

Politische Generationen

Die Upper East Side und der „Seidenstrumpf-Distrikt" haben in den letzten fünfunddreißig Jahren folgende drei politische Generationen erlebt:

– *Der „Herald Tribune"-Republikanismus.* Seit den Tagen Franklin D. Roosevelts bis zu John F. Kennedy war der „Seidenstrumpf-Distrikt" eine Bastion der Oberschicht, des Yankee-Republikanismus bei den Arbeitern und der Immigranten. Diesen Republikanismus brachte die „New York Herald Tribune" am besten zum Ausdruck. Man stand der Wirtschaftspolitik des „New Deal" feindlich gegenüber, war aber bereit, die Anpassungen hinzunehmen, für die Thomas Dewey und Dwight D. Eisenhower eintraten. Man war in der Außenpolitik sehr internationalistisch, unterstützte 1940 die Hilfe für Großbritannien, den Eintritt in den Zweiten Weltkrieg, die Vereinten Nationen und den Marshall-Plan. Dieser Republikanismus betrachtete einige konservative Programme mit Wohlwollen und trat für die strikte Herstellung bürgerlicher Rechte für alle ein. Aber er war gegen eine nationale Krankenversicherung, Bundeshilfe für Erziehungsprogramme, eine Ausweitung des sozialen Netzes und gegen jede Stärkung der Gewerkschaften.

Die „Herald Tribune" behandelte die Demokraten mit einer gewissen Verachtung, die ihres Erachtens von sozialistischen Gewerkschaftsbossen und korrupten Lokalpolitikern beherrscht waren und von ignoranten Massen unterstützt wurden, von denen man nicht erwarten konnte, daß sie wirklich wußten, was langfristig das Beste für sie war. Heute erinnert man sich an das spritzige Sonntagsmagazin der „Herald Tribune", das später Clay Felkers „New York" wurde, und vergißt dabei leicht, daß es ein hartnäckiges Oppositionsblatt war. Präsident Kennedy hat es einmal mit einem Wutausbruch aus dem Weißen Haus verbannt. Aber was immer man sagen will, der von der „Herald Tribune" unterstützte Republikanismus deckte ein weites Spektrum ab. Der „Seidenstrumpf-Distrikt" übernahm die Verantwortung für die ganze Welt, von den heimgesuchten europäischen Völkern bis zu den Opfern der Diskriminierung im Süden der USA. Die Interessen waren breit gestreut und die politischen Ziele sollten, nicht ohne Überzeugungskraft, dem Wohlergehen der breiten Masse dienen, wenn sie auch für die unmittelbaren ökonomischen Interessen der reichen New Yorker nützlich waren. Die „Herald Tribune" sprach für Menschen, die sich mit dem Weltgeschehen auseinandersetzten und ihre Verantwortung ernst nahmen.

Der Ausgleich für diese Verantwortung bestand zumeist in ihrem geschäftlichen Erfolg, großzügigen Spenden und der Wahl der Republikaner. Von 1938 bis 1966 wählte der „Seidenstrumpf-Distrikt" bei Präsidentschaftswahlen – mit Ausnahme der Kandidatur Goldwaters – republikanisch und bei den Kongreßwahlen zumeist Männer der gleichen Richtung. Der berühmteste war John V. Lindsay, dessen Karriere den Wandel zur nächsten Generation symbolisiert.

– *Der Lindsay-Liberalismus.* 1958 wurde er mit siebenundreißig Jahren das erste Mal in den Kongreß gewählt. Es gab keinen Anlaß, in ihm nicht den üblichen „Herald Tribune"-Republikaner zu sehen. Ausgebildet in St. Paul und Yale, Mitglied einer großen Anwaltskanzlei, war er die Personifikation republikanischer Nadelstreifenpolitik. Als er 1965 erstmals zum Bürgermeister gewählt wurde, errang er in der East Side und Manhattan einen überwältigenden und in den jüdischen Randbezirken einen beachtlichen Erfolg, wobei er im übrigen New York verlor.

Mit seiner ersten Amtshandlung provozierte er einen Streik der Verkehrsbetriebe, vor dem er schließlich kapitulierte. Das wurde für seine Amtsführung charakteristisch. Er brachte die weißen Mittelschichten und die Arbeiter der Stadt gegen sich auf und erhöhte gleichzeitig die Einkommen im öffentlichen Dienst so beträchtlich, daß der Etat nicht ohne langfristige Verschuldung ausgeglichen werden konnte. Er hatte

Sympathien für die Schwarzen und Puertoricaner und kaum mehr als Verachtung für die Weißen in den umliegenden Bezirken. Seine Einstellung war die der Upper East Side. Es war die Zeit des radikalen Chics, der Spendensammlung für die Black Panther oder die Gemüsearbeiter von Kalifornien, die Zeit der Demonstrationen gegen den Vietnamkrieg. Das waren durchaus auch aufrichtiger Idealismus und die Forderung nach einer Umverteilung des gesellschaftlichen Reichtums, die von der alten „Herald Tribune" nie geteilt worden wäre. Aber sie ging in den späten sechziger Jahren ein und wurde von der „New York Times" als eher demokratischem Organ der Seidenstrumpf-Meinungen ersetzt.

Dieser Weltanschauung lagen die Annahme eines unbegrenzten Reichtums der Gesellschaft und zugleich die Ablehnung des Systems zugrunde, das diesen möglich machte, eine Art pubertärer Rebellion also. Dabei verengte sich der Blickwinkel gegenüber den alten Zeiten der „Herald Tribune". Der „Seidenstrumpf-Distrikt" und Lindsays Regierung waren nicht sonderlich an Aufgaben interessiert, bei denen sie der Gesellschaft nicht ihre moralische Überlegenheit beweisen konnten: Vietnam und die Bürgerrechte taugten dafür, Kriminalität oder das Erziehungssystem nicht. Und trotz der rhetorischen Emphase bei nationalen Fragen verstärkte sich seinerzeit das politische Interesse für lokale Angelegenheiten, besonders für die Konflikte zwischen dem Liberalismus Manhattans und dem offenkundigen Konservatismus der äußeren Bezirke.

Politik wurde snobistisch und kurzsichtig nach dem Motto betrieben, daß alle Weißen schon an dem Überfluß teilhaben würden, den die Bewohner der East Side für selbstverständlich hielten. Tatsächlich versuchten die reichen Manhattaner ihren Lebensstil und ihre Weltanschauung den immer widerspenstigeren Außenbezirken New Yorks aufzuzwingen. Lindsay wurde 1969 wiedergewählt, in Manhattan wiederum mit einem überwältigenden Sieg, aber in den Außenbezirken neuerlich mit einer Niederlage, die insgesamt nur zu einem äußerst knappen Erfolg führte. Die Tatsache, daß dieses Ergebnis ihn für viele Journalisten zu einem potentiellen Präsidentschaftskandidaten machte, beweist nur die Bedeutung des „Seidenstrumpf-Distriktes" für ihr Leben.

Lindsay trat 1971 zu den Demokraten über. Der Wahlbezirk eilte ihm voraus und wählte 1968 den Demokraten Edward Koch in den

Kongreß. Koch kam aus der Reformbewegung von Greenwich Village, dem Prototyp einer liberalen Oppositionsbewegung in einer großbürgerlichen Gegend. Und während seiner ersten Kongreßjahre repräsentierte er getreulich deren Auffassungen. Als er aber 1977 zum Bürgermeister gewählt wurde, zeigte sich seine Verwurzelung in den Außenbezirken.

Er unterstützte die Todesstrafe und war gegen Rassen-Quotierungen. In den frühen siebziger Jahren hätten ihn diese Überzeugungen zu einem Außenseiter in der Politik Manhattans gemacht. Heute kosten sie ihn dort zwar Stimmen, aber es bleiben genug, um weiterregieren zu können.

– *Kultureller Liberalismus nach 1975.* Die 1975 beginnende Finanzkrise New Yorks überzeugte sogar die Bewohner der Upper East Side davon, daß die Stadt keine ausreichenden Mittel hatte, um alle Probleme zu lösen. Gleichzeitig war nicht mehr zu übersehen, daß Manhattan und die Außenbezirke mit ihren blendend bezahlten öffentlich Bediensteten und Pensionären im selben Boot saßen. Die alten kulturellen Fronten waren vergessen. Politik und Lebensweise in der Upper East Side waren von einer neuen Innerlichkeit gekennzeichnet. Die Babyboom-Generation verschob das Kinderkriegen auf später und ließ die Singles von Manhattan zunehmend älter aussehen, deren Wohlstand aber durch das Wachstum der Angestelltenwirtschaft weiter stieg, wie vielleicht die Anwaltsgehälter am deutlichsten zeigen. Und so verwöhnten sie sich mit der neuesten Mode, mitten zwischen den schlaglochübersäten Straßen und den verfallenden Brücken Manhattans und entdeckten die schicksten Restaurants und heißesten Diskotheken – das Bild von öffentlicher Armut und privatem Reichtum, das Galbraith gemalt hat.

Im Streben nach ihrer eigenen Glückseligkeit lag die Rechtfertigung ihrer Selbstsucht. Sie waren Anhänger jeder Befreiung, sei es der sexuellen Freiheit der siebziger Jahre, der Schwulenbewegung oder nur der Freiheit von den Belastungen der Kinderaufzucht. Immer noch schrieben sie ihre Manifeste, aber niemand interessierte sich noch wirklich dafür, ob sie jenseits von Manhattan gehört wurden. Ihre große Sache war nun weniger das Werben um die Duldung ihres Lebensstils, sondern dessen Etablierung. In anderen Fragen, besonders den wirtschaftspolitischen, paßten sie sich mehr und mehr den üblichen Auffassungen an.

Downtown

Der Wahlkreis Nummer siebzehn zieht sich von der Südspitze Manhattans den Hudson hinauf bis zu der Linie Bronx-Westchester County mit einer östlichen Ausbuchtung vom Van Cortlandt Park zum Mittelschicht-Gebiet der Bronx an der Williamsbridge hin. Er umfaßt den größten Teil des westlichen Manhattan mit Gegenden wie Hell's Kitchen und Greenwich Village, jahrelang der letzte Schrei von New York. Aber mittlerweile leben die meisten Einwohner und ganz gewiß die meisten Wähler in bürgerlichen Mittel- und Oberklassen-Wohnvierteln. Ganz bestimmt gilt das für Greenwich Village, wo sich ehedem die Boheme unter die italienischen Einwanderer mischte. Jetzt drängt sich die Homosexuellen-Szene in den Vordergrund. Die professionellen und kreativen jungen Singles, die hier leben, haben wegen der hohen Mieten die ehemaligen Industriegegenden und Slums im Süden erobert, SoHo und Tribeca.

Hier wohnt man in geräumigen Lofts, rundherum neueröffnete Delikatessenläden und lebendige Restaurants. Eine vergleichbare Veredelung geschieht nördlich des Village in Chelsea und den Vierteln der Upper West Side zwischen dem Westwall von Apartments am Central Park und den geräumigen Eigentumswohnungen an der West End Avenue und am Riverside Drive. Ironischerweise beschweren sich diejenigen am heftigsten über die Aufwertung der Viertel, die selbst dafür verantwortlich sind und die niemals freiwillig hier gewohnt hätten, als die Gegend noch in ihrem heruntergekommenen Zustand war. Sie jammern über steigende Mieten, die Umwandlung in Eigentumswohnungen, die Kommerzialisierung der Straßen und das Verschwinden des bunten Völkchens armer Leute, das zu Beginn eine der Attraktionen darstellte.

Man bekommt eine gute Vorstellung von den politischen Einstellungen und Stimmungen dieses Wahlkreises, wenn man die „Village Voice" liest. Die relativ wohlhabenden Wähler der West Side sind stolz auf ihren Liberalismus, manchmal sogar Radikalismus. Sie betrachten sich gern als Teil eines unterdrückten Proletariats, ausgebeutet von habgierigen Konzernen, verrückten Generälen und räuberischen Grundbesitzern. Sieht man ihren augenscheinlichen Wohlstand, so ist dies nicht ganz einfach zu glauben. In den siebziger Jahren verschob sich ihr Interesse von den allgemeinen kulturellen zu den mehr per-

Chinatown. sönlichen Fragen, von der Nation nach New York und schließlich zu sich selbst. Obwohl die Nation kulturell heterogener und toleranter geworden ist, haben hier viele Wähler geradezu ein Interesse daran, sich wegen ihrer sexuellen Vorlieben oder ihres Lebensstils als Minderheit zu fühlen. Die „Voice“ ist voller Aufschreie von Schwulen, Lesbierinnen und Feministinnen. Die Toleranz, für die sie lange auf politischem Wege gekämpft haben, ist in einem Ausmaß erreicht, das niemand für möglich gehalten hätte. Die endgültige Anerkennung, die sie jetzt fordern, wird vermutlich nie erreicht werden. Das Ergebnis sind Frustration und Abwendung vieler Wähler von der Politik, ein politisches Übergewicht nachdenklich-gelassener Veteranen aus den aufwühlenden Tagen des Vietnam-Protestes und heftig umkämpfte Vorwahlen in der Demokratischen Partei.

華興公司
BAXTER
ONE WAY
ROYAL VALLEY
FLORIDA
EMCA
CITRUS
PLUMS

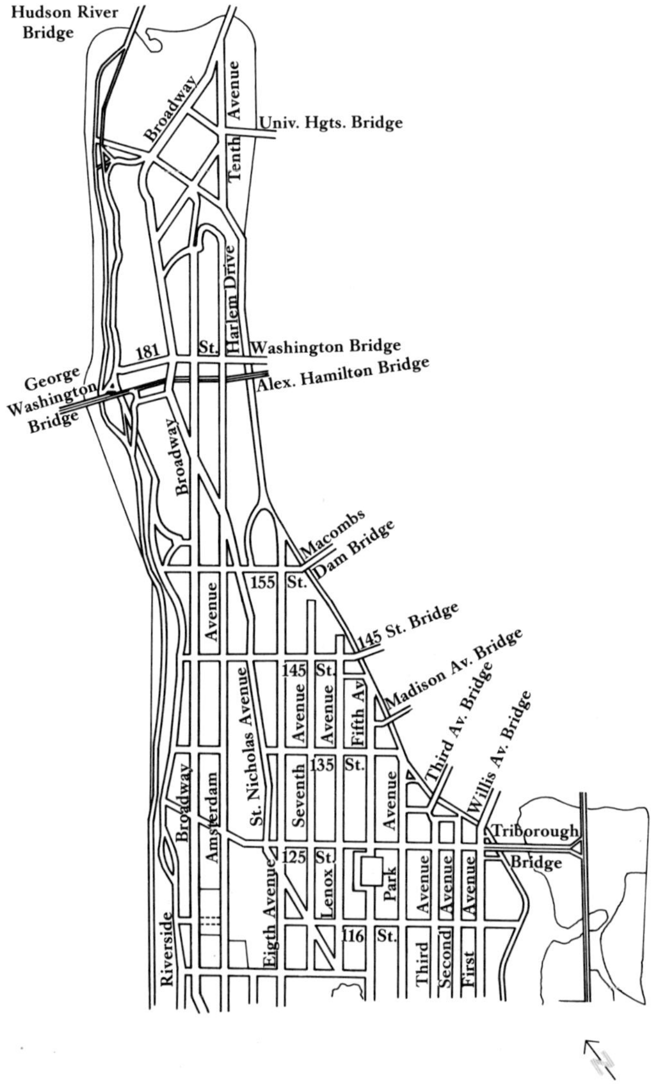
Hudson River Bridge
Broadway
Tenth Avenue
Univ. Hgts. Bridge
Harlem Drive
181 St.
Washington Bridge
Alex. Hamilton Bridge
George Washington Bridge
Broadway
Macombs Dam Bridge
155 St.
Avenue
145 St. Bridge
145 St.
Madison Av. Bridge
Third Av. Bridge
Willis Av. Bridge
St. Nicholas Avenue
Seventh Avenue
Lenox Avenue
Fifth Av
135 St.
Park Avenue
Broadway
Amsterdam
Triborough Bridge
125 St.
Eigth Avenue
Riverside
116 St.
Third Avenue
Second Avenue
First Avenue
N

Karte Manhattan

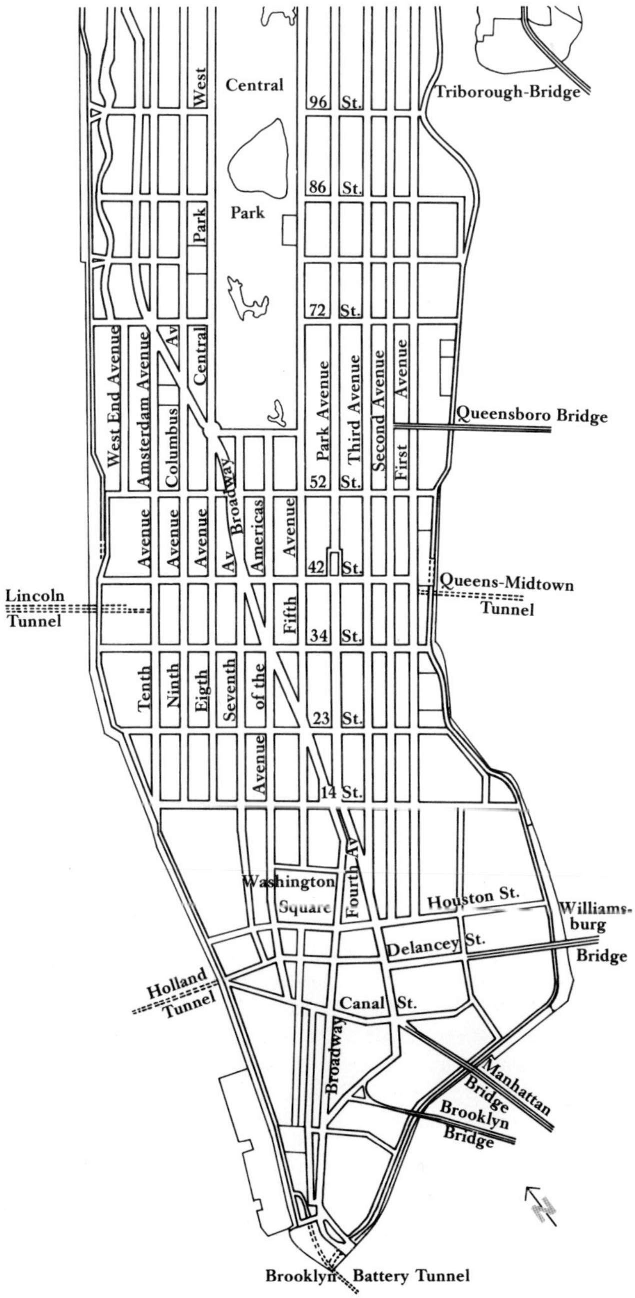

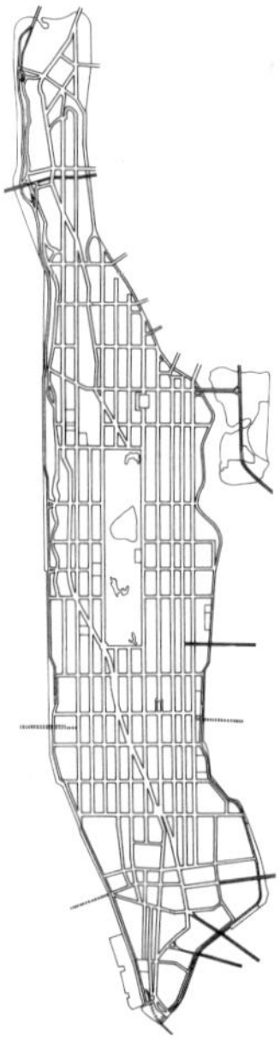

Irgendwann ist Manhattan für jeden das erste Mal. Wohl dem, der häufiger kommt, der hier Freunde hat, für eine Zeit hier lebt und arbeitet und weiß, was er – respektive sie – erleben will. Für alle, die sich einen ersten Eindruck von Megalopolis verschaffen wollen, geben die folgenden Seiten zusätzliche Hinweise, wie „man" sich zurechtfindet und was „man" gesehen haben sollte, um halbwegs überzeugend sagen zu können: „Kürzlich war ich in Manhattan, wissen Sie, und da ..."
Fast alle Wege nach Manhattan führen über den John F. Kennedy International Airport. Wenn man um 11.00 Uhr in Europa abgeflogen ist, wird es nun etwa 14.00 Uhr sein, denn elf plus neun Stunden Flug minus sechs Stunden Zeitverschiebung macht vierzehn. Bis man sein Hotel in Manhattan erreicht hat, vergehen mindestens noch weitere drei Stunden, je nach Geschwindigkeit der Paßkontrolle, Gepäckausgabe und der Verkehrslage auf den Straßen.
Es empfiehlt sich, vor dem Terminal ein Taxi zu nehmen, für das man inklusive der zehn bis fünfzehn Prozent Trinkgeld – auch in Restaurants wird dieser Aufschlag erwartet – mit bis zu vierzig Dollar rechnen muß, je nachdem, wo es schließlich hingeht.
Man sollte nur eines der unübersehbaren, numerierten „Yellow Cabs" nehmen, und das geht am Flughafen so: Vor dem Terminal regelt zumeist ein Uniformierter die Zuteilung, von dem man einen Zettel mit einer Nummer in die Hand gedrückt bekommt, derweil er fortwährend Zahlen in die Gegend brüllt, wenn ein gelbes Taxi vorfährt. Und wenn man dran ist, muß man auch wirklich am Taxi stehen, sonst ist es weg, und das Theater geht zeitraubend von vorne los. In Manhattan selbst winkt man die Taxen vom Straßenrand aus heran, normalerweise sind reichlich freie Wagen unterwegs, wenn es aber gerade regnen sollte...
Zum Abschluß der kleinen Taxikunde noch ein Hinweis: Sagen Sie nie „Empire State Building" oder „Plaza Hotel", die Chance ist zu groß, daß der Fahrer Sie völlig verständnislos ansieht. Nennen Sie immer die Straße, am besten die nächste Querstraße dazu, denn ausschließlich daran orientieren sich die Fahrer, die beim besten Willen nicht alle Sehenswürdigkeiten, Hotels oder Restaurants kennen können.
Die Straßen Manhattans bilden nach dem Randall-Plan von 1811 nördlich des alten Stadtkerns, wo sie allerdings kreuz und quer verlaufen und richtige Namen wie „Wall Street" haben, ein simples Koordinatensystem.
Die quer über die Insel, also nahezu in

Ost-West Richtung verlaufenden Straßen sind durchnumeriert. Das beginnt im Süden bei eins und endet da, wo Sie nie hinkommen, bei zweihundertsoundsoviel. Am Südende des Central Park, um das die allermeisten Hotels liegen, sind wir erst bei Nummer 59. Die Nord-Süd-Achsen des Koordinatensystems bilden die Avenues, ebenfalls von Ost nach West durchnumeriert. Die UNO am East River liegt an der First Avenue.
Die Fifth Avenue, die parallel zur Ostseite des Central Park verläuft und im Süden am Washington Square beginnt, ist die Scheidelinie. Alle Querstraßen östlich heißen zum Beispiel East 34th Street, westlich der Fifth dann West 34th Street. Damit die Logik allerdings keinen endgültigen Triumph feiern kann, verläuft von der City Hall im Süden schräg über die ganze Insel der Broadway, der zu allem Überfluß im Süden vom World Trade Center bis zur Houston Street einen kleinen Bruder hat, den West Broadway. Sehr empfehlenswert, doch dazu später.
Bis zur Third Avenue bleibt es bei den Zahlen, dann kommt, sozusagen eingeschoben, die Lexington Avenue, dann die große Park Avenue – eigentlich die vierte –, dann wiederum die dazwischengeschobene Madison Avenue, dann die Fifth, und die sechste heißt auch Avenue of the Americas. Aber diese umständliche Ehrung der Organisation amerikanischer Staaten (OAS) das hat sich beileibe noch nicht durchgesetzt. Dem Hudson River am nächsten ist schließlich die Eleventh Avenue.
Aber wo waren wir stehengeblieben? Richtig, am Taxenstand des JFK Airport. Man kann an jedem Terminal auch für acht Dollar den „Carey Bus“ zur Grand Central Station (dem Bahnhof Manhattans) nehmen, der genau Ecke Park Avenue und 42nd Street hält. Und dann ein Taxi, was in Manhattan übrigens wirklich billig ist. Wenn man vom Hubschrauber-Zubringer absieht, ist die letzte, aber umständliche und naturgemäß wenig Aussicht bietende Möglichkeit die U-Bahn. Ein „Express Bus“ bringt die Expreßzug-Fans zur Haltestelle des „Train to the Plain“, zum „Howard Beach“. Er hält an verschiedenen Stellen Manhattans, wo man jeweils auf andere Linien umsteigen kann. Immerhin kann man hier schon einmal U-Bahnfahren üben. Am Schalter oder auch am Automaten, der One-Dollar-Noten schluckt, besorgt man sich ein „Token“, das den Zugang zum Bahnsteig öffnet. So weit, so üblich. Im Zug muß man aber weitere 5,10 Dollar zahlen, weil auch in Amerika Geschwindigkeit ihren Extrapreis hat.
Neben Taxi, Bus und U-Bahn gibt es in Manhattan ein für amerikanische Verhältnisse sensationelles Beförderungsmittel: die eigenen Füße. Manhattaniten sind die einzigen Fußgänger Amerikas. Man merkt: Die Stadt hat etwas Besonderes. In Midtown, also im Skyscraper-Viertel südlich des Central Park, kann man bequem alles zu Fuß erreichen, ebenso in Downtown, vom Skyscraper-Viertel um die Wall Street bis nach SoHo oder Chinatown.
In jedem Hotel liegen Stadtpläne mit Tips und Adressen von „Points of Interests“ bis zum „Emergency Dentist“ aus, daneben Zettel und Faltblätter mit Informationen aller Art. Zusätzlich kann man das „New York Convention & Visitors Bureau“ (1) am Columbus Circle aufsuchen, an der Südwestecke des Central Park. Außerdem sollte man sich die „Village Voice“, das wöchentlich erscheinende Magazin „New York“ oder

den ehrwürdigen „New Yorker" zulegen, in denen neben interessanten Artikeln Veranstaltungshinweise aller Art enthalten sind, und täglich die „New York Times" lesen, eine Institution nicht nur für New York.
In jeder Buchhandlung gibt es eine Fülle aktueller Führer zu allem und jedem in Manhattan, angefangen von einem für Parkplätze – für Europäer nicht ganz so wichtig – mit dem schönen Titel „Don't even think of parking here!" über den Shopping- und Restaurant-Guide „Where to find it, buy it, eat it in New York" bis zum „Guide to everything Jewish in New York". Ein netter, kleiner Buchladen heißt „Complete Traveller" (2) und liegt in der Madison Avenue/ 35th Street. Wer an antiquarischen New York-Büchern interessiert ist, sollte in der West 54th Street Nr. 43 mit dem Fahrstuhl zum „New York Bound Bookshop" (3) hinauffahren.
Opern-, Theater- und Musicalkarten für die Aufführungen des gleichen Abends, dafür aber zum halben Preis, bekommt man bei dem Kiosk auf dem Times Square und im World Trade Center. Auch wenn „Oh! Calcutta!" nunmehr im neunzehnten Jahr läuft, ist es immer noch beste Unterhaltung. Schließlich sind die beineschwingenden Damen aus der ersten Vorstellung nicht mehr dabei. Die Kasse der Met im Lincoln Center öffnet um 12.00 Uhr. Wenn nicht die ganz großen Opernstars angesagt sind, bekommt man auch hier zumeist noch Karten.
Und weil die Verbindung nach Hause nicht abreißen soll: Die Büros aller Fluggesellschaften befinden sich am oberen Ende der Fifth Avenue oder in unmittelbarer Nähe, die Vorwahl für ein Telefonat nach Deutschland lautet 011-49, dann weiter ohne die erste Null.

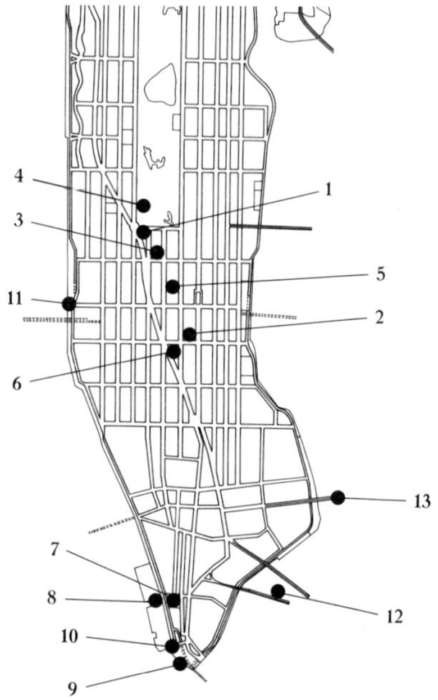

Schöne Aussichten
Im Central Park ist nicht nur der Blick auf alles interessant, was da kreucht und fleucht, sondern auch auf die imponierende Steinkulisse, die ihn im Süden umgibt. Vielleicht am besten von dem ehemaligen Schafstall aus, heute das Restaurant „Tavern on the Green" (4). Das Rockefeller Center und – ein Stück weiter die Fifth hinunter – das Empire State Building bieten beeindruckende Aussichten auf die sie umgebenden Wolkenkratzer von Midtown und die ferne Silhouette des Financial Districts an der Südspitze Manhattans. Das Rockefeller Center (5), von 1929 bis 1974 erbaut, zieht mit seinen einundzwanzig Bürogebäuden etwa eine Viertelmillion Menschen täglich an. Der schönste Zugang ist durch die „Channel Gardens" von der Fifth Avenue aus. Die tiefer liegende Plaza ist im Sommer

Restaurant, im Winter Eisbahn. Hier steht auch New Yorks berühmtester Weihnachtsbaum, natürlich nur im Winter, wenn es schneit. Im Center gibt es neben Läden etwa dreißig Restaurants, das berühmteste der „Rainbow Room" im 65. Stock des RCA Building (Radion Corporation of America). Darüber, in 260 Meter Höhe, befindet sich die Aussichtsplattform. Hier hat man auch den besten Blick über den Central Park. Im Center kann man noch die „Radio City Music Hall" – einen sechstausend Menschen fassenden Veranstaltungssaal – besichtigen oder auch zu einer Show gehen.
Das Empire State Building (6), 1931 fertiggestellt, war bis zum Bau des World Trade Center im Jahr 1973 mit seinen 382 Metern das höchste Gebäude der Welt. Durch den Ehrgeiz Chicagos mit seinem Sears Tower ist es auf Platz drei abgerutscht. Aber den wohl schönsten Blick auf das Gewimmel Manhattans kann ihm niemand nehmen. Etwa dreißigtausend Menschen besuchen täglich die Aussichtsplattform. Bei klarer Sicht soll man noch Schiffe in 60 Kilometer Entfernung erkennen können. Abends werden die obersten dreißig Stockwerke verschiedenfarbig illuminiert. Im Untergeschoß des Gebäudes ist die „Guinness World Records Exhibit Hall", eine überaus vergnügliche Angelegenheit.
Das World Trade Center (7) mit seinen 110 Stockwerken und einer Höhe von 412 Metern hat sich längst als zweites Wahrzeichen Manhattans etabliert. Von seiner Aussichtsplattform, die man mit dem Expreß-Lift in 58 Sekunden erreicht, hat man einen hervorragenden Blick auf die Lage Manhattans zwischen East River und Hudson und die benachbarten Bezirke und kann den Weg der Schiffe hinaus aufs Meer unter der eleganten Verrazano-Narrows Bridge hindurch verfolgen. Giovanni da Verrazano war der erste Europäer, der 1524 der Bucht einen Besuch ohne Folgen abstattete. Unter sich sieht man Ellis Island, ab 1892 Einwandererinsel, und klein und fast ein wenig verloren die Freiheitsstatue.
22 Restaurants hat das Center. Im 106. und 107. Stock befinden sich die feinsten. Ohne Jackett, Krawatte und Kreditkarten oder gebündelte Dollarnoten ist hier nichts zu machen. Im „Restaurant at Windows on the World" muß man unter 938-111 reservieren, im „The Hors d'Oeuvrerie on the World" ist dies unter derselben Nummer nur für den beliebten „Sunday Brunch" erforderlich.
Mit dem Aushub für die Fundamente des World Trade Center hat man direkt daneben im Hudson Neuland geschaffen, auf dem derzeit Battery Park City (8) entsteht. Das Herzstück – „World Financial Center" genannt – mit seinen vier vergleichsweise gedrungenen Türmen, die ein bißchen Rockefeller Center spielen, wie ein Kritiker meinte, ist 1987 fertig geworden. Es ist mit dem gut doppelt so hohen World Trade Center durch eine Brücke verbunden und als neuer Akzent an Manhattans Küste eine Besichtigung wert.
Einen kleinen Fußmarsch weiter im alten Battery Park, ehemals Teil der Stadtbefestigung, liegt der Anleger der Fähre nach Staten Island (9). Sie fährt in angemessener Entfernung an der von hier aus majestätisch wirkenden Lady der Freiheit vorüber. Der Blick auf die sich entfernende oder bei der Rückfahrt wieder nähernde Skyline ist die wohl bekannteste Perspektive Manhattans und lohnt den Ein-

satz allemal, weil sie doch schöner ist als im Fernsehen. Hin- und Rückfahrt dauern etwa eine Stunde und kosten seit grauer Vorzeit je 25 Cents.

Natürlich kann man von einer Insel aus weitere Schiffsausflüge unternehmen, nicht nur im heißen Sommer von Manhattan eine erfrischende Idee. Ein Stück neben der Staten Island Ferry liegt der Anleger „Battery Park South Ferry“ (10). Von hier aus kann man für ein paar Dollar direkt zur Statue of Liberty fahren und der Dame aufs Haupt steigen.

Ebenso geht es hier nach Ellis Island, in dessen Hallen von 1892 bis 1954 knapp siebzig Millionen Einwanderer Fragen nach Woher und Wohin beantworten mußten. Es gibt ein Museum mit einer gut einstündigen Führung. Die Restaurierung des gesamten „National Monument“ soll Anfang der neunziger Jahre abgeschlossen sein.

Die opulenteste Kreuzfahrt aber dauert drei Stunden, kostet zehn Dollar und führt rund um Manhattan. Im Stundentakt legen die Schiffe der „Circle Line“ (11) von April bis November vom Pier 83 am Westende der 42nd Street ab. Auf jeder Tour erzählt ein „He lücht“, wie die Barkassenführer im Hamburger Hafen liebevoll heißen, Wissenswertes und Unterhaltendes auf amerikanisch, einer dem Englischen durchaus verwandten Sprache. Beeindruckend ist die Unterquerung der großen Brücken, besonders der George Washington- und natürlich der Brooklyn Bridge.

Faszinierend ist auch der Blick von der Brooklyn Bridge (12), die in der Mitte über den Fahrbahnen einen Fuß- und Radweg hat. Er beginnt an der City Hall und gilt als ungefährlich.

Eine distanzierte und flüchtige Fernsicht auf Manhattan bietet eine Taxifahrt über die Williamsburg Bridge (13). Zu Fuß wird diese Brücke angeblich nur einmal im Jahr von einer kleinen jüdischen Prozession unter starkem Polizeischutz überquert. Empfehlenswert ist eine solche Fahrt auch eher wegen der möglichen „Nahsicht“ auf die ungeheuerlichsten Steaks New Yorks, die im „Peter Luger Steak House“, seit 1876 ein Begriff und damit eines der ältesten Restaurants der Stadt, serviert werden. Es liegt in Brooklyn unterhalb der Rampe der Williamsburg Bridge in 178 Broadway, wohlgemerkt in Brooklyn, nahe Driggs Avenue, und ist ein überlaufener Treffpunkt vor allem von Businessmen aller Arten. Reservierung empfohlen unter Tel. 387-7400. Für den Heimweg besorgt man Ihnen hier wieder ein Taxi. Es muß kein „Yellow Cab“ sein, aber auch ihm darf man sich ruhig anvertrauen. Auf der Rückfahrt kommt man unvermeidlich am East Village vorbei, vielleicht eine Gelegenheit für nächtliche Einsichten aller Art.

Das pralle Leben in ...

Manhattans Neighborhoods, wie die Viertel anheimelnd heißen, wollen zu Fuß und mit ein wenig Muße besichtigt werden. Einige, deren Atmosphäre im wahrsten Sinne des Wortes in der Luft liegt, sollen hier besonders vorgestellt werden. In anderen – wie Midtown, dem Theater-Distrikt oder Wall Street, dem alten Herzen des ewig jungen Geldes – macht jeder Besucher unvermeidlich ohnehin seine eigenen Entdeckungen. Auf sie wird hier in anderen Zusammenhängen verschiedentlich eingegangen.

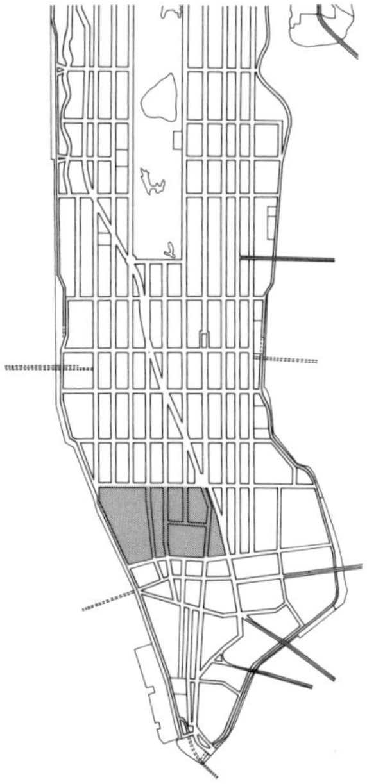

... Greenwich Village
1969 wurde das Village, manchmal auch zur Unterscheidung vom East Village als West Village bezeichnet, unter eine Art Denkmalschutz gestellt. Das ist das beste Zeichen dafür, daß das Viertel seine ruhmreichste Vergangenheit schon hinter sich hatte. Aber natürlich lohnt sich ein Besuch noch allemal, von musealem Charakter nach wie vor keine Spur.
Das grüne Dorf im Norden vor der Stadt entstand nach 1664 als Residenz der Wohlhabenderen, die es überall ins Grüne zieht. Der Name ist nicht schwer zu deuten, nur ist das „wich“ eigentlich überflüssig, weil es sich vom angelsächsischen „wick“, dies wiederum vom lateinischen „vicus“ ableitet und auch nur „Dorf“ bedeutet. Um den Taxifahrer nicht zu verwirren, sollte man dieses Anhängsel nicht eigens betonen, sondern einfach „Greenitsch“ sagen, wie alle hier.
Seinen Charme hat es mehr oder minder bis heute behalten, wenn auch im Zuge der Entwicklung und Industrialisierung Manhattans die Reichen gingen, die Künstler kamen und nun eine Schicht dominiert, die zwischen beiden liegt: die Schickeria. Und natürlich die Touristen, die Dealer und was der menschliche Zoo sonst noch zu bieten hat. Greenwich ist eine gute erste Lektion in Manhattankunde.
Es liegt südlich der 14th Street, hinter der alle Verheißungen von „Downtown“ beginnen, und wird im Osten vom Broadway, dem alten Indianerpfad, im Süden von der Houston Street begrenzt. Der Washington Square, an dem die Fifth Avenue beginnt, liegt nur geographisch in der Mitte, ansonsten eher am Rande der Ereignisse. Er war übrigens der Dorfplatz, auch eine Zeitlang der Armenfriedhof, und 1839 soll hier der letzte Dieb gehenkt worden sein. Sein unübersehbares Wahrzeichen ist der Washington Arch, in den neunziger Jahren des letzten Jahrhunderts als Triumphbogen für den Landesvater errichtet. Auf der Nordseite ist dieser als Feldherr und Präsident zu bewundern.
Washington Square ist heute so etwas wie der Campus der nahe gelegenen, 1834 gegründeten New York University. Es lohnt sich, das hier befindliche, architektonisch reizvolle Bibliotheksgebäude aus rotem Sandstein aufzusuchen.
Die an der Nordseite liegende, im „Greek Revival“-Stil des neunzehnten Jahrhunderts errichtete Häuserzeile fällt auch noch nicht Manhattan-trainierten Augen sofort auf. Vielen gilt sie als das schönste Ensemble des alten New

York. Ansonsten ist der Washington Square nachmittags und abends voller Leben. Man muß ja wirklich keine Drogen kaufen.

Stadtgeschichtlich ebenso sehenswert ist die „English Terrace“, weiter nördlich in der 10th Street westlich der Fifth Avenue, ein Ensemble von „Brownstone Houses“ im ursprünglichen Charakter. Der Brownstone, ein im benachbarten New Jersey gebrochener feinkörniger Sandstein, hat seit der Mitte des neunzehnten Jahrhunderts die braune Farbe der Stadt geprägt. Die meisten alten und demgemäß niedrigen Häuser heißen heute noch der Einfachheit halber „Brownstones“. Sie sind eigentlich nicht wirklich schön, aber alt, und deshalb haben sie Charakter, der die sündhaft teuren Mieten rechtfertigt und das Wesen der Bewohner gewiß bereichert.

Längere Zeit hatte Greenwich im üblichen Umschichtungsprozeß eine billigere Phase und war mit seiner Atmosphäre das Künstlerviertel. Im Haus Nummer 14 der 10th Street lebte Mark Twain. In den „Washington Mews“, den Pferdeställen und Remisen hinter den Fassaden des nördlichen Square, heute noch fast eine Idylle, lebte John Dos Passos, der hier „Manhattan Transfer“ schrieb. Es hieße, einen Gotha der amerikanischen Kultur aufzustellen, wollte man die Namen der Schriftsteller und Maler aufzählen, die in Greenwich gelebt und gearbeitet haben. Auf die Bohemiens folgten die Beatniks und die Hippies. Kerouac schrieb hier „On the Road“, Norman Mailer war 1955 an der Entstehung der „Village Voice“ – auch heute noch ein Muß für Besucher der Stadt und an jedem Kiosk zu kaufen – beteiligt, Bob Dylan trat 1963 erstmals im „Folk City“ auf… Der Pulsschlag der Kreativität ist noch zu spüren, auch wenn Greenwich die Gebresten von Schwabing oder des Quartier Latin teilt.

Vielleicht sollte man noch in die Bedford Street gehen, wo mit der Nr. 75 das älteste, 1799 erbaute Landhaus steht. Sehr schön sind auch St. Luke's Place und die Bank Street, wohl die schönste kleine Straße des alten Greenwich.

Das Zentrum der heutigen Ereignisse allerdings ist die Bleecker Street.

Hier findet sich alles, was das Leben in einer Stadt angenehm macht: Cafés, Restaurants, Läden jeder denkbaren Art, Clubs, kleine Bühnen, Boutiquen, Delikatessenläden. Das gilt ebenso für die quer verlaufende Christopher Street, die das Zentrum der Homosexuellen-Szene Manhattans ist. Wer von dem ganzen bunten Treiben erschöpft ist, sollte ein paar Minuten die Morton Street hinunter zum Pier gehen. Hier kann man sich hinsetzen und den Anblick der Skyline des Financial Districts, der Freiheitsstatue und der gegenüberliegenden Küstenlinie von New Jersey genießen.

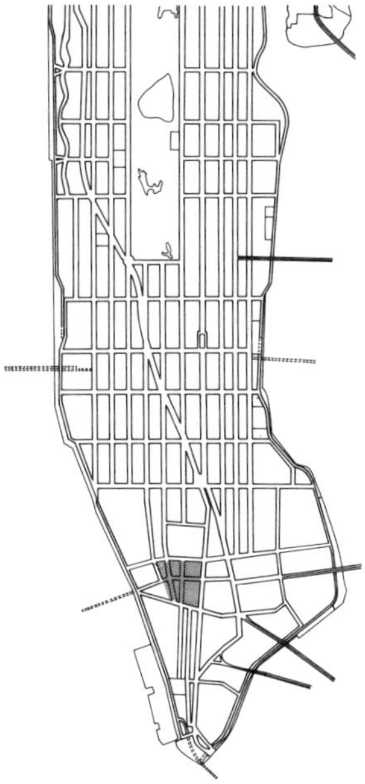

. . . SoHo

Als die Kombination von Charme, wenig Geld und Geist den Boden für die Kommerzialisierung Greenwichs bereitet hatte, vornehmlich durch drastisch gestiegene Mieten, wurde SoHo sein natürlicher Nachfolger, vom Village nur durch die desolate Houston Street (sprich: Haußton) getrennt. Der Name hat nichts mit dem Londoner Vergnügungsviertel zu tun, sondern bedeutet mit dem amerikanischen Sinn fürs Praktische nur „South of Houston Street".

Früher war die Gegend zwischen West Broadway, Varrick und Canal Street, um die übrigen Begrenzungen zu nennen, als South Houston Industrial District bekannt. Hier gab es in Fabrikgebäuden und Lagerhäusern diverse Kleinindustrie, die teilweise heute noch existiert. Der billige Raum in den mittlerweile vielfach zu „Lofts", zu großen Wohnateliers ausgebauten Industriegebäuden war der Trumpf der Gegend. Die Stadtverwaltung konnte Anfang der sechziger Jahre nur mit Mühe daran gehindert werden, die heruntergekommenen Blocks dem Erdboden gleich zu machen. Und das, obwohl die um die Jahrhundertwende aufgekommene Gußeisenarchitektur dem Viertel historische Bedeutung und einen überaus aparten Reiz verleiht. Die industriell vorgefertigten Fassadenteile führten zu einem Rausch von Säulen und Schnörkeln, der eher an italienische Palazzi als an profane Zweckbauten erinnert.

Seit 1973 steht auch SoHo unter Denkmalschutz.

Es lohnt sich, das ganze Quartier zu durchstreifen und sich von den Fassaden, den Feuerleitern und den Wassertanks auf den Dächern gefangennehmen zu lassen, die ein Mister Rosenwach nach dem Vorbild der Sauerkraut-und Gurkenfäßchen seines Großvaters entwickelt hat. 1970 schlossen sich die „Friends of Cast-Iron-Architecture" zu einem Verein zusammen, der regelmäßig interessante Führungen veranstaltet. Man sollte sich unter der Telefonnummer 369-6004 erkundigen. Er residiert in Room C, 235 East 87th Street.

Herauszuheben sind Broome, Mercer, Greene und Wooster Street. Wegen ihres fast bazarartigen Treibens ist die Canal Street interessant. Und natürlich der West Broadway, lange Zeit das Mekka der Kunstszene von Manhattan. Der Kunst- und Amüsierbetrieb treibt hier immer noch am Samstagnachmittag seine schönsten Blüten, wenn auch mittlerweile eher chic als avantgarde. Hier hat Leo Castelli in 420 West Broadway seine Galerie, der

wohl bedeutendste Kunsthändler der amerikanischen Moderne. Er machte Robert Rauschenberg, Roy Lichtenstein, Jasper Johns und natürlich auch Andy Warhol zu Stars. SoHo ist mit etwa hundert Galerien gesprenkelt, seit Paula Cooper 1969 in der Wooster Street die erste eröffnete. Für Kunstinteressierte ist noch das „Museum of Holography" in der Mercer Street zu empfehlen.
Darüber hinaus hat SoHo eine Fülle von Restaurants, Bars und Boutiquen zu bieten, zumeist vom Feinsten. Sonntags und montags haben viele Galerien geschlossen. Dafür nimmt man sonntags in SoHo den beliebten Brunch oder ein abendliches Dinner zu sich. Eines der schönsten Restaurants, dessen Küche dem Interieur nicht nachsteht, ist die „SoHo Charcuterie" in der Spring Street, Ecke Sullivan Street. Hier empfiehlt es sich unbedingt, einen Tisch vorzubestellen, Telefon 226-3545.

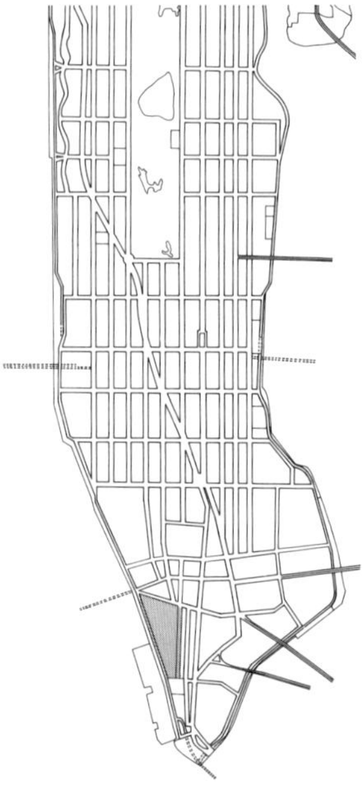

...Tribeca

Alles, was über SoHo gesagt wurde, gilt auch für das „Triangle below Canal Street", das sich südlich der Canal Street zwischen West Broadway und Chambers Street anschließt. Es hat eine sehr ähnliche Baustruktur wie SoHo, ist Ende der siebziger Jahre „in" geworden und durch die angezogenen Immobilienpreise im Begriff, wieder „out" zu werden, zumindest für die sich auf der Suche nach geeigneten Quartieren als Avantgarde verstehenden Künstler. Aber natürlich haben sie wie in Greenwich und SoHo den lebendigen Charakter des Viertels mit Galerien, Clubs, Restaurants und Läden geprägt, dessen Charme sich nunmehr die Betuchten aber auch Ideenloseren zunutze machen. Die Lofts sind sündhaft teuer, viel Prominenz wohnt mittlerweile in Tribeca. Gußeisen-Archi-

tektur gibt es hier reichlich, aber auch das Ziegelgebäude der Western Union aus den dreißiger Jahren an der Ecke Hudson Street Broadway ist ein interessantes Stück Architekturgeschichte.
Typischen und relativ ansehnlichen Charakter haben White, Franklin und Leonard Street; auf Church, Reade und Cortlandt Street findet sich ein reichhaltiges und nicht besonders teures Angebot von Läden aller Art, auch Boutiquen. Im dreizehnten Stock des unter Denkmalschutz stehenden Glockenturmgebäudes von 108 Leonard Street ist die vielleicht schönste Galerie New Yorks mit einem exzellenten Blick auf die Wolkenkratzer von Downtown, „The Clocktower Institute for Art and Urban Resources", sonntags bis dienstags geschlossen. Einen immer noch guten Einblick in die nichtkommerzielle Szene bietet freitags und samstags die kleine und schmuddelige „Galway Bay Bar" am West Broadway, in der kurz vor Mitternacht Blues- und Jazzsessions stattfinden.

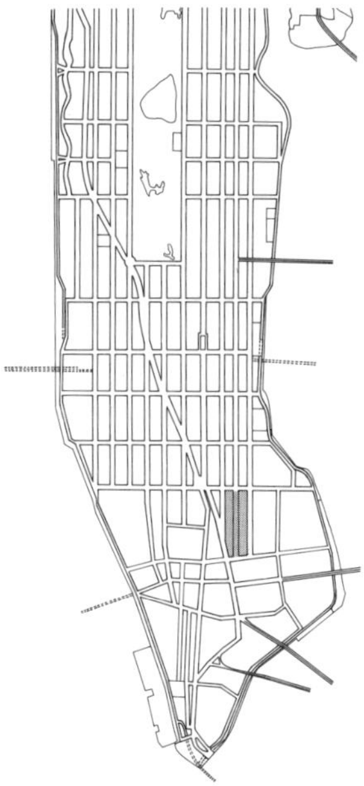

...East Village

Eine allererste Adresse für einen touristischen Bummel zu jeder Tages- und Nachtzeit ist das East Village zwischen der 14th und der Houston Street sowie der Third Avenue als westlicher Grenzlinie. Parallel zum East River durchqueren im östlichen Teil die Avenues A bis D das alte Dorf. Dieses Gebiet sollte unbedingt gemieden werden, besonders allein und nach Einbruch der Dunkelheit.
Das Herz des Viertels schlägt auch um die East 8th Street zwischen First und Third Avenue, die hier St. Mark's Place heißt. Das alte, von Wohnhäusern und eben nicht Industriebauten geprägte Dorf hat eine wechselvolle Geschichte, die es im Gegensatz zu Greenwich teilweise zu Slums verkommen ließ. Und wie in Manhattan fast ein Naturgesetz, hat auch hier

die kreative Szene erheblichen Anteil am Wiederaufschwung, wobei sie sich mit der alteingesessenen ethnischen Vielfalt zu einem faszinierenden Amalgam verbunden hat. Das East Village ist eine hervorragend geeignete, schon etwas schwierigere zweite Lektion in Manhattankunde.
Die Häuser in der 2nd und 3rd bzw. Bond und Great Jones Street wie auch anderer Querstraßen erstrahlen wieder im Glanz ihrer frühen Jahre am Anfang des vorigen Jahrhunderts. Um den Tompkins Square siedelte sich die erste große deutsche Einwandererwelle Mitte des 19. Jahrhunderts an. Ukrainer, Polen und andere Osteuropäer folgten und geben dem Viertel heute noch ebenso sein Gesicht wie Koreaner, Japaner und Puertoricaner, die später kamen. Die sechste Straße hat in einem Block ausschließlich hervorragende indische Restaurants. Wer es russisch liebt, geht ins Kiev, 117 Second Avenue. Secondhand-Läden, Galerien, Clubs, Bars – für fast alle Bedürfnisse gibt es ein Angebot.
Vom East Village sollte man die First Avenue hinunter über die Houston Street einen Abstecher in die Orchard Street machen, die immer noch am eindringlichsten verdeutlicht, was die Lower East Side einmal war. Diese pittoreske Ladengasse hat viel von der Atmosphäre eines europäischen Stedtl bewahrt, wenn auch hier die Zeit der billigen Trödelläden langsam zu Ende zu gehen scheint. Auch am Sonntag ist hier viel los. Aber Vorsicht vor Taschendieben im Gewühl!

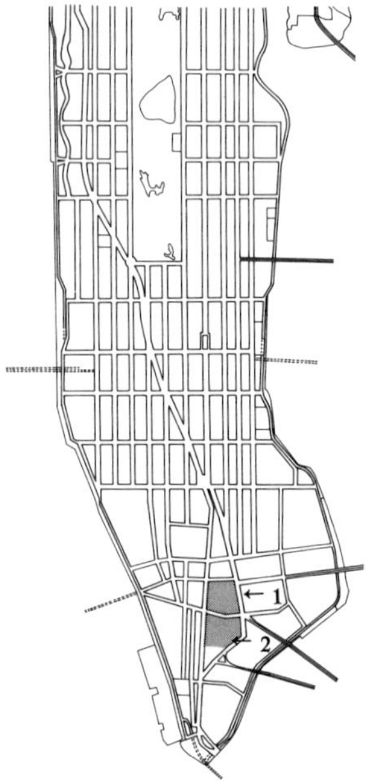

...Little Italy (1) und Chinatown (2)
Früher wurden sie durch die Canal Street voneinander geschieden. Inzwischen wird Little Italy seit der Liberalisierung der Einwanderungsgesetze von 1965 zunehmend von Chinatown bedrängt. Die Übergänge sind fließend geworden, und Kleinitalien wird immer kleiner. Kenmare, Center Street und die Bowery sind die klassischen Grenzen des italienischen Viertels, Chinatown erstreckt sich entsprechend bis zur Worth Street nach Süden.
Die Mulberry Street ist *die* Straße von Little Italy, die parallele Mott Street ist *die* chinesische Hauptstraße. Little Italy's Erinnerung an bessere Tage ist wohl bedeutsamer als seine heutige Attraktivität. Sicher, es gibt nette Restaurants und Läden und viele Besucher auf der Suche nach dem Glanz

südlicherer Sonnen und Geschichten von der Mafia. Schließlich hat auch auf der Mulberry Street ein Pate sein Leben aushauchen müssen. Aber man kann hier wirklich gut essen, italienisch natürlich. Empfehlenswert ist die „Fine Neapolitan Cuisine" des Luna Restaurants „in the Heart of Little Italy", 112 Mulberry Street. In der Saison schadet eine telefonische Tischbestellung durchaus nicht (226-8657).
Auch Chinatown bezieht einen guten Teil seiner Anziehungskraft auf die Besucherströme aus seinen billigen und guten (etwa dreihundert) Restaurants. Verstehen werden weder wir noch die Amerikaner die Kultur dieses Viertels, von seiner Sprache ganz zu schweigen, die akustisch wahrzunehmen man unter lauter Chinesen fortwährend Gelegenheit hat. Sogar die öffentlichen Telefonzellen tragen Pagodendächer. Während die anderen bunten Bezirke die notwendigen Teile für die Summe Manhattan sind, hat Chinatown den Touch des Exotisch-Fremden. Nach dem Chinesenviertel San Franciscos ist es wohl das geballteste Stück Asien auf einem anderen Kontinent. Hier zu flanieren, das Treiben zu beobachten, intensive Düfte zu atmen und merkwürdige Waren zu bestaunen, darf man sich in keinem Fall entgehen lassen. Es sei denn, man ist auf dem Weiterflug nach Hongkong. In Mott Street Nr. 8 befindet sich über einer Art Spielhalle das „Chinatown Museum" mit vielen Fotos und sonstigem chinesischen Zubehör.

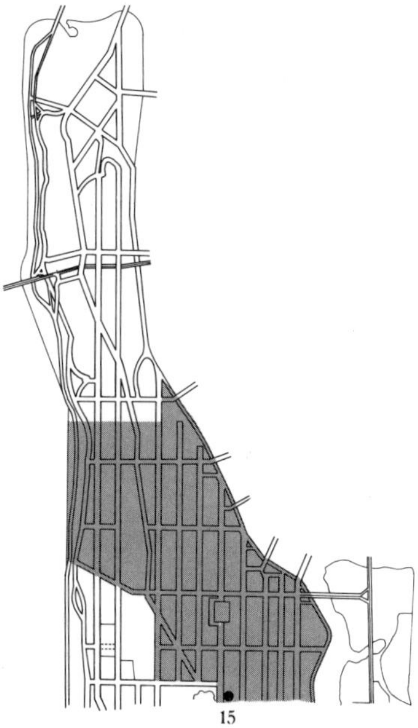

15

...Harlem
Die Zeiten, in denen man Duke Ellingtons Empfehlung „Take the A Train" nach Harlem folgen konnte, sind lange vorbei und kehren wohl auch so schnell nicht wieder. Ein Stadtteil also, der im Gegensatz zu den vorgenannten auf gar keinen Fall auf eigene Faust, womöglich noch mit der Kamera vorm Bauch, besucht werden sollte. Aber auch Harlem ist Manhattan, nicht die Kehrseite der Medaille, gewiß aber die Schattenseite.
1658 von den Holländern als ländliche Idylle „Nieuw Haarlem" gegründet und erst 1873 eingemeindet, hat dieser im vorigen Jahrhundert beliebte Ausflugsvorort bessere Zeiten gesehen und wurde um die Jahrhundertwende das erste prominente Opfer der vorherrschenden Inselkrankheit, der Bodenspekulation. In den zwanziger

Jahren begann der scheinbar unaufhaltsame Weg zum Slum. Schlimmer stand und steht es wohl nur noch um die Bronx. Natürlich leben und überleben in Black Harlem oder im puertoricanischen Spanish Harlem Menschen mit einer eigenen Kultur, am geballtesten in der letzten Augustwoche präsentiert, der Harlem Week.
Es gibt eine empfehlenswerte, auch von Manhattaniten aus den besseren Gegenden genutzte Möglichkeit, Harlem zu sehen, die „Penny Sightseeing Tour". Diese Gesellschaft bietet zu verschiedenen Zeiten Rundfahrten an, natürlich auch eine Gospel-Tour, und residiert in 303 West 42nd Street, Tel. 246-4220.

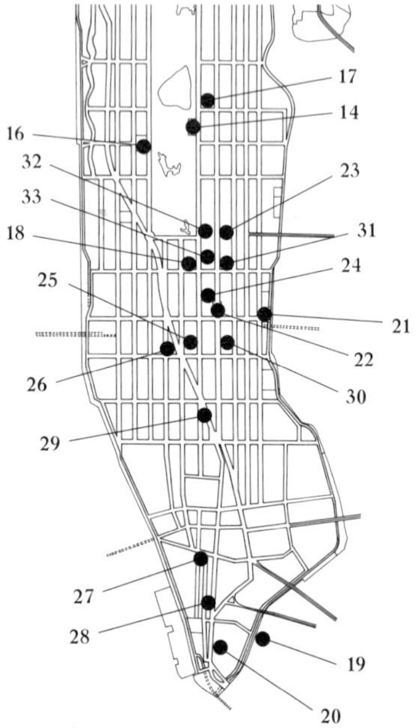

Wohin noch
Natürlich in einige Museen. Es gibt über dreißig. Fünf oder sechs davon sollte man besuchen, vielleicht an einem Regentag, denn die folgenden liegen dicht beieinander. Beginnen wir mit dem „Metropolitan Museum of Art" (14) am Rande des Central Park, Fifth Avenue/ 82nd Street. Hier muß man sich für einen Gesamtüberblick oder die ausführliche Würdigung einzelner Abteilungen entscheiden. Es ist nicht nur eines der größten, sondern auch eines der bestbestückten Kunstmuseen der Welt. Von einer bedeutenden Ägyptensammlung über mittelalterliche Kunst bis zur – allerdings weniger beeindruckenden – Ausstellung amerikanischer Gegenwartskunst ist hier seit einem Jahrhundert alles zusammengetragen worden, was wertvoll, schön, interessant und teuer ist.

Ein Stück weiter die Fifth hinunter an der 103rd Street liegt das schöne „Museum of the City of New York“ (15), siehe Karte „Harlem“. Auf der anderen Seite des Parks, Central Park West/77th Street, ist das lohnende Museum der „New York Historical Society“ (16). Wieder auf der Fifth Avenue, Höhe 89th Street, befindet sich das „Guggenheim Museum“ (17), dessen 1959 fertiggestellter Spiralenbau des Stararchitekten Frank Lloyd Wright schon allein ein Kunstwerk darstellt. Man fahre mit dem Fahrstuhl nach ganz oben und wandere dann vorbei an Picassos, Braques, Kandinskys, Klees, Chagalls, Marcs und Mondrians, bis man stufenlos wieder unten angekommen ist.
Wieder in Midtown, muß man die Reise durch die moderne Klassik seitlich der Fifth im „Museum of Modern Art“ (18) fortsetzen. Der Eingang ist in der West 53rd Street. Es scheint keine Kunst gewesen zu sein, die Reichen Amerikas zur Finanzierung dieser wohl einzigartigen Sammlung zu bitten.
Einen völlig anderen Charakter hat das „South Street Seaport Museum“ (19) zu Füßen der Brooklyn Bridge am alten Fischmarkt der Fulton Street. Die ganze Gegend wird liebevoll restauriert und vermittelt mit ihren Hallen, Läden und Restaurants – darunter die berühmtesten Fischlokale Manhattans – eine Erinnerung an die früheren Tage einer großen Hafenstadt. An Pier 18 liegen historische Schiffe, unter anderem die Viermastbark „Peking“ aus Hamburg, eines der größten je gebauten Segelschiffe.
Von hier ist es nicht weit zur Wall Street (20) und der Börse, deren wenig museales Gewimmel man hinter Glas von einem schmalen Gang aus betrachten kann, als sollte man nicht in die Geheimnisse des Kapitals eindringen. Allerdings sind mehrsprachige Erläuterungen der Gebräuche dieses Tempels abrufbereit.
Zwei letzte Vorschläge: Man kann die Gebäude der UNO (21) besichtigen und sogar auf Zuschauerrängen Vollversammlungen beobachten, die allerdings eher selten stattfinden. Man muß im Café auf der Balustrade der großen Halle des „Grand Central Terminal“ (22) eine Pause von den Streifzügen durch Midtown einlegen und die New Yorker beobachten, die am späten Nachmittag zu den Vorortzügen eilen. Der Zugang zu der 83 Meter langen und 35 Meter hohen Halle mit sternengeschmückter Decke liegt an der 42nd Street. Dieser Neorenaissancebau wurde 1913 eingeweiht und blockiert unübersehbar die Park Avenue. Im Grand Concourse kann man auch das größte Dia der Welt bewundern, mit dem, ab und zu ausgewechselt, Kodak Werbung treibt. Wenn es spät genug geworden ist, empfiehlt sich ein Gang ins Basement zur „Oyster Bar“, einer gekachelten Mischung von Wartesaal und Restaurant. Neben neun Austernarten gibt es hier etwa 80 Fischgerichte und ein exzellentes Angebot amerikanischer Weine.
Seit 1913 sollen alle US-Präsidenten hier diniert haben. Die Herren wußten, was sie taten.

Einkaufen

Beginnen wir auch dieses Kapitel mit einem Museum. Denn Andy Warhol hat das Kaufhaus „Bloomingdale's“ (23) als „Museum der achtziger Jahre“ bezeichnet. Da ist etwas dran, nicht nur wegen der Wunderwelt der Waren, sondern gerade aufgrund ihrer gekonnten und interessanten Präsentation. Es liegt an der Lexington Avenue, Höhe 59th Street, und ist ein „Muß". Gegenüber vom Rockefeller Center an der Fifth Avenue ist „Saks" (24). Und Saks ist schon was. Es als Textilkaufhaus zu bezeichnen, würde die Träger seiner Konfektionen vermutlich beleidigen. Ein Stück weiter die Fifth Avenue hinunter an der 38th Street liegt das Kaufhaus „Lord & Taylor" (25), halt Fifth Avenue. Es hat früher wirklich „Gott und Schneider" geheißen. Und dann sollte noch „Macy's" (26) genannt werden, das nach herrschender Meinung größte Kaufhaus der Welt. Und das ist eigentlich auch schon alles, was man dazu sagen kann.

Es gibt noch mehr Kaufhäuser, von Cartier und anderen Feinheiten ganz zu schweigen. Das Zentrum ist sicher die Fifth Avenue mit umliegenden Quer- und Parallelstraßen. Ein Sakrileg soll hier begangen werden: Zum Einkaufen muß man nicht nach Manhattan, es sei denn, der Dollar fiele auf 99,98 Pfennige. Was Auswahl, Qualität und Eleganz der Geschäfte angeht, ist man in Hamburg oder Düsseldorf gewiß nicht schlechter dran. Vielleicht tut es ja auch ein Flohmarkt. In der Canal Street (27) findet am Wochenende einer Höhe Green Street statt.

Vielleicht tut es auch ein Gemüsemarkt; auf der Plaza des World Trade Center wird einmal die Woche einer abgehalten, kein Scherz. Oder die 14th Street, die Straße der Billigwaren, fest in puertoricanischer Hand. Oder die Kleider- und Pelzläden im Garment District. Oder die Straße der Juweliere – es ist 47th Street. Oder...

Immobilientempel

Keine Frage, ohne seine Wolkenkratzer wäre Manhattan ein langweiliges Nest wie andere auch. Es sähe zumindest so aus. Der felsige Untergrund machte es überall da möglich, den Luftraum zu erschließen, wo diese Gebirge mit dem Inhalt von Kleinstädten heute stehen. Die „Chicago Tribune" hat 1899 den Begriff „Skyscraper" geprägt. Vielleicht erklärt das, warum man Manhattan den Ruhm des höchsten Gebäudes der Welt nicht lange gönnen konnte. Es gibt hohe und höhere, langweilige und schöne.

Vom Rockefeller Center, vom Empire State Building und von Battery Park City war schon die Rede. Für mich ist das Woolworth Building (28), 1913 fertiggestellt und lange Zeit das höchste Gebäude der Welt, der vielleicht schönste Wolkenkratzer. Dieser verspielte unbedingte Wille, die Gotik des Londoner Parlamentes in Manhattans Höhen zu schichten, unglaublich amerikanisch! Am Broadway Ecke Barclay Street ist diese Pracht zu sehen.

Der wegen seiner revolutionären Stahlgerüstbauweise älteste Skyscraper (1902) ist das zwanzig Stockwerke hohe Flatiron Building (29) an der Fifth Avenue/23rd Street, nicht nur wegen seiner markanten Bügeleisenform betrachtenswert. Zweifellos zu Recht steht das Chrysler Building (1930) seit 1978 unter Denkmalschutz. Es reckt sich an der Lexington Avenue bei der 42nd Street 318 Meter gen Himmel und wird von einem sich verjüngenden Stahlschuppenturm gekrönt.

Das unter Mitwirkung von Mies van der Rohe 1958 fertiggestellte Seagram Building (30) (Park Avenue/38th Street) ist zwar nur hundert Meter hoch, mit seinem braunen Glas und Bronze und einer Plaza aus rosa Granit aber ein Symbol moderner Eleganz. Das Citicorp Building (31) zwischen Third und

Lexingtion Avenue sowie 53rd und 54th Street ist wegen seines diagonal schrägen Daches unübersehbar. Hier gibt es einen schönen, überglasten Innenhof mit Einkaufsmöglichkeiten aller Art. Der Trump Tower (32) am oberen Ende der Fifth Avenue beim Central Park ist der Turm von Mister Trump und dient Betuchten seit 1983 als Behausung. Unten kann man innen sehen, was als gut und teuer gilt. Das AT & T Building (33), die Zentrale der Telefongesellschaft, seit 1984 an der Madison Avenue zwischen 55th und 56th Street, ist mit ihrem rosa Granit zweifellos das moderne Meisterwerk. Es wird gewiß nicht das letzte bleiben.

So weit – so nah

Das war 's. Für eine Woche mehr als genug. Jeder darf wiederkommen, wenn er nicht gerade auf der „Watch-List" bei der Paßkontrolle steht. Man hat an Manhattan viel Freude.

Seite 5
Volker Bartsch, Insel der Hügel, Originalbeitrag
Seite 14
Theodore Roosevelt, Anfänge einer Weltstadt, aus: Ders., New York. Historic Towns, New Edition, New York and London 1895, aus dem Amerikanischen übersetzt von Volker Bartsch
Seite 29
Edwin Vernon Morgan, Kleine Geschichte der Sklaverei, aus: Historic New York. Being The Second Series Of The Half Moon Papers, aus dem Amerikanischen übersetzt von Volker Bartsch
Seite 42
Frédéric Auguste Bartholdi, Eine Freiheitsstatue für Amerika, aus: Ders., The Statue Of Liberty Enlightening The World, © New York Bound Books, aus dem Amerikanischen übersetzt von Volker Bartsch
Seite 46
Ronald Sanders, Lower East Side, aus: Ders., The Lower East Side. A Guide to its Jewish Past in 99 Photographs, © Dover Publications, aus dem Amerikanischen übersetzt von Christine Frauendorf-Mössel
Seite 60
Henry Hope Reed, Central Park, aus: Ders., Central Park. A Photographic Guide, © Dover Publications, aus dem Amerikanischen übersetzt von Christine Frauendorf-Mössel
Seite 74
David McCullough, Hegel und die Brooklyn Bridge, aus: Ders., The Great Bridge, Simon and Schuster, New York 1982, © David McCullough, aus dem Amerikanischen übersetzt von Volker Bartsch
Seite 85
Carol Herselle Krinsky, Das Rockefeller Center, aus: Dies., Rockefeller Center, Oxford, London, New York 1978, © Faber and Faber Limited, London, aus dem Amerikanischen übersetzt von Christine Frauendorf-Mössel
Seite 116
Peter Sartorius, Der Platz der Zeiten, Originalbeitrag
Seite 132
Dennis Hevesi/Georgia Dullea, Heute gibt es Weißfisch, aus: Dennis Hevesi, Homeless in the City and Georgia Dullea, Welfare Hotel, Once Gilded, Now Grim, © The New York Times, aus dem Amerikanischen übersetzt von Christine Frauendorf-Mössel
Seite 144
Marilyn Webb, Aufwärts mit der U-Bahn, aus: Dies., Paradise Postponed. Are the Subways Improving fast enough?, © News America Publishing, Inc., aus dem Amerikanischen übersetzt von Christine Frauendorf-Mössel
Seite 160
Michael Musto, Downtown, aus: Ders., Downtown, © Michael Musto 1986, aus dem Amerikanischen übersetzt von Christine Frauendorf-Mössel
Seite 170
Tama Janowitz, Die Sklaven in New York, aus: Dies., Slaves of New York, © Kiepenheuer & Witsch, Köln 1987, aus dem Amerikanischen übersetzt von Christine Schöfer und Claudius Ohder
Seite 182
Michael Barone/Grant Ujifusa, Politik in Manhattan, aus: Dies., The Almanac of American Politics 1984, © Government Research Corporation 1983, aus dem Amerikanischen übersetzt von Volker Bartsch

CIP-Kurztitelaufnahme der Deutschen Bibliothek

Manhattan: e. Reisebuch / hrsg. von Volker Bartsch. – Hamburg: Ellert und Richter, 1987.
ISBN 3-89234-035-8

NE: Bartsch, Volker (Hrsg.)

Textauswahl: Volker Bartsch, Hamburg
Karten: Wolfgang Fröde, Erkelenz
Lektorat: Eva-Maria Janke, Bonn
Gestaltung: Hartmut Brückner, Bremen
Satz: Peter Appelt Grafik-Design & Fotosatz, Hamburg
Vierfarb-Lithographie/Titel: ABC Albert Bauer KG, Hamburg
Innenlithographien: Litho Service, Lübeck
Schwarz-Weiß-Lithographien: ABC Albert Bauer KG, Hamburg
Gesamtherstellung: Buch- und Offsetdruck Ernst Uhl, Radolfzell

Bildnachweis
Farbteil:
Titel: Wolfgang Volz/Bilderberg, Hamburg
Nach S. 32, Abb. 1: Jay Maisel/Image Bank, München
Abb. 2: Wolfgang Kunz/Bilderberg, Hamburg
Nach S. 48, Abb. 1: Stefan Falke/Transglobe, Hamburg
Abb. 2: Kees van den Berg, Niederlande
Nach S. 128, Abb. 1: Wolfgang Volz/Bilderberg, Hamburg
Abb. 2: Thomas Mayer, Neuss
Nach S. 144, Abb. 1: Thomas Mayer, Neuss
Abb. 2: Benn Mitschell/Image Bank, München

S/W Fotos:
The Bettmann Archive Inc., New York: S. 102/103, 104/105, 107, 108, 109
Culver Pictures Inc., New York: S. 106, 110/111, 112/113, 114/115, 118/119
Fotoagentur Hartung, Saarbrücken: S. 8/9
Barbara Klemm, Frankfurt/M.: S. 13, 38/39, 56/57, 72/73, 154/155
Margot Köppl, Hamburg: S. 24/25, 99, 125, 143, 159, 168/169, 181, 187, 195
Rolf Kunitsch, Münster: S. 61, 134/135, 177